社会创新的主体、过程与治理模式

——利益相关者视角

盛　亚等著

浙江工商大學出版社 ZHEJIANG GONGSHANG UNIVERSITY PRESS 杭州

图书在版编目（CIP）数据

社会创新的主体、过程与治理模式 ：利益相关者视角 ／ 盛亚等著. — 杭州 ：浙江工商大学出版社，2020.3

ISBN 978-7-5178-3567-7

Ⅰ．①社… Ⅱ．①盛… Ⅲ．①社会管理－创新管理－研究－中国 Ⅳ．①D63

中国版本图书馆CIP数据核字(2019)第246972号

社会创新的主体、过程与治理模式
SHEHUI CHUAGNXIN DE ZHUTI、GUOCHEGN YU ZHILIMOSHI
盛　亚等著

责任编辑	谭娟娟
封面设计	林朦朦
责任印制	包建辉
出版发行	浙江工商大学出版社
	（杭州市教工路198号　邮政编码310012）
	（E-mail：zjgsupress@163.com）
	（网址：http://www.zjgsupress.com）
	电话：0571-88904980，88831806（传真）
排　　版	杭州彩地电脑图文有限公司
印　　刷	浙江全能工艺美术印刷有限公司
开　　本	710mm×1000mm　1/16
印　　张	20.75
字　　数	310千
版 印 次	2020年3月第1版　2020年3月第1次印刷
书　　号	ISBN 978-7-5178-3567-7
定　　价	66.00元

目　录

Contents

第 1 章

引 言

1.1 研究背景与意义

1.1.1 现实背景

（1）全球面临众多亟待解决的社会问题。由于长期关注经济增长，许多非经济方面的发展被忽视：生态环境急剧恶化，自然资源大量浪费，贫富差距扩大，社会分化严重。为使经济利益最大化，地方政府官员可能忽视对能产生较大收益的污染性企业的监控；他们也可能容忍那些故意破坏社会秩序、社会稳定和社会安全的现象……他们甚至可能纵容缺少人文精神、道德败坏、丧失伦理的商业行为（安德斯·伦德斯特罗姆等，2016）。当前，我国改革发展已进入关键时期，社会利益关系更加复杂，新情况、新问题层出不穷。这是一个"黄金发展期"，也是一个"矛盾凸显期"。中国目前常见的社会问题包括贫困家庭、贫困家庭儿童失学、环保、粮食、精神健康、孤寡老人和空巢老人、偏远地区儿童心理、恶劣气候、残疾人就业等问题（斯晓夫等，2019）[①]。从老龄化、环境污染、就业问题可见一斑。

---

① 2016 年签署的《巴黎协定》提出的 17 项人类可持续发展的目标大多涉及社会问题：消除贫困、没有饥饿、健康和福祉、教育质量、性别平等、健康干净的水资源、廉价干净的能源、有尊严的工作和经济发展、工业化创新和基础设施、减少不平等、可持续发展的城市和社区、负责任的消费和生产模式、应对气候变化的行动、海洋生态、陆地生态、和平和公正的机构、可持续发展全球伙伴关系。

第一，老龄化问题。中国的人均 GDP 尚处于世界中等水平，在经济、制度、社会和思想上都未做好解决老龄化问题的充分准备。近年来，我国人口出生率不断下降，家庭规模缩小，家庭结构小型化，原本可以提供家庭养老的子女一代数量不断减少，这无形中加重了家庭成员的养老负担。其他原因如迫于生活压力，年轻人照顾老人的时间、精力减少；人口流动加速，小城镇和农村地区留守、空巢老年人数量快速增加等。老年人本身就是社会的弱势群体，缺乏生产能力和生产技能，经济收入微薄，加之老年人口基数的不断增大，社会保障体系不健全，很难有效解决老龄人口的赡养问题。因此，如何适应和预防老龄化带来的问题，创新现有的养老模式，无疑成为目前迫切需要解决的社会问题。

第二，环境污染问题。中国经济发展的步伐令世界震撼，但在生态环境方面也付出了巨大代价，如大气污染、水污染、土地荒漠化、土壤污染、危废处置等环境问题突出。这些问题若不能得到妥善解决，会产生成千上万的"环境难民"，引发更大的社会问题。污染治理任重道远，打好污染防治攻坚战，是党的十九大明确的重要任务。党的十九大报告为生态环境保护工作制订了时间表和路线图，也为环保产业明确了重点任务。可见，保护环境、治理污染和修复生态已刻不容缓。如何通过创新的技术和方法推动环保产业发展是一个重要的社会议题。

第三，就业问题。就业是民生之本，尤其是对中国这样一个人口众多的国家，保障充分就业事关国家稳定，一直是政府最为关注的民生工程之一。在当下国内化解过剩产能而造成一部分职工下岗、经济下行压力下企业用工不足等大背景下，就业形势复杂、任务非常艰巨（尹蔚民，2018）。如何通过政策推动、职业培训、创业带动、就业公共服务平台构建等方式来扩大就业，如何利用社会资源和社会力量解决我国失业问题，如何让更多的人能拥有工作机会，一直都是我国经济发展中面临的重要挑战。

　　很显然，老龄化、环境污染、就业、贫困[①]、不平等、教育、医疗等问题所引发的社会矛盾，不是单纯依靠发展经济就可以解决的，况且这些矛盾和问题若不加以解决，经济发展也将难以为继。因此，社会转型发展至今，客观上也要求从社会建设的高度，用社会创新的手段去认识矛盾和问题。

　　（2）中国目前的社会创新严重不足。社会创新需要依托政府、社会组织和企业，但面临复杂的社会问题，政府常常力不从心、顾此失彼，而社会组织和企业也刚刚起步，发展迟缓。截至 2012 年底，中国社会组织创造的 GDP 增加值为 525.6 亿元，约为 10 年前美国的 1/100，为 20 年前全球平均水平的 1/46，中国社会组织增加值比重在 2009 年曾达到 0.35%，之后一路下跌，跌到 2012 年的 0.23%，这个数字甚至比 2007 年的 0.28% 还要低 18%（徐永光，2014）。我国社会结构中政府、企业、事业单位、社会组织力量强弱权重的大致比例为 5：3：1.5：0.5（王义，2012）。社会及企业组织在推动社会创新方面存在整体规模有限、治理结构不合理、资金与人才支撑缺乏和部分社会组织公信力不高等缺陷（张强等，2013）。"市场失灵—政府弥补"，"政府失灵—社会创新"[②]，政府自身也就成为被改革的对象，这种利益和权力的再分配就必然会遇到巨大的阻力（周直等，2009）。

　　从国际上看，推动社会创新的一个重要力量来自社会企业[③]的发展壮大。"社会企业（Social Enterprise）"一词最早在 1978 年由 Freer Speckley 提出，1982 年由 Beechwood 学院发行名为《社会审计》一书时重新提及（沙

---

① 贫困的归因存在两个截然不同的观点：一是认为穷人不努力；一是认为社会不平等。穆来纳森却认为，穷人不是不努力，而是因为长期贫困，失去了摆脱贫困的智力和判断力，这种状况不改变，再努力也是白费（斯晓夫等，2019）。
② 公共选择理论认为，政府活动的结果未必能校正市场失灵，政府活动本身也存在失灵问题，政府失灵甚至会造成更大的资源浪费。这是由于政府部门的活动大多不计成本，即使计算成本也很难做到准确；再加上政府系统缺乏明确的绩效评估制度，其成本和效益较私人部门更难以测量。同时，官员也有理性"经济人"的特征，也难免存在特殊利益集团的"寻租"现象（王春福，2012）。
③ 英国社会企业联盟在给社会企业下定义时做了以下限制：企业导向、社会目标和社会所有制。其中社会所有制是指治理结构和所有制结构通常建立在利益相关者（如员工、用户、客户、地方社区团体和社会投资者）或代表更为广泛的利益相关者对企业实施控制的托管人或董事参与基础之上的自治组织。它们就其产生的社会环境和经济影响，向其利益相关者及更广泛的社区负责，收益少部分可作为利益相关者的分红加以分配（Lipan，Yaoying，2006）。

勇，2013）。经济合作与发展组织（OECD）1999 年将其定义为："任何为公共利益而进行的私人活动，其依据的是企业战略，但主要目的不是利润最大化，而是实现一定的经济目标和社会目标，并且有能力提出解决社会排斥和失业问题的创新性办法"，并于 2003 年出版的《变革经济中的非营利部门》一书中进行了进一步界定，认为社会企业是介于公司部门的组织，是主要形态为利用交易活动以达成社会目标及财务自主的非营利组织[①]（斯晓夫等，2019）。中国社会企业[②]的兴起是经济社会发展到一定程度后对多元化且可持续公益事业的客观要求，但中国政府部门、商业企业及公众对社会企业普遍缺乏深入了解，频繁出现的慈善丑闻也透支了公众对公益组织的信任，使中国社会企业很难摆脱"用公益谋求盈利"的舆论困境。

此外，社会企业家和专业化的志愿者队伍严重缺位，导致社会创新活动领域狭窄，影响力较小。《2012 年中国社会企业报告》指出，中国仅有 38% 的社会企业成立时间在 5 年以上，而 54% 的社会企业成立时间不足 3 年，历史较短，市场经验、知名度和经济影响力极为有限。可见，社会组织和社会企业发展的滞后导致我国社会创新实践的严重不足。

（3）社会创新是解决社会问题的全球性现象。各国政府、企业和社会组织都在积极探索和推动社会创新的发展（郑琦，2011），如欧盟把社会创新作为"21 世纪战略旗舰计划"战略之一。欧美各国乃至许多发展中国家，由政府、企业、非营利组织和公民广泛参与的社会创新活动已经遍地开花，硕果累累（臧雷振，2008）。社会创新作为政府、社会和企业协同解决社会问题、满足社会需求的一种创新机制和实践方式，正日益成为一种全球性现象。社会多方参与的"治理模式"已经日益成为一种全球性的共识，正如德鲁克（Druker，2006）所预测的，"过去的四五十年中，经济是主

---

① 需要说明的是，一些国家如美国的一些社会企业仍然是营利性公司。2008 年以来，美国许多州在本州商业公司的法律框架中，设立了"低利润有限责任公司""公益公司""弹性目标公司""社会目的公司"四种社会企业法律形式（斯晓夫等，2019）。
② 我国首次在政府文件中提及社会企业的是 2011 年 6 月北京市委发布的《中共北京市委关于加强和创新社会管理全面推进社会建设的意见》（沙勇，2013）。

导力量；而未来二三十年，社会问题将会变成主导力量"。在为社会问题提供可持续解决方案时，社会创新主体与更广泛的利益相关者展开合作，不仅能将内部资源效用最大化，还能获得许多额外的益处——利益相关者的经验和能力、资金支持、社会认同等（斯晓夫等，2019）。

中国历来就是一个"强政府、弱社会"的国家。人们一度将解决社会问题、进行社会创新仅仅视作政府分内的事。然而这种"政府中心"的治理模式在目前社会现实中一再遭遇困境。社会创新的主体力量正在从政府转向社会，他们在产品生产、销售和服务提供，就业保障、家庭收入创造、病患救治、教育等方面发挥着越来越重要的作用。可见，动员社会力量，用商业创新手段解决社会问题的需求越来越迫切。

1.1.2 理论背景

目前，世界正经历一场巨大的经济技术转型，迅速发展的"技术—经济"子系统与滞后的"社会—制度"子系统失衡且矛盾加剧。社会创新为"释放社会活力、弥补市场与政府失灵、促进组织的整合协作与公民社会成长"（周直等，2009）提供强劲动力，正日益成为一种全球社会热门概念（Bornstein et al.，2010）与主流现象（Gerometta et al.，2005），成为管理学、社会学、经济学、哲学等多学科关注的前沿理论问题（纪光欣等，2012）。社会创新无论是作为一门行动科学对于世界及中国的现代化实践来说，还是从学术理论上对于社会科学的知识建构来说，都是一个新的、具有重要认识价值和指导意义的论题。世界各国政府、企业、社会组织都在积极探索并取得了一定成果，但既有社会创新研究总体上局限于对问题的提出和描述，又缺乏对社会创新深层次问题的探究。社会创新在中国也正从一种新的创新理念转为一种广泛参与的社会行动，但与国内许多社会组织、企业及地方政府积极推动和探索的丰富的社会实践相比，相关的经验总结和理论研究都相对滞后。

（1）国内外对社会创新的概念始终未能统一。社会创新概念源起于熊彼特所确立的创新理论，并将创新的目标和范围拓展到社会领域，创新的机制和方式延伸到多元主体的合作伙伴关系（纪光欣，2017）。德鲁克率先明确提出了社会创新（Social Innovation）这一重要问题，并从与技术创新和企业创新相对应的角度提出了社会创新的概念。他强调，企业创新不仅包括技术创新，也包括社会创新。他侧重于从企业组织的层面界定社会创新，认为社会创新是"从社会需要和社会问题中发现有利可图的商业机会"[①]（德鲁克，2006）。创新不一定是技术上的，甚至可以不是一个实实在在的"东西"。从创新上看，只有少数技术性创新可与报纸或保险这种社会创新相抗衡……日本人没有产生伟大的技术或科学创新，他们的成功源于社会创新（德鲁克，2009）。他甚至认为，科学研究本身就是相当新的"社会创新"。

此后，国内外学者关于社会创新的定义给出了众多解释，但始终未能形成统一的界定，学者们时常会按照自己的理解和研究需要做出界定。其中比较有代表性的概念有：①以 Mulgan（2006）、Phills（2008）为代表的社会创新的主流观点，即从社会问题或社会需求的视角界定社会创新，强调社会创新的目的——社会创新是满足社会目标，解决社会问题的创新；② Conger 等学者从社会变迁的视角出发，认为社会制度、社会结构的变革是社会创新的核心所在（Bornstein et al.，2010），因而关注新的组织形式、方式方法对实现社会目标的影响，关注创新活动所带来的实际效果（纪光欣，2017）和结果导向（张强等，2013），提出社会创新就是创造新的程序、法律或组织，改变着人们相互之间发生关系的方式，解决具体的社会问题，或使迄今为止还未实现的社会秩序或社会进步成为可能；③以伯恩斯坦为代表的学者主要强调社会创新的过程性特征，提出社会创新是公民为帮助大部分人实现更好生活来新建或改进制度，探求对贫困、疾病、文

[①] 应该区分广义的社会问题和有利于提升企业竞争优势的狭义社会问题。……那些竞争性的社会问题，通常与可能会影响到企业在市场上成功的那些因素有关。企业的性质不同，同一问题对公司的重要性也不一样（约翰·斯坦纳，乔治·斯坦纳，2015）。

盲、环境破坏、人权、腐败等社会问题创新解决方案的一个过程（Bornstein et al.，2010）。

从实践角度考察社会创新的研究中，最引人注目的当属杨氏基金会（Young Foundation）的观点， 他们更为现实地注重强调社会创新扩散路径的拓展和因地制宜地设计创新项目（Moulaert et al.，2003）。

（2）社会创新的理论问题有待深度研究。社会创新被认为是一个与现代化相伴而生的社会问题解决机制。但是，直到 20 世纪 90 年代以后，随着社会问题的日益复杂化和社会需要的多样化，特别是随着政府改革浪潮和全球公民社会的崛起，社会创新作为一种新的"创新范式"和社会治理模式，才开始成为国际学术界广泛关注的理论问题。因此，即便在国际范围内，对社会创新的内涵、本质、主体、类型及实现机制等问题，也存在许多不同的认识，尚未形成经典性、标志性的理论成果，社会创新整体上仍是一个有待深度开拓的理论问题（纪光欣等，2014）。进入 21 世纪以后，国内学术界从发展哲学、管理哲学、公共行政学、社会学等不同的学科出发，关注国外的社会创新理论，在引介国外理论成果、借鉴国外实践经验的基础上，开始结合中国改革和发展进入深层次阶段面临的突出社会问题，探讨社会创新在中国社会发展和政府治理转型中的适用性及其价值，从而形成了一定的理论研究热潮，使社会创新作为一种新的理论传播开来。但是，国内社会创新理论研究总体上还处在传播和消化阶段，对社会创新的概念内涵、本质特征、价值定位及与政府创新、技术创新的关系，政府在社会创新中的作用及其实现方式、社会创新多元主体的合作机制等许多深层次理论问题，仍需要进行多学科、多层次的深入研究。

总之，从国内外社会学、哲学、经济学、管理学等文献中，我们已经看到不少对社会创新所做的探索性研究，但已有研究尚缺乏统一的共识。社会创新理论研究在我国只有不到 20 年的历史，仍处于起步阶段。社会创新作为一个新的、具有重要认识价值和指导意义的论题，需要结合中国的实际进行深入研究。

1.1.3 问题提出

社会创新无论是作为一门行动科学对于世界及中国的现代化实践来说，还是从学术理论上对社会科学的知识建构来说，都是一个新的、具有重要认识价值和指导意义的论题。世界各国政府、企业、社会组织都在积极探索并取得了一定成果。相对而言，我国社会创新滞后且实践活动成效不足。在面临解决社会问题的治理模式转型时，我国政府既是社会创新的主体又是被变革的对象，必然面临巨大阻力。因此，从理论上揭示社会创新问题的深层治理机理，为实践提供治理策略和政策建议是解决社会问题的现实所需。

（1）社会创新研究需要引入利益相关者网络视角，重视主体及其利益相关者共同治理。社会创新行动者的某种行为，其出发点主要在于其利益的满足，没有利益的考虑，很多行为是不会产生的。利益相关者的权利关系及其构成的网络需要采取共同治理模式，其中创新性地建立社会成员社会需求的表达机制和灵敏反应机制是关键。基于 Rowley（1997）的观点，本研究将利益相关者网络定义为，以资源获取为目的，以利益相关者主体属性为基础，主体间关系嵌入及其行为所形成的具有一定结构特征的网络形态。

（2）社会创新主体及其利益相关者构成了一个复杂的网络。治理实际上是利益相关者网络的共同治理，其目标是合理平衡各利益相关者间的权利关系。对传统利益相关者的个体分析、关系分析显然已经不能适应网络范式的研究需要（林曦，2010）。网络分析是社会创新网络治理研究的有力工具，但需要解决好利益相关者个体的权利属性与整体的网络属性之间的割裂问题。

（3）我国社会转型期社会问题的解决，不仅取决于社会创新网络中各利益相关者的共同参与，更需要构建良好的合作关系和"利益—权力"对称机制。权利资源在不同的利益主体间分布的不均衡，权利配置和实现的不平等，会直接影响社会的和谐（王春福，2012）。

针对现有利益相关者网络视角下社会创新研究存在的局限和不足，本研究采取以下研究思路：①社会创新是"政府—企业—社会"三元主体及其利益相关者共同协作的创新论题，各主体资源、权利诉求、行为具有异质性和动态性，随阶段不同而异，是一项充满挑战的系统工程。②政府所实施的权力来自下层，"政府—企业—社会"三元主体权利源于、也存在于其他各种关系中。③站在善治（Good Governance）高度，基于"创意生成—创意评估—设计与开发—实施"过程，研究社会创新"网络要素—网络结构—主体行为—问题治理"，应当成为社会创新网络治理机制的全新模式。通过研究，在理论上解决社会创新中利益相关者个体属性与网络整体属性之间割裂的问题，在实践中指导、明确三大主体及其利益相关者的权利、功能、关系和网络特征，为社会创新主体实现利益相关者网络治理提供策略，为社会转型期政府制定推动社会创新的政策提供建议。

1.1.4 研究意义

对于那些持久的大规模的社会问题，创新的解决方式经常意味着带来系统性的变革——改变人们的观念、认知、习惯，或是一个国家的政策和立法环境等。因此，揭示社会创新问题的深层治理机理，为实践提供治理策略和政策建议具有理论与现实意义。

（1）在社会创新研究中引入利益相关者网络视角，重视主体及其利益相关者共同治理，具有重要的认识价值和指导意义。由于社会创新领域十分广泛，涉及众多利益相关者，其类型不同，其期望、资源、权力角色、彼此间关系有差异，这直接影响创新网络中各主体的权利关系。现实中，社会创新的利益相关者构成了一个复杂的动态网络，在不同阶段呈现不同的资源、关系、行为及网络结构，治理实际上是利益相关者网络的共同治理，其目标是合理平衡各利益相关者间的利益和权力。但是，现有学者对于利益相关者网络的研究，过分强调了网络的整体属性而忽略了对利益相关者理论一贯坚持的主体属性分析，使得网络结点间互动关系中丰富的结构和行为要素无法进入分析视野，也造成了该理论发展从个体视角、关系视角向网络视角转换的逻辑链条断裂，无法真实全面地反映利益相关者网络的现状（林曦，2010；盛亚等，2012）。本研究建立了利益相关者主体、关系与网络属性的内在联系，构建了社会创新过程的利益相关者网络，深入剖析了社会创新过程的内在机理，通过对利益相关者资源属性的分析，为利益相关者网络及关系治理提供理论基础。

（2）社会创新参与主体多元异质且动态变化，研究社会创新过程中复杂的网络结构特征，深入剖析社会创新过程内在机理，为利益相关者网络及关系治理提供理论基础。社会创新内容涉及近20个不同的公共领域（俞可平，2006），其主体和主导力量已由政府转到了社会和民间（俞可平，2012）。"政府—企业—社会"三分架构下，社会创新多元利益相关主体共同参与"创意生成—创意评估—设计与开发—实施"的一般社会创新过程（Mulgan，2006；刘宝，2011），涉及网络结构特征方面的动态变化。本研究从利益相关者的主体属性出发，分析关系嵌入、行为选择和网络结构形态，揭示社会创新过程机理，有利于社会创新实践中利益相关者权利冲突的有效解决和良好合作关系的建立。

（3）选择合适的利益相关者网络治理模式，有利于社会问题的有效解决。社会创新由于参与主体多元性、目标双重性等特征，在发展过程中会遇到诸多阻碍，如政府的定位失当，忽视市场，强权干涉；企业疏于监管，过度追求经济利益，忽视社会责任；社会组织的自主性和志愿性不足等。社会多方参与的"合作式治理模式"已经日益成为一种全球性的共识。这一模式的特点在于"更少的统治，更多的治理"（Less Government，More Governance）。一方面，社会中的每一个行为主体——政府、企业、以非营利机构为代表的公民社会及每一个公民——都有参与解决社会问题的权利和责任；另一方面，政府有义务通过正式或非正式的渠道来增加与其他社会主体（特别是非营利机构）之间的互动，创造便于他们参与社会治理的条件。

因此，基于利益相关者网络的结构和主体属性提出的领导式、双中心式和共享式治理模式，不仅对丰富社会创新理论具有理论价值，对弥补市场与政府失灵、促进组织的整合协作与公民社会的健康、快速发展也意义重大。

1.2 研究内容与方法

1.2.1 研究内容

根据研究目的，本研究共有 13 章内容，除引言、研究综述、结论与启示外，主要研究内容有 10 章，如图 1-1 所示。

（1）社会创新导向的企业（SIOE）的研发绩效、目标定位和实现路径。第 3 章在既有研究基础上探讨 SIOE 研发对社会绩效与经济绩效的影响机理，试图探究 SIOE 研发双重绩效的差异。同时，企业作为经济社会中最活跃的主体，在社会创新中发挥越来越重要的作用，在解决社会问题、满足社会需求的同时为自身创造盈利的机会。因此，企业社会创新是企业通过社会问题识别出尚未被满足的社会需求，提出有效的方案以解决社会问题，把满足社会需求的途径视作企业创造利润的机遇。本章还依据经济目标和社会目标对浙江省现有上市公司的目标定位进行了研究，并提供了一个新的企业类型划分方法。第 11 章还就双重目标的实现路径进行了研究。

（2）核心理论模型构建。在满足利益相关者利益的同时达到绩效最大化，需要在主体和利益相关者，以及利益相关者间的权利上实现平衡（讨价还价）（Jones et al.，2018）。第 5 章将利益相关者理论引入社会创新研究，基于"利益—权力"个体属性的差异对社会创新的利益相关者进行分类，进一步归纳出社会创新利益相关者网络的属性特征，据此选择有效的网络治理模式以平衡各利益相关者间的利益和权力，推动社会创新。研究认为，当政府、企业、社会作为社会创新主体时，具有各自特殊的主体属性，会影响社会创新网络治理模式的选择。

（3）利益相关者视角的企业社会创新过程分析。基于"创意生成—创

研究综述（第2章）
※ 社会创新的概念与特征研究
※ 社会创新的主体与模式研究
※ 利益相关者及其网络治理研究

√ 搜集、鉴别文献
√ 整理、归纳分析
√ citespace

引言（第1章）

√ 面板数据

混合社会组织的生成机理（第4章）

核心理论模型构建（第5章）
※ 社会创新的利益相关者类型分析
※ 社会创新网络治理主体的属性特征
※ 社会创新利益相关者的网络治理模式

SIOE研发投入绩效与企业目标定位（第3章）
※ SIOE的研发投入绩效
※ SIOE双元目标定位与分类

利益相关者视角下的企业社会创新过程
※ 权利视角下的企业社会创新过程（第6章）
※ 网络视角下的企业社会创新过程（第6章）
※ 利益相关者"资源—关系—网络"视角下的社会创新过程（第7章）

√ 案例分析
√ UCINET、社会网络分析

社会创新利益相关者的网络治理机制与模式
※ 社会创新利益相关者的网络治理机制（第8章）
※ 社会创新利益相关者的网络治理模式（第9章）

√结合转型期实际背景的案例分析

社会创新模式与实现路径
※ 组织模式与商业模式（第10章）和社会创新园在中国的一种实践模式——"54321模式"（第12章）
※ 企业社会创新转型与实现路径（第11章）

结论与启示

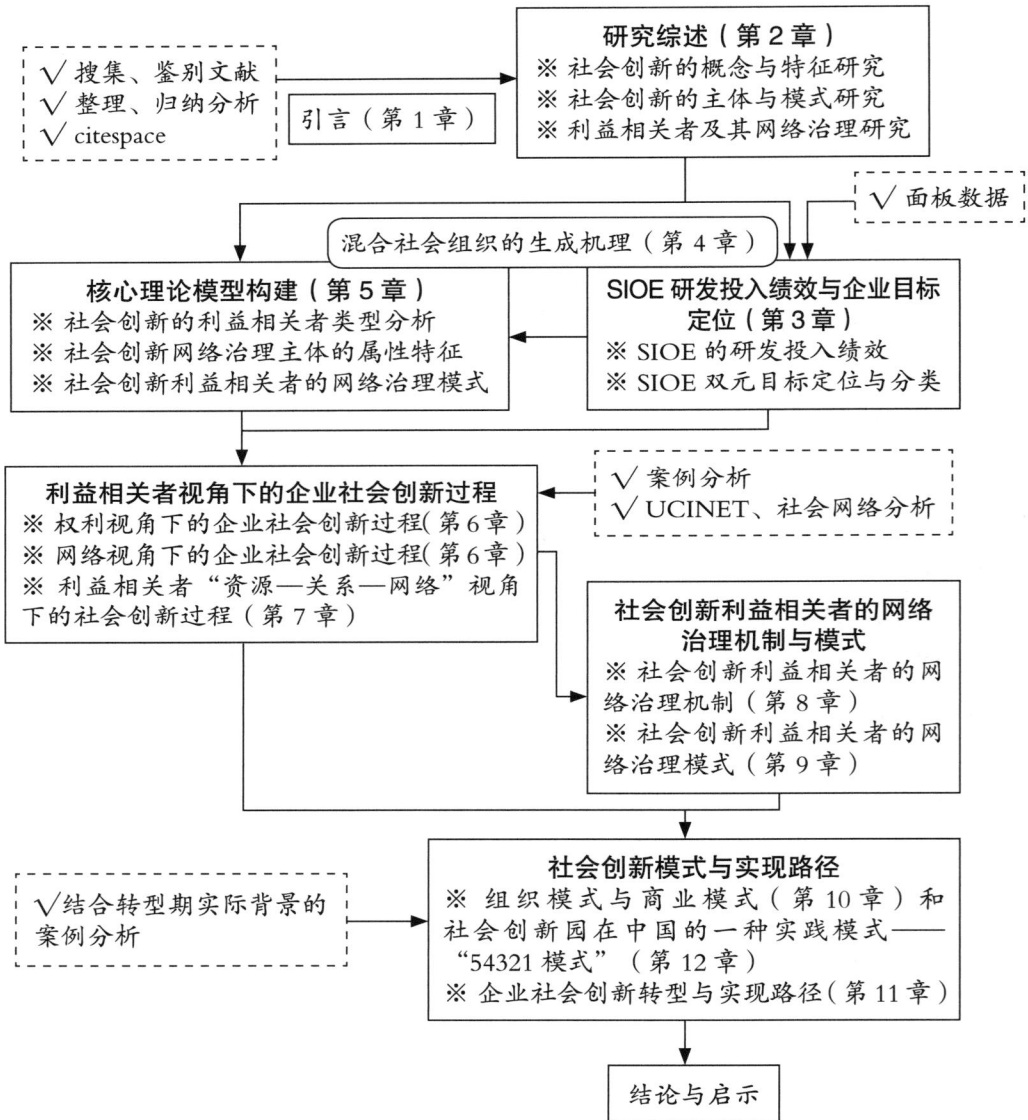

图1-1　本研究内容的总体架构

意评估—设计与开发—实施"的一般社会创新过程，运用"主体—行为—资源"三要素网络范式，分析利益相关者的资源属性、权利需求、行为表现，以及其网络结构特征在创新过程中的动态演化。第 6 章分别运用目科生态和虎哥回收单案例，对社会创新过程的利益相关者权利和网络进行了分析。第 7 章则运用多案例研究方法，从利益相关者"资源—关系—网络"视角分析了社会创新过程。

（4）企业社会创新利益相关者的网络治理机制与模式研究。第 8 章聚焦养老问题，选取浙江省 3 个典型案例对企业社会创新利益相关者网络的治理机制（从关系维度到治理内容再到治理目标）进行了深层次研究。第 9 章从社会创新治理主体（政府、社会组织和企业）的合作关系，将治理模式划分为领导式、双中心式和共享式三大治理模式，并运用 7 个案例对相关治理模式进行了分析，提出对治理模式选择的建议。

此外，本研究在梳理与论题相关的社会创新、企业社会创新和社会企业商业模式[①]等理论的基础上，基于典型案例，研究了混合社会组织的形成机理（第 4 章）和社会创新组织模式（第 10 章），运用奥特斯瓦德的商业模式画布分析和评价社会创新商业模式，提出该模式存在的问题及企业社会创新普遍问题的解决策略（第 10 章）。社会创新园已在全球风靡，国内也有不少实践，对于一个越来越多地被关注的领域，有必要了解近年来大量涌现的实践导向的社会创新园建设情况，如安德斯·伦德斯特罗姆等（2016）基于非线性创新模式探索了如何利用社会创新园促进社会创新。本研究提出了一种在中国的实践模式，简称为"54321 模式"（第 12 章）。

1.2.2 研究方法

（1）文献研究法。文献研究法是根据一定的研究目的，通过调查文献来获得资料，从而全面正确地了解掌握所要研究问题的一种方法，被广泛运用于各种学科研究中。通过全面系统地阅读国内外相关文献，本研究就

[①] 社会企业是将企业商业模式创新与社会创新紧密结合的组织类型和可持续性的商业模式（沙勇，2013）。

社会创新、利益相关者理论、社会网络理论等领域的文献进行梳理，并在此基础上确定待研究的问题和研究方法。

文献计量学具有全方位呈现某一研究主题的发文现状、研究领域、研究流派、研究热点和未来研究趋势等优点（Ronda et al.，2012；Fagerberg et al.，2012），但是对于科学知识图谱的解读需要对特定的文献进行深入的内容分析。本研究在文献综述部分将综合使用科学知识图谱和内容分析方法。

（2）案例研究法。鉴于学界对利益相关者网络视角下的社会创新过程机理的研究有所欠缺，且我国的社会创新处于起步阶段，需要立足对现实案例的剖析加以完善。因此，本研究主要采用案例研究方法（单案例和多案例），多达21个案例的详尽分析涵盖了9章研究内容。

（3）统计实证研究方法。通过选取我国上市公司中具有社会创新导向的企业，研究其研发投入与双重绩效的关系，揭示出双重绩效差异及其平衡问题。同时通过将浙江省上市公司的数据编入统计分析软件（SPSS）后再通过描述性统计分析和K–均值聚类分析，对浙江省上市企业进行类型划分，并提出基于经济目标和社会目标两个维度的四种企业类型。

（4）问卷调查和网络分析方法。本研究在进行案例研究中，结合问卷调查收集的数据运用社会网络分析软件（UCINET），借助计算出的利益相关者权利和网络关系的中介性、中心性等指标，分析相关问题。

第 2 章

研究综述

本研究涉及 3 个核心概念：社会创新、利益相关者和网络治理。下文从这 3 个方面及对它们的交叉研究展开综述。

2.1 社会创新研究的文献计量分析

社会创新一词最早出现在 20 世纪 20 年代，但是早期学者仅仅只是提到"社会创新"这一术语，却没有对社会创新做出具体的概念阐释。此后，管理学、经济学和社会学等学科均开展了大量的社会创新方面的研究，但理论界对于"社会创新研究涵盖了哪些领域？其具体构念是什么？研究现状如何？未来发展方向是什么？"等问题并未达成共识。本节对国内外社会创新研究进行计量统计分析。在进行全景式呈现和深度内容分析的过程中，将发现社会创新理论研究的演化脉络和未来发展趋势。

2.1.1 文献计量方法的选择

目前，众多学者一致认为，管理研究中进行文献综述的方法正在从定性转向定性与定量相结合（刘洋，2014；王节祥等，2018），以科学知识图谱进行文献综述的研究方法在国内外权威期刊上的发文量日益增多（Shafique，2013；谭力文等，2014）。因为科学知识图谱具有"图"和"谱"的双重性质和特征，不但能够提供一个完整的显性知识框架（王节祥等，

2018），还能够充分显示知识群或者知识单元之间网络、结构、互动、交叉、演化或衍生等诸多错综复杂的隐性关系（陈悦等，2015）。但是，仅仅依赖科学知识图谱，只能够做到迅速了解该领域粗略的信息，难以形成深入的洞察。解读科学知识图谱，需要对特定的文献进行深入的内容分析。因此，本研究将综合使用科学知识图谱和内容分析方法。

本研究采用国内外研究中常用的 Citespace 分析软件对社会创新相关研究进行可视化分析，讨论国内外社会创新研究的知识基础、理论进展和研究趋势。Citespace 分析软件主要包括合作图谱、共现图谱、共引图谱、文献耦合图谱和共同资助图谱等功能（陈悦，2014）。本研究将采用描述性统计分析、引文分析（citation analysis）和共词分析（co-word analysis）以系统地呈现出研究的宽度和厚度，期望发现目前对社会创新研究的不足之处及未来的研究热点和趋势。

本研究的有关社会创新的英文数据来源于管理研究中最常使用的 Web of Science 数据库，中文数据来源于目前世界上最大的中文期刊数据库——中国知网（CNKI）。英文选取 Web of Science 中的社会科学引文索引（SSCI）、艺术与人文索引（A-HCI）、社会科学及人文会议录引文索引（CPCI-SSH）和新兴渠道引文索引首先限定（ESCI）4 个数据库，标题 = "Social Innovation"，时间跨度 = "所有年份"，文章类型 = "Article and Review"，共计检索到 1137 篇文献（搜索日期为 2018 年 9 月 18 日）。中文围绕社会创新的研究主题，限定主题 = "社会创新"，时间跨度 = "所有年份"，共计检索到 1190 篇公开发表文献（搜索日期为 2018 年 6 月 11 日）。考虑到学术性问题，首先删除中文数据报纸 339 篇，得到中文文献 851 篇。然后请一名相关研究人员与本书作者一起对中文文献的摘要进行系统阅读，剔除：①无实质性社会创新含义的文献等（如"激发全社会创新热情"）；②会议通知、摘要、笔谈、开幕词、闭幕词、随笔、成果展示、书评、访谈、评介、会议综述等非学术论文；③无作者和重复发表的文章等。最终得到中文文献 656 篇，作为本研究的中文数据池，具体检索方式如表 2-1 所示。在分析时，本研究选取的中英文数据的时间段分别为 1993—2018 年和 1983—2018 年，以 2 年为时间跨度，对最终得到的中英文文献的作者、机构、关键词等分别进行选定，并应用 Citespace 软件进行数据处理。

表 2-1 中英文研究数据获取方式

	英文数据来源	中文数据来源
检索设定科目	检索设定内容和结果	
数据库	SSCI，A-HCI，CPCI-SSH，ESCI	CNKI
检索方式	标题 = "Social Innovation"	主题 = "社会创新"
文献类型	Article and Review	期刊、博硕士论文、会议论文、辑刊
时间跨度	1983—2018	1993—2018
检索时间	2018 年 9 月 18 日	2018 年 6 月 11 日
检索结果	1137 篇	656 篇

2.1.2 国外文献计量分析

（1）描述性统计。

一是年度发文量与发文期刊。社会创新研究的发文量总体呈上升趋势（2018 年的数据不全，排除在外），尤其是在 2015 年和 2017 年增长幅度较大，表明国外的社会创新研究近些年日益活跃，如图 2-1 显示。表 2-2 显示了期刊发文量统计结果，大体上这些期刊可以分为三大类：第一类属于管理学中创新和商业领域的期刊，如 *Industry and Innovation* 和 *Journal of Business Research* 等期刊，它们较为关注从管理学角度研究社会创新；第二类属于社会学领域的期刊，如 *Ecology and Society* 等期刊，它们较为关注从社会学角度研究社会创新；第三类则属于设计学领域的期刊，如 *Design Journal*，它们将社会创新与设计学结合起来。

发文量（篇）

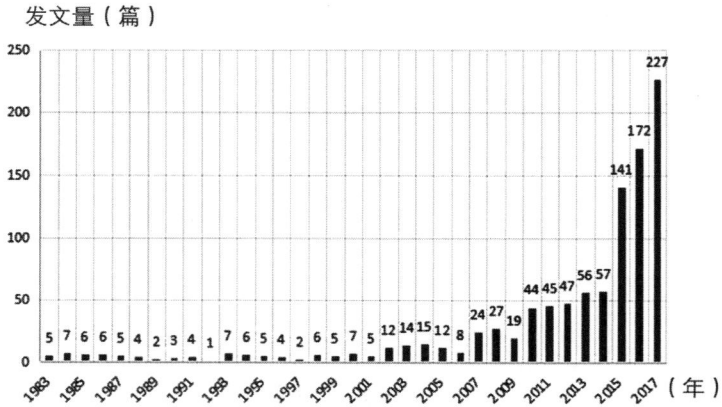

图 2-1　国外社会创新研究的年度发文量

表 2-2 国外社会创新高发文量期刊

序号	期刊	发文量
1	Technological Forecasting and Social Change	30
2	Innovation the European Journal of Social Science Research	16
3	Sustainability	16
4	Design Journal	14
5	Ecology and Society	13
6	Industry and Innovation	13
7	Innovation Management Policy Practice	12
8	Research Policy	12
9	International Journal of Technology Management	9
10	Journal of Business Research	9

资料来源：作者整理。

　　二是发文作者、国家（地区）和机构。表 2-3、图 2-2 和图 2-3 分别呈现了发文量最多的作者、国家（地区）和机构。不难发现，美国、英国等欧洲国家、中国和澳大利亚是社会创新研究的主要国家。由于发文作者不区分先后次序，仅具有一定参考价值。其中，美国和欧洲是社会创新研究的发源地，目前社会创新领域的研究理论也都起源于美国和欧洲，尤其是在美国和欧洲的一些高校已经初具规模，它们会定期召开和举办社会创新研究方面的国际会议。社会创新领域研究的"圈子"在国外学术界逐渐形成。尽管中国学者在国际期刊上发表了一定数量的研究论文，但是并未形成关于社会创新研究的集中阵地（缺乏高发文机构），这从侧面也反映了中国社会创新领域的研究学者在地理位置上较为分散，相关研究还较为不足。

表 2-3　国外社会创新高发文量作者 [①]

序号	作者	发文量	序号	作者	发文量
1	Von J N	5	6	Palaacios-Marques D	4
2	Castro-Spila J	4	7	Shier Ml	4
3	Handy F	4	8	Westley Fr	4
4	Howaldt J	4	9	Ziegler R	4
5	Laland Kn	4	10	Armellini A	3

资料来源：作者整理。

国家（地区）

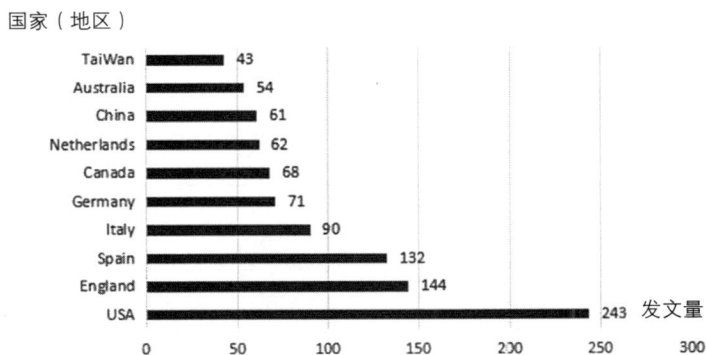

图 2-2　国外社会创新高发文量国家（地区）

①由于社会创新作者发文量统计并不是统计第一作者，存在高发文量作者与高被引作者有些出入的问题。

机构

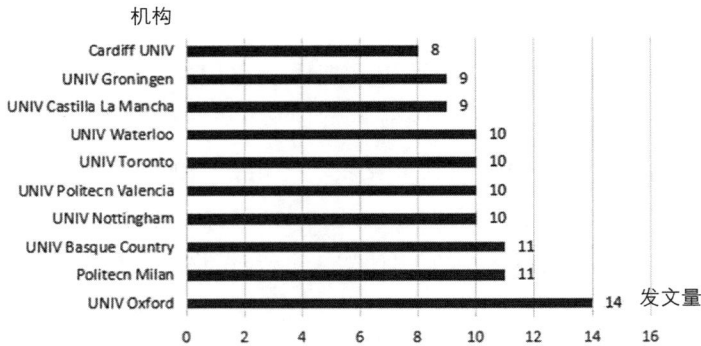

图 2-3　国外社会创新高发文量机构

（2）引文分析。根据可视化软件 Citespace 统计社会创新领域的高被引作者和高被引文章，详见表 2-4 和表 2-5。从中可以看出，高被引作者中引用频次均在 100 次左右，引用频次最高的是 Mulgan G，高达 158 次。高被引文章排名前三的分别是 Murray、Cauliergrice 和 Mulgan 在 2010 年发表的 *The open book of social innovatoin*，Pol 和 Ville 在 2009 年发表的 *Social innovation：Buzz word or enduring term?* 及 Moulaert 在 2013 年发表的 *The international handbook on social innovation： collective action， social learning and transdisciplinary research*。

表 2-4　国外社会创新领域的高被引作者

序号	作者	频次	年份
1	Mulgan G	158	2010
2	Rogers Em	144	1985
3	Moulaert F	125	2003
4	Anonymous	120	1999
5	Nahapiet J	106	2004
6	Oecd	104	2003
7	Burt Rs	103	1993

续 表

序号	作者	频次	年份
8	Schumpeter Ja	95	1991
9	Granovetter M	90	1996
10	Porter Me	89	2003

资料来源：作者整理。

表 2-5 国外社会创新领域的高被引文章

序号	标题	作者	频次	年份	来源
1	*The open book of social innovatoin*	Murray Cauliergrice Mulgan	73	2010	—
2	*Social innovation: Buzz word or enduring term?*	Pol Ville	50	2009	The Journal of Socio-Economics
3	*The international handbook on social innovation : collective action，social learning and transdisciplinary research*	Moulaert	38	2013	Edward Elgar Publishing
4	*Social innovation: Moving the field forward. A conceptual framework*	Cajaiba-Santana	37	2014	Technological Forecasting & Social Change
5	*Soziale Innovation: Auf dem Weg zu einem postindustriellen Innovationsparadigma*	Howaldt Jacobsen	36	2010	—
6	*Social Innovation*	Phills Deiglmeier Miller	33	2008	—
7	*Social Innovation: what it is, why it matters，how it can be accelerated*	Mulgan	21	2007	Skoll Centre for Social Entrepreneurship
8	*Social Innovation and Social Entrepreneurship: A Systematic Review*	Phillips Lee Ghobadian	19	2015	Group & Organization Management

资料来源：作者整理。表中"-"代表无或没找到，下同。

（3）共词分析。本研究使用 Citespace 软件开展关键词共词分析，识别社会创新领域的研究热点和研究趋势。以 "Keyword" 作为分析字节，选择 Top50 作为分析样本，得出如图 2-4 所示结果。从图 2-4 中可以看出，社会创新研究涉及两大领域：social innovation 和 innovation。其中，与 social innovation 有共引关系的关键词主要有 social capital，perspective，performance 等；与 Innovation 有共引关系的关键词主要有 management，model，network 等。

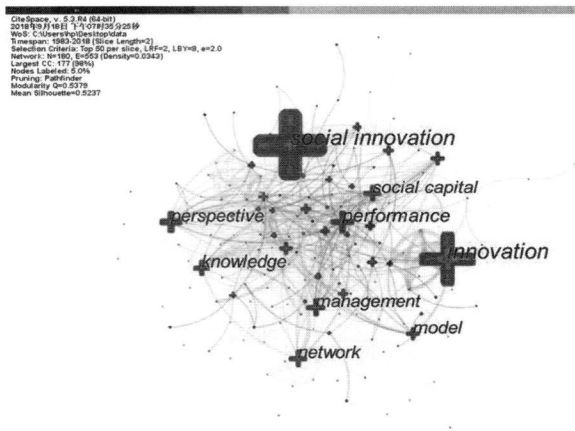

图 2-4　社会创新关键词聚类分析结果

2.1.3 国内文献计量分析

（1）描述性统计：全景扫描。

一是年度发文量。按年度统计和公开发表的论文数量可以形成图 2-5 所示的折线。由图 2-5 可知，国内在社会创新研究领域公开发表论文的数量一直处于上升趋势（2018 年数据不全除外），其中最早的一篇文章是项保华教授于 1993 年在《科学管理研究》上发表的《社会创新与技术创新协同作用机制研究》，他主要从社会创新的产生、内涵、特征与功能出发，探究社会创新与技术创新的相互作用关系。但这在当时并没有引起其他学者的关注，往后几年相关主题的发文量为 0 或 1，直到 2000 年以后发文量才有所增加。主要是因为随着社会问题的日益突出，"社会创新"不断被赋予新的含义而受到广泛持续的关注。1993—2009 年间，发文总量较少且数量增长缓慢，在一定程度上表明关于社会创新的研究发展缓慢，关注度不足。之后存在 2009—2013 年和 2017 年以后两次发展浪潮，公开发表的文献数量激增，尤其是在 2017 年，公开发表的文献数量高达 103 篇，达到历史最高点。此时，国内学者逐渐注意到"社会创新"这一新兴研究领域，这充分表明国内学术界对社会创新研究的关注度和研究投入均有大幅度提升。

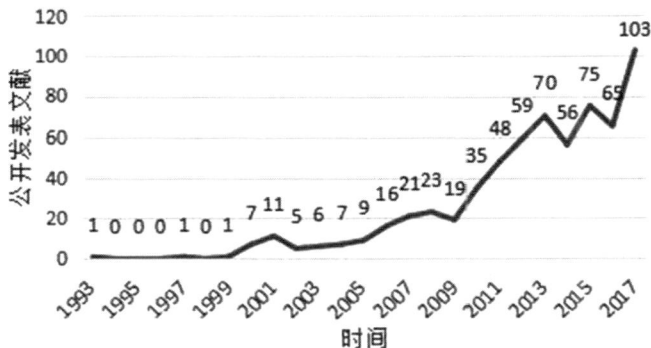

图 2-5　国内社会创新中文文献发文量

　　二是发文机构合作者及研究领域。图 2-6 展示了国内社会创新研究的高发文作者及其所在的机构。从图 2-7 和图 2-8 可以看出，纪光欣、巩淼森、耿春雷、李长海、曹培红、季铁、张宪、盛亚等学者所在的结点较大，这在一定程度上可以说明他们发表学术论文的数量较多、频次较快，其研究成果相对丰富。以巩淼森为核心，国内形成了一个社会创新研究合作网络，合作成员主要包括国内学者张宪、沈节和李雪亮，以及国外学者 Ezio Manzini 和 Carla Cipolla 等；纪光欣与徐强、耿春雷与曹培红、孙启贵与徐飞在社会创新研究领域有着较强的合作关系。

　　从图 2-7 可见，江南大学、中国石油大学在社会创新研究领域成果斐然，特别是江南大学，在其社会创新领域的研究成果达到 18 篇，而其他研究机构的学术成果普遍低于 10 篇。国内以江南大学为核心，形成了社会创新研究机构合作关系网络，合作机构主要是国外大学（意大利米兰理工大学和巴西里约热内卢联邦大学）。从图2-6还可以看出，其他研究者及研究机构之间的合作关系不显著，主要原因有两方面：一是目前我国研究者和研究机构多数独立进行社会创新研究，并没有形成有规模的合作网络；二是由于数据获取的途径、软件阈值的设定及研究方法的局限性，可能使得部分学者之间的合作关系并未能在图谱上显现。总体而言，我国在社会创新领域的研究者及研究机构之间的合作关系较弱。

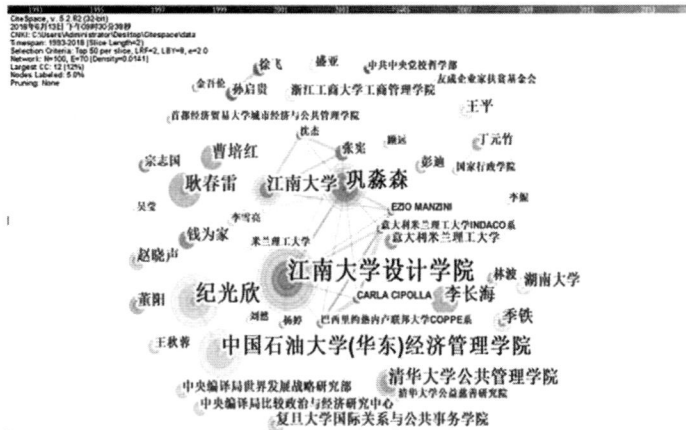

图2-6　国内社会创新领域研究者与研究机构共现图谱

同时，图2-7和图2-8还充分表明，社会创新领域的核心研究者和研究机构基本保持一致。来自中国石油大学（华东）经济管理学院的纪光欣教授认为，政府、企业和社会组织是实施社会创新实践的3个组织主体，对社会创新的理论缘起、概念、特征、发展脉络及跨界交织所形成的社会创新主体间的合作网络进行深入探究，并认为当代创新理论正逐渐从"技术创新"向"社会创新"范式转变。来自江南大学设计学院的巩淼森教授和湖南大学设计艺术学院的季铁教授的观点不谋而合，他们将可持续设计与社会创新链接起来，形成设计学、管理学和社会学等多学科交叉的新兴研究方向，拓展了社会创新研究领域的外延。来自国家行政学院的丁元竹教授主要从中国情境出发，将社会治理和社会创新有机结合起来，探讨符合我国国情的社会创新内涵与外延等基础概念，认为社会创新与新产业革命结伴而来，应从各方面打造与之相适宜的发展环境；来自友成企业家扶贫基金会的王平认为，在政府、企业和公益组织三大主体中，只有公益组织将推动人类进步作为责无旁贷的使命，并在实践中不断孵化培育社会创新项目。盛亚率先将利益相关者理论引入社会创新研究，以利益相关者理论为切入点，深入挖掘三元主体在参与社会创新过程时"利益—权力"个体属性差异对社会创新的作用机制，进一步探索社会创新利益相关者网络的属性特征，据此选择有效的网络治理模式以平衡各利益相关者之间的利益和权力。

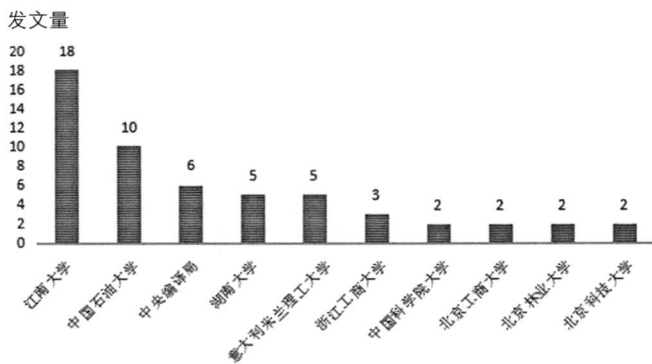

图 2-7　国内社会创新高发文量机构

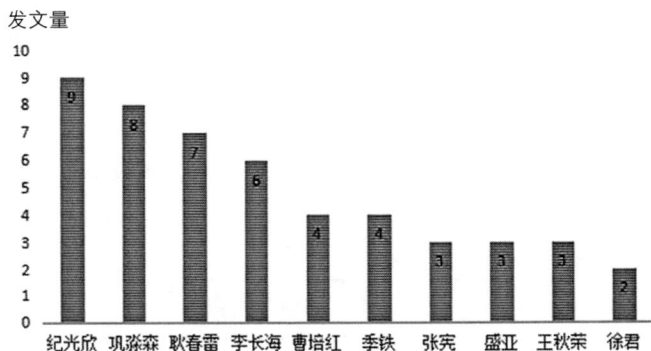

图 2-8　国内社会创新高发文量作者

（2）关键词聚类标签视图分析。关键词聚类是对某一领域研究现状的视图分类，通过它能够清晰地显示该研究领域的研究分布状态，便于研究者对目前该领域的研究现状有一个整体上的认识。本研究借助 Citespace 软件绘制社会创新研究领域的关键词聚类标签视图，最终得出 8 个聚类，详见图 2-9。其对应标签分别是 #0 社会创新、#1 公益、#2 创新、#3 公益组织、#4 创客、#5 第四次工业革命、#6 社会企业家和 #7 社会质量（表 2-6），上述聚类标签代表了目前我国社会创新领域的研究热点和研究前沿话题。

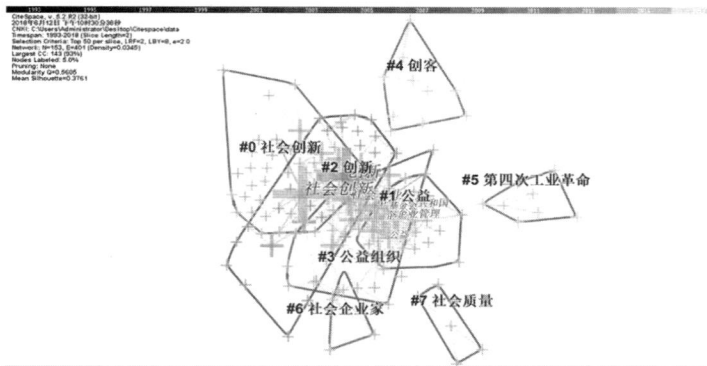

图 2-9　国内社会创新关键词聚类标签视图

表 2-6　国内社会创新关键词聚类表

聚类号 Cluster ID	被引文献规模 Size	轮廓值 Silhouett	平均年份 Average	LLR 算法提取的聚类标签词 Label by log−likelihood ratio
0	37	0.745	2013	社会创新
1	28	0.7	2012	公益
2	27	0.707	2011	创新
3	22	0.721	2013	公益组织
4	10	0.966	2014	创客
5	8	0.99	2015	第四次工业革命

续 表

聚类号 Cluster ID	被引文献规模 Size	轮廓值 Silhouett	平均年份 Average	LLR 算法提取的聚类标签词 Label by log−likelihood ratio
6	6	0.954	2013	社会企业家
7	5	0.987	2013	社会质量

资料来源：作者整理。

2.1.4 研究趋势整体判断

（1）社会创新研究呈现研究主题不断丰富、文献数量持续增长，研究视角和研究方法更加多元化的态势。无论国内还是国外，2015 年以后公开发表的论文数量开始呈现爆发式增长，尤其是在 2017 年达到最高峰，这充分说明社会创新近年来受到了国内外学者的高度关注。但是，对社会创新领域的研究还处于起步阶段，研究的基础理论不足，学者们讨论的核心问题也不尽相同，分别从不同视角切入和采取不同的研究方法，导致该领域研究十分分散，各自为营，并未形成统一的研究体系，亟须更多学术界有生力量加入，开展深入和系统的研究。

（2）日益突出的社会问题推动社会创新研究。首先，在 2010 年之前，学术界对社会创新的研究处于缓慢增长阶段，技术创新所带来的社会问题凸显，但并未引起学术界和学者们的足够重视。2010 年之后，伴随着科技的迅速发展、因经济增长而产生的社会问题不断加剧，学者们开始逐渐认识到以创新的方式解决社会问题的重要性，从而投入社会创新的相关研究中。

（3）学术界对社会创新的研究正在从宏观层面向微观层面问题细化，主要从公共治理、网络、政策等制度层面，到绩效、管理等组织层面，再到社会企业家精神[①]等个体层面，社会创新的研究范畴不断扩展，研究问题更加具体。

---

①企业家精神是个人或机构独有的特征，它不是个性特征。……企业家精神是一种行动（德鲁克，2009）。社会企业家是那些凭借灵感、创造力、直接行动和勇气，发现并挑战不公正的"稳定状态平衡"的人，其共同特点是有热情、关注对其他资源起作用的结果和影响、有良好的企业模式、对自己和客户都抱有极高的期望（斯蒂芬·戈德史密斯，2013）。戴维·伯恩斯坦在《如何改变世界》一书中指出："商业企业家对经济而言意味着什么，那么社会企业家对社会变革而言就意味着什么。"

2.1.5 内容分析

使用 Citespace 软件对社会创新进行分析，只能够做到迅速了解该领域粗略的信息，难以形成深入的洞察；而且，对于科学知识图谱的解读需要对特定的文献进行深入的内容分析。因此，本研究将在对国内外经典文献进行深入阅读后，以期从微观的角度更加深入了解该领域。

Drucker 是第一位提出社会创新概念、并最先强调社会创新价值的学者（Howaldt et al.，2010）。当代社会创新理论的主要贡献者包括加拿大心理学家司徒·康格（Stuart Conger）、德国社会学家沃尔夫冈·查普夫（Wolfgang Zapf）、英国社会创新实践先驱杰夫·摩根（Geoff Mulgan）和美国斯坦福大学社会创新中心的詹姆斯·菲尔斯（James A. Phills Jr.）等。众多学者在现有研究的基础上对社会创新做出了开创性贡献，奠定了目前社会创新理论的基本框架。Conger 基于社会程序和社会组织视角，认为"社会创新就是创造新的程序、法律或组织，它改变着人们相互之间发生关系的方式。它解决具体的社会问题，或使迄今为止还达不到的社会秩序或社会进步成为可能"（Stuart Conger，1974）。Zapf（2000）认为，社会创新是指"达到目标的新的途径，特别是那些改变社会变迁方向的新的组织形式、新的控制方法和新的生活方式，它们能比以往的实践更好地解决问题，因此值得被模仿，值得制度化"。

于 2003 年创刊的《斯坦福社会创新评论》是社会创新理论发展史上的一个重要标志。"格莱珉银行"创始人尤努斯获得了 2006 年的诺贝尔和平奖，从而加速推动了社会创新理念在世界范围内的广泛传播（纪光欣等，2014）。Mulgan（2006）认为，社会创新即为满足社会需要的目标所驱动且主要通过具有社会目的的组织来开发和扩散的创新性的活动和服务。Phills（2008）认为，应以新方法、新手段来解决某些存在的社会问题。这些新方法、新手段不仅效率高、效果好，而且更具公平性和可持续性，并认为社会创新是为整个社会创造价值的。

国内关于社会创新的研究起步较晚，但发展迅速。随着社会创新理念的传播和实践的推行，国内对社会创新的理解从 2006 年开始逐渐细化（纪光欣等，2014）。臧雷振（2011）在结合国内外相关研究的基础上认为，中国情境下的社会创新应以社会目标为基础，以创新为核心，推动我国社会进步。同时指出要充分发挥企业和社会的创新力，不断完善社会功能，弥补政府和市场的不足，实现整个社会系统的升级。何增科（2010）则认为，社会创新是为解决社会领域的相关问题、满足社会需求和创造社会价值的行之有效的创造性活动。简言之，社会创新涉及贫困、交通、教育、医疗、养老、助残、环保等领域，使命是解决社会问题、满足社会需求和创造社会价值，这也是社会创新与技术创新的差异之处。随着对社会创新研究的不断推进，学者们对社会创新的特征逐渐达成共识。纪光欣等（2010）认为，社会创新是政府、企业和社会单独或合作创造性地整合利用社会资源，通过新的途径或方式来解决社会问题或满足社会需求的实践过程，具有目标的社会性、主体的多元性、方式方法的创造性等特点。从社会结构来看，丁元竹（2013）把社会创新看成"通过一些制度设计来打破目前人类应对一些社会问题的困境，诸如就业、社会福利等"。社会创新也被认为是帮助弱势群体，从而实现社会系统的升级，探索对贫困、疾病、文盲、环境、人权、腐败等社会问题创新解决方案的一个过程（余晓敏等，2011）。

　　由于社会责任履行方式的变化，企业社会创新受到社会重视，企业日益成为社会创新主体之一。刘宝（2011）认为，"企业社会创新是企业以社会责任为驱动力，视社会问题为企业新机会的来源，在实现商业创新（如开发新产品、创造新市场等）的同时，达到一定的社会目标，满足社会需求的创新范式"。事实上，企业社会创新是以企业与社会双赢为目标和以利益相关者的利益为驱动力，并不仅仅局限于社会责任，更多的是战略性商业投资。Cajaiba-Santana（2014）认为，社会创新与技术创新最大的区别在于，社会创新强调其目的和结果的社会性。Maria（2015）认为，企业社会创新使用新概念或新应用去创造股东和社会价值，具有一种可测量的、可复制的首创精神。总体上，他们都强调企业社会创新是实现社会目标或解决社会问题的新途径、新方式，详见表 2-7。

表2-7　国内外社会创新研究视角及代表人物

研究视角	代表文献	主要研究内容
企业创新	Drucker（1984，1993，2006） Kanter（1999） Rachel Jupp（2002）	企业视角下的社会创新侧重点在企业社会责任实践的新形式方面
社会问题或社会需要	Mulgan（2007） Phills（2008） 臧雷振（2008） 何增科（2010） 纪光欣等（2010）	强调社会创新的目的在于增加人类福利
社会结构变革	Mumford（2002） 丁元竹（2005） Westley（2010） Bornatein et al.（2010）	面向社会结构、社会制度或社会整体变革理论视角
管理或组织	Conger（1974） Zapf（2000） Pot et al.（2008）	关注组织形式、新的方式方法对实现社会目标的价值，关注创新活动所带来的实际效果
资产或能力建设	Adams（2008） Pol et al.（2009） 刘宝（2011） Neumeier（2012） Maria（2015）	关注的不只是社会问题的解决，同时关注社会自我创新能力的可持续性

资料来源：作者整理。

2.2 社会创新的内涵、过程与模式研究

2.2.1 社会创新的内涵

随着以经济增长为主导的传统发展观向以人的发展为核心的综合协调社会发展观的转变，社会创新已经成为全球社会发展中的热门概念（Bornstein，2007；纪光欣等，2017）。既有研究分散于不同学科中（Howaldt et al.，2010），主要集中于经济学、社会学和管理学（Gerometta et al.，

2005；郑琦，2011）。经济学视域下，社会创新强调为改善社会福祉而改变既有社会联系方式，社会创新是利益相关者共同参与、共同协商、共同学习的过程（Phills et al.，2008）。社会学视域下，社会创新强调服务供给过程中对弱势群体需求的满足和权利的保护（Howaldt et al.，2010）。管理学视域下，社会创新集中探讨社会创新方法，注重传播扩散（Schwartz，2012）和新创意实效性（Phills et al.，2008）。

熊彼特（Joseph Schumpeter）虽然没有明确提出社会创新概念，但他所界定的创新比较宽泛，包括各种可提高资源配置效率的活动，不仅有技术创新，还包括市场、组织和制度创新，以及它们的组合。Brooks（1982）将创新分为技术创新（比如新材料）、社会技术创新（比如交通基础设施）及社会创新。同时，他又将社会创新分为市场创新（比如租赁）、管理创新（比如新的工作时间安排）、政治创新（比如峰会）及机构创新（比如自助团体）。

Drucker（1984）侧重于从企业组织的层面界定社会创新，具体涉及企业内部的组织和程序变革等，认为社会创新正在由政府转向社会，成为企业管理者的重要任务。Buchegger et al.（2000）从微观和宏观两个层面来阐述社会创新的内涵。微观层面的社会创新目标包括满足社会需求，不断提升生活水平，改进个人或团体能力，以及提高一个组织的生产能力。宏观层面的社会创新与社会总体变化有关，能消除不平等并实现可持续发展[1]。没有一种简单的方法可以解决复杂的社会问题，而一种创新的手段是解决社会问题必不可少的（康格，2000）。Murray et al.（2010）认为，社会创新与其他创新一样是没有明确的边界的。社会创新可能是盈利的也可能是非盈利的，它可以发生在公共部门或者私营部门，或者两者之间。

国内外关于社会创新的定义繁多，学者们时常会按照自己的理解和研究需要做出界定（表 2-8）。从研究视角来看，以 Mulgan（2007）、Phills（2008）、欧盟委员会（2013）为代表的学者从社会问题或社会需求的视角

---

[1] 目前使用最为广泛的可持续发展定义是 1987 年世界环境与发展委员会在《我们共同的未来》中提出的："既能满足当代人的需要，又不对后代人满足其需要的能力构成危害的发展。"（斯晓夫等，2019）

界定社会创新，成为国外社会创新研究的主流观点；以 Mumford（2002）为代表的学者认为，社会结构变革是社会创新的核心所在；康格（2000）等学者从管理或组织视角出发，关注新的组织形式、方式方法对实现社会目标的影响，关注创新活动所带来的实际效果（纪光欣，2017）。从侧重点来看，以 Mulgan（2007）为代表的学者主要强调社会创新的目的；以 Bornstein（2010）为代表的学者主要强调社会创新的过程性特征；以康格（2000）为代表的学者则主要强调社会创新的结果导向。

表 2-8 社会创新的定义

学者／机构（年份）	定义
Zaph（1998）	达到目标的新的途径，特别是那些改变社会变迁方向的新的组织形式、新的控制方法和新的生活方式，它们是值得被模仿及制度化的，因为它们能更好地解决问题
Mumford（2002）	为了实现共同目标而提出的社会关系和社会组织新理念的产生和实现，包括新社会制度的创造、政府新理念的形成、新社会运动的开展等
康格（2000）	创造出改变着人们相互之间发生关系的方式的新程序、法律或组织。它解决具体的社会问题，使到目前为止还没有达到的社会秩序或者是社会的进步成为可能
Mulgan（2007）	满足社会需要的目标所驱动且主要通过具有社会目的的组织来开发和扩散的创新性活动和服务，是满足日益紧迫的尚未满足的需要和改善人们生活的新观念或满足社会目标行动中的新想法
Phills（2008）	对某个社会问题的新颖的解决办法，这个解决办法比现有的办法更有效、效益更高、更可持续或更加公正，同时它所创造的价值为整个社会带来利益而非仅仅对某些个人有利
臧雷振（2008）	以社会目标为基础，以崇尚创新为核心，以创新为社会进步的基本手段，通过充分发挥每位公民个体和社会组织的创新能力，完善社会服务功能，弥补政府和市场不足，为社会建设和社会挑战带来改革性的进步和功能性的升级，实现社会总体发展的过程

续　表

学者／机构 （年份）	定义
孙启贵等 （2008）	在动机、主体、资源渠道、评价标准等方面与技术创新不同，在微观层面表现为个人、企业和各种组织的发展，在宏观层面表现为社会系统层次上各种创新要素和资源的组合，形成扩展性创新网络、社会资本和社会秩序
王名 （2009）	一个涉及社会生活的基本理念、组织和制度的创新过程，是在旧的社会生活范式或体系的基础上建立新的运作模式的过程，既包含着对旧的生活范式或体系的否定，以及在理念、组织和制度层面突破旧有体制的大胆改革，也包含着建构新的理念、组织和制度的积极探索和尝试
OECD （2009）	通过下列方式来寻找针对可以解决社会问题的新方案：为提高个人、社区的生活质量而定义并设计新的服务；以多种元素明确并实施新劳动市场和工作形式，加强个人在劳动关系中的地位
Bornstein （2010）	公民们为帮助大部分人过上更好的生活来新建或改进制度，探求对贫困、疾病、文盲、环境破坏、人权、腐败等社会问题创新解决方案的一个过程
纪光欣 （2010）	政府、企业、第三部门或公民个人单独或合作创造性地整合利用社会资源，通过新的途径或方式来解决社会问题或满足社会需求的实践过程
何增科 （2010）	公民和公民组织等社会行动者在社会领域为解决社会问题、满足社会需求而发起和实施的富有成效的创造性活动
俞可平 （2011）	社会领域的各种创新活动，公民团体、社会组织和社会企业是社会创新的重要主体
Neumeier （2012）	共同利益网络中一个群体的人们在态度、行为和观念上的改变，导致群体内外合作行动的新的和改进的方式
欧盟委员会 （2013）	满足社会需要和创造新的社会关系或合作的新的理念（产品、服务或模式）的开发和实现
克丽丝·戴格米埃尔 （夏露萍， 2014）	对社会问题提出崭新的解决方案。与现有方案相比，它通常更有效率、效果更好或更具可持续性，其创造的价值主要面向全社会，而非单独的个体。将公众价值作为重要且关键的关注点，是社会创新与商业创新的区别所在

资料来源：作者整理。

现代社会创新学家 Zapf（1998）、康格（2004）和 Mulgan（2006）也都强调社会创新是实现社会目标或满足社会需求的新途径、新方式，号召人们通过更加协同的努力进行社会创新，通过现有的或创新的方式去动员任何一个社会中都普遍存在的智慧和力量去解决问题，以提高社会解决其问题的能力（沙勇，2013）。开放包容（Mulgan，2006）、跨平台协作和创新扩散（Phills et al，2008；夏露萍，2014），体现了解决社会问题的有效性和实践性，反映了熊彼特创新理论的精神实质，为社会创新概念奠定了基本框架（Eduardo，2009；纪光欣等，2010）。

社会创新与社会创业（Social Entreprenurship）有着密切联系，创新性是社会创业的三大基本特征之一（斯晓夫等，2019），社会创新和新的社会价值的缔造是社会创业存在的基石（安德斯·伦德斯特罗姆等，2016）。有研究对它们甚至不做严格区分，如 Mair et al.（2006）指出，社会创业是利用创新的方式整合资源实现社会价值目标的过程，并通过探索和利用创业机会来促进社会变革和满足社会需求。但本研究认为，将两者进行区分还是有必要的，因为创业可分为生存性创业和创新性创业两类，创业的本质是创新，基于创新的社会创业应该大力提倡，也是社会创业的生命力源泉。或许用安德斯·伦德斯特罗姆（2016）的观点能更方便、更简洁（尽管有些粗糙）地对有关概念做出区分：社会创业的本质是社会创新，其执行者是社会企业家/社会创业家，其组织形式是社会企业。本研究将社会创新定义为政府、企业、社会组织单独或合作创造性地整合利用社会资源，通过新的途径或方式来解决社会问题或满足社会需求的过程。社会创新具有目标的社会性、主体的多元性和方式方法的创造性等特征，即社会创新的基本主体包括政府、企业、社会等；基本方式是单独或者合作创造性地整合多方优势资源，通过创新的理念产生新的社会技术和方式；社会目标是解决社会问题，满足社会需求，维持社会秩序和促进社会进步；实施的基本条件是具有普世价值，模式可复制、可扩散（Schwartz，2012；何增科，2010）。简言之，社会创新是以明确的社会目标为指引，基于创造性的手段，有效解决社会问题、创造社会价值和推动社会进步的过程，其主体可以是多元的，其方法可以是商业的。

2.2.2 社会创新的主体与职能

社会创新的主体包括企业、政府、社会组织等，每个主体的职能、特征等各有差异[①]。企业职能包括实现资源转化、创造财富、组织生产经营活动、优化资源配置等。作为市场主体的企业，其显著特征包括经济性、营利性、独立性、竞争性等，这也是区别企业和非营利组织的主要特征（宋迎法等，2012）。政府是治理国家或社区的政治机构，其职能主要包括政治职能、经济职能、社会管理职能，与企业和其他非营利组织的区别在于，政府组织具有合法性、公共性、强制性、普遍性等特征。从"应然"的角度来说，政府行使的是公共权力，应代表公共利益，体现公共性。但从"实然"的角度看，政府也没有摆脱自利性的纠缠，更多地关注自身利益是导致政府失灵的根本原因（王春福，2012）。社会非营利组织由私人领域、团体领域、社会运动及大众沟通形式组成，其职能包括社会服务职能、公共管理职能、行业监督职能、组织协调职能，具有私立性、非利润分配性、自我治理性、志愿性、公共利益性等特点，是由自利性向公共性过渡的桥梁和纽带。

根据社会创新主体的不同特征（正式和非正式、公共和私人、营利和非营利、政府与非政府等），可将社会创新主体分为单主体（企业、政府、社会）、二元主体（企业—政府、企业—社会、社会—政府、）和三元主体（政府—企业—社会）。

社会创新主体经历了从"政府"单一主体，发展到"政府—社会组织"二元主体、再到"政府—企业（市场）—社会组织"三元主体的演变过程。在我国，"政府—社会组织"二元主体存在着严重的政社不分问题，如政社合一、政社的上下级主仆关系等（王义，2012）。因此，从二元主体"社会组织"中独立出具有营利特征的"企业"，其具有特殊意义：企业弥补了公共资金的不足，提高了服务水平，有效降低成本，合理分配风险，是

[①] 市场、政府和社会组织代表着不同的资源配置主体。在市场失灵和政府失灵时，社会组织就成为一种新型的资源配置主体。

现代社会创新的重要特征。市场力量广泛介入公益领域，导致了第三部门^①的边界与第一部门、第二部门开始融合，出现了政府、社会、市场的交融，实现了社会组织在组织形式上的创新（Phills et al.，2008；Yunus，2010；王名，2008）。因此，突破创新边界（Abu-Saifan，2012），促进公共部门和私人部门、营利部门与非营利部门之间的各伙伴关系和各形式的合作是个趋势。

传统社会组织过度依赖捐赠，随着社会问题越来越多、复杂化程度越来越深，其"内在的规模和效率"存在上限。尽管企业责任运作使企业具有了非营利性行为，但在股东利益与利益相关者之间总是有先后次序的。新的社会企业模式是对公平和效率目标的重新整合，是一种创新性整合（王名等，2009），是企业履行社会责任的一种追求（Jupp，2002），以达到经济、社会和环境价值的统一，实现人类社会的持续发展（王平，2017）。波士顿银行、贝尔大西洋公司、通用电气、维朋公司、沃尔玛等将社会责任转向社会创新，彻底改变了企业在社会中的作用（Kanter，1999）。社会问题已成为企业创新、发展的主要机会来源（Drucker，1984；Kanter，1999；臧雷振，2011）。

2.2.3 社会创新过程与模式

社会创新要达到实现社会目标、促进社会公益的目的，需经历一个从创新提出到结果产生的过程。以往学者对社会创新过程有 3 个阶段、4 个阶段和 5 个阶段划分，但大同小异。Tiwri et al.（2007）将社会创新过程分成 3 个阶段：构思、执行和营销。Mulgan（2007）将社会创新过程归纳为 4 个阶段：首先是通过理解具体需求并识别潜在的解决方案从而产生新创意；其次是对新创意的开发；然后是制作样本和先期试验；最后是评估设计与开发及实施。Maria（2015）结合商业创新和企业社会责任实践，提出

---

① 第三部门是在第一部门（Public Sector，公部门）与第二部门（Private Sector，私部门）之外的组织结构，在中国常见的形态有行业协会、社团法人、非公募基金会、民办非企业单位。大包大揽的第一部门和发展不成熟的第二部门，导致了中国第三部门发育迟缓（苗青，2014）。

企业社会创新五阶段模型，具体包括"评估—设计—发展—系统化、制度化—扩大规模"。

国内学者孙启贵等（2008）将社会创新过程划分为 3 个阶段：第一阶段是创新思想的形成，第二阶段是创新思想的试验评估，第三阶段是创新机制的传播与扩散。何增科（2010）也提出 3 个阶段的社会创新过程，具体是新创意的提出与实行、实施与完善、扩散与传播。刘宝（2011）提出企业社会创新过程大致可以分为 4 个阶段，分别是创意生成、创意评估、设计与开发及实施。郑琦（2011）提出更加概括的说法，认为有两个核心环节是任何社会创新都具备的：一是形成新的创意并进行试点；二是将好创意传播出去以实现社会需求的满足。

本研究参照刘宝（2011）的 4 个阶段，即创意生成、创意评估、设计与开发及实施。社会创新往往产生于一个创意，这个创意来源于企业对社会机会的识别，捕捉半正式契约和社会前沿期望。对创意进行评估，一方面也是最关键的，是要对其产生的社会影响进行评估；另一方面，需对其商业机会进行评估。如果方案可行，那么就迅速落实设计与开发，将创意转变成为最后的成果，此时要从项目团队过渡到整合各方面资源，开发原型并进行领先用户测试。最后是实现创新价值的实施阶段，结构化推进项目，并且向社会和市场传播。但本研究提出的阶段内涵与上述的有差异，主要体现在创新网络范式上。

Beverly（2012）认为，主要有五种方式推动社会创新：产业范式的重构、市场方式的变化、市场参与下的社会价值创造、促进公民社会参与和培养共情。Alvord et al.（2004）认为，社会创新模式有三种：地方能力建设模式（即"助人自助"）、技术创新模式和社会运动模式。Defourny et al.（2010）将东亚国家与地区的社会企业发展类型分为五类，包括商业化的非营利组织、就业整合类的社会企业、社会合作社、非营利—营利组织间的合作及社区发展类社会企业。余晓敏等（2011）以社会使命为标准区分五类社会企业，其运作模式主要包括有偿服务、服务补贴、公平贸易、企业家支持（如小额贷款）、提供就业及合作社模式。无论哪种方式和运作模式，社会创新都是分阶段进行的。

2.3 利益相关者研究

2.3.1 利益相关者的概念、分类和研究逻辑

作为最流行的 15 种组织与管理理论中排名第 5 位的利益相关者理论，自 20 世纪 60 年代以来，学术界围绕其概念界定、分类、行为解释和管理策略等的研究不断深化，并遵循从个体到关系到网络的研究逻辑。

表 2-9 显示了不同学者对利益相关者的定义。虽然定义不同，但没有本质差异，其中 Freeman（1984）的定义影响最大。虽然此定义比较宽泛，但研究中将利益相关者进行的分类，可以适当限定范围，本研究遵从这个定义。

有关利益相关者的分类研究方面，Grant 和 Mitchell 两位学者的研究较为经典。Grant et al.（1991）提出以利益相关者的合作性和威胁性作为分类标准，依据支持型、边缘型、威胁型和混合型 4 个类型的划分，并提出对应的分类管理策略，即纳入、监控、防卫及合作。该模型对利益相关者分类管理研究具有深远的影响。Mitchell et al.（1997）将利益相关者分为 3 类——确定型、预期型和潜在型，也十分经典。

Freeman（1984）提出了在识别企业利益相关者后，可根据利益和权力①2 个维度，对这些利益相关者进行相应的归类。Johnson et al.（1999）提出了涉及 3 个步骤的利益相关者管理：一是识别利益相关者；二是识别利益相关者的影响；三是分析利益相关者的利益和权力。同时，根据利益和权利 2 个维度将利益相关者分为四大类，再基于不同利益相关者的权利属性，提出相应的管理策略。

---

① 用传统经济学解释，利益和权力分别对应于剩余索取权和剩余控制权，因而两者是对称关系（盛亚等，2009）；但如果涉及更多的利益相关者，就需要突破传统经济学的局限（盛亚等，2016），如社会所有制——治理结构和所有制结构通常建立在利益相关者（如员工、客户、地方社区团体和社会投资者）或代表更为广泛的利益相关者对企业实施控制的托管人或董事的参与基础之上的自治组织（沙勇，2013）。这进而涉及利益和权力的公共性和私人性。在社会成员之间的利益要求发生矛盾的情况下，公共权力应当在相互矛盾的私人利益背后，发现其所包含的那些具有共性的利益。如果公共权力发挥积极作用的话，那么，它不仅可以在私人要求之间，发现共同利益并加以维护，而且会主动地促进公共利益的生成，并把更多的公共利益纳入自己的视野（王春福，2012）。公共权力的行使必须是为了公共利益，这才是合法的（约翰·斯坦纳，乔治·斯坦纳，2015）。

表 2-9　利益相关者的定义

学者	定义	意义
斯坦福大学研究院（1963）	利益相关者是一些团体，没有这些团体的支持，组织就难以生存	该定义让人意识到企业的生存还受到除了股东以外的周围一些群体的影响
Ansoff（1965）	在制订一个理想的企业目标时，必须考虑来自许多相互冲突的利益相关者的各自要求，从而尽可能确保股东、高管、员工、供应商和经销商之间的权利平衡	将"利益相关者"一词正式引入经济学界及管理学界
Freeman（1984）	利益相关者都能够影响组织的目标实现，或利益相关者的目标受组织实现的影响	这一定义强调利益相关者与企业之间的关系，并大大扩展了利益相关者的内涵，表示其对企业活动有直接或间接的影响，例如社区、环境、媒体等，都可以看作利益相关者
Clarkson（1994）	利益相关者已经向企业投资了一些财务资本、人力资本、实物资本，或有价值的东西，并因此承担某种形式的风险；或者说，他们承担着企业活动的风险	加强与企业相关的利益相关者的联系，同时强调专用性投资
贾生华等（2002）	利益相关者是那些开展企业一些专有性投资，并承担一定风险的个人和团体，他们的活动能够产生影响；对实现企业目标来说，利益相关者或受企业目标实现的影响	从两个角度（关联性和投资专用性）来定义企业的利益相关者

来源：作者整理。

　　国内学者基于中国实际也对利益相关者理论开展了丰富的研究，其研究逻辑与国外一样。这些研究包括基于 Mitchell 利益相关者分类的中国实证（陈宏辉，2003）、利益相关者权利的来源和针对权利提出的管理策略

（江若尘，2006）、利益相关者的权利对称性（盛亚等，2009）、专用性资产投入、创新（技术创新、复杂产品系统创新和社会创新）的利益相关者管理（盛亚等，2009，2011，2018）、网络结构对利益相关者行为的影响（张闯等，2015）、基于政治—经济分析框架进行的"关系"研究（林曦，2010）、利益相关者关系的网络治理（郭永辉，2016）和利益相关者的主体属性（盛亚等，2016）等。

国内外学术界对利益相关者理论的研究视角大致分为个体视角、关系视角和网络视角，遵循着从个体、关系到网络的发展路径。其中，个体视角下的研究占据了绝大多数，而针对关系视角尤其是网络视角的研究却很少。但基于个体视角的研究对关系和网络层面的认知有局限，一些学者尝试将主体与利益相关者的关系作为基本分析单位加以研究（林曦，2010）。网络视角下的研究则将注意力置于利益相关者关系之上，并将此关系还原到其嵌入的网络中，关注网络结构对主体及其利益相关者行为的影响（Rowley，1997）。现有利益相关者网络视角下的研究则过分强调网络的整体属性，却忽略了利益相关者理论一贯坚持的主体属性分析，缺失了对利益相关者利益和权力的考虑，使得网络中结点间互动关系的结构和行为要素无法进入分析视野，造成该理论从关系视角向网络视角转换的逻辑链条断裂，无法真实全面地反映利益相关者网络的现状（盛亚等，2017）。

2.3.2 利益相关者理论从个体、关系到网络的演变

个体研究中，Freeman（1984）的研究成果影响最为深远。他指出，利益相关者从广义上讲，能够影响一个组织目标的实现；从狭义上讲，利益相关者是组织为了实现其目标必须依赖的人。Clarkson（1995）则更为明确具体到那些投入了一些实物资本、人力资本、财务资本或一些有价值的东西，并由此而承担了某些风险的组织或个人。随着研究的逐步推进，学者们意识到不同类型的利益相关者对组织的影响显然存在差异，因此必须给出可操作化的利益相关者分类。Donaldson et al.（1995）从规范性、描述性和工具性3个层面的分类，就是一种操作化的分类研究。此后的理论演进

多为解释利益相关者行为和提出相应的管理策略（Bridoux et al.，2016）。学术界所进行的关系研究从一开始的"企业—利益相关者"之间的单向影响（一元），到相互影响（二元）发展到利益相关者之间的彼此影响（超二元），网络研究范式也就应运而生，从而为研究利益相关者理论提供了新的视角。Rowley（1997）提出的利益相关者网络定义成为经典——以资源获取为目的，以利益相关者主体属性为基础，主体间关系嵌入及其行为所形成的具有一定结构特征的网络形态。与此相关的其他研究还包括将网络结构和利益相关者资源属性联系起来，对利益相关者的显著性进行的研究（Pajunen，2006）；结合创新网络和创新资源研究网络权力（孙国强等，2016）；网络视角下的主体权利来源及其对主体行为影响的研究（Polites et al.，2013）；基于儒家思想对利益相关者理论进行的解释性研究（Jiyun et al.，2015）；等等。

Rowley（1997）在他的研究中，重点关注网络密度和网络中心性这两个关键因素的影响，认为网络中网络中心性越大，则焦点企业拥有的资源和信息越充分；在网络中的权力越大，对其他利益相关者的控制越强，网络密度的增强，网络中其他利益相关者之间的联系也就越紧密，就越能很好地抵抗来自焦点企业的控制，并且可以很好地监督焦点企业的行为。

国内一些学者将利益相关者理论与社会网络理论结合起来进行了理论探讨和应用研究。缪荣等（2005）认为，利益相关者和企业的价值创造系统通过各种有形和无形的交换联系起来，利益相关者的资源和活动被有机地融合到企业价值生产的各个环节。企业的信息交换和知识分工并不局限于企业内部，员工、群体或部门往往直接和外部进行信息和知识的交换和共享，从而形成一个开放的企业价值网络。丁荣贵等（2010）基于建设项目，分析了利益相关者的网络结构并提出了治理策略。王馨等（2013）从社会网络视角出发，认为企业内、外部的各种利益相关者通过契约或个人联结构成了一张内外镶嵌的关系网络，并将利益相关者分为内网利益相关者和外网利益相关者，标准是不同利益相关者在网络中的结构分布。郭永辉（2016）基于利益相关者之间的产权、行政、契约和社会关系，将对社会网络的分析方法应用于生态产业链中，为生态产业链的发展提出治理意见。

无论是对关系视角还是网络视角下研究的拓展和整合，在实际中必须考虑利益相关者关系和整个利益相关者网络的动态变化。很多研究表明，无论是企业与利益相关者的关系，还是整个利益相关者网络都不可能是不变的，很多内外部因素的变化都会时刻影响企业与其利益相关者的状态和网络的构成。例如，Jawahar et al.（2001）在资源依赖理论和期望理论的基础上将组织生命周期理论引入利益相关者管理理论的研究中，提出的基于企业生命周期的利益相关者管理模型就是一个典型的动态研究。Jawahar et al.（2001）的动态研究代表了一种企业个体视角的动态变化，而在企业—利益相关者关系层面和利益相关者网络层面，这种动态变化的特征也是非常明显的。林曦（2010）认为，企业与同一利益相关者的关系在企业的不同发展阶段也是不断发展变化的，因此企业要运用不同的策略去处理在不同时点上企业与利益相关者的关系。

近年来，很多学者开始关注项目过程层次的利益相关者网络的动态性。由于一个项目往往涉及诸多利益相关者，在项目推进和开展的过程中，他们之间彼此关联便构成了复杂的网络关系。随着项目阶段的逐渐推进，利益相关者之间的行为及其构成的关系网络会发生新的变化，这很难用一个静态的网络形式来表示，同时其给项目治理带来了不确定性和一定的风险（丁荣贵等，2010）。张旭（2016）提出，不同利益相关者在项目生命周期同一阶段归属不同的类型，同一利益相关者在项目生命周期不同阶段归属不同类型。可见，无论研究视角如何，利益相关者网络的动态变化都是重要的研究内容，更是重要的研究方向。

2.4 网络治理研究

2.4.1 网络治理理论的发展

网络包含着参与者一系列的互动，所关注的焦点在于解决制度运用、权威结构、资源分配合作及协调和控制横跨网络的联合行动。这些互动区别于一般的操作链，而通常是基于包括参与、信息共享和联合程序在内的多边关系的。

　　治理（governance）是各种公共的或私人的机构管理共同事务的诸多方式的总和。它有四个特征：治理不是一整套规则，也不是一种活动，而是一个过程；治理过程的基础不是控制，而是协调；治理既涉及公共部门，也包括私人部门；治理不是一种正式的制度，而是一种持续的互动（王春福，2012）。近年来，随着治理主体变得多元化，网络治理研究引起了众多学者的兴趣，但是，在 Jones et al.（1997）出版《网络治理的一般理论》一书之前，并没有一个被普遍接受的网络治理定义。

　　学者们对网络治理下的定义可分为两类：一是关注在交易关系中的互动模式；二是关注网络中各独立成员的资源流动。Jones et al.（1997）在前人研究的基础之上，将网络治理定义为有选择的、持久的和结构化的自治企业（包括非营利组织）的集合，这些企业以暗含或开放式契约为基础从事生产与服务，以适应多变的环境，协调和维护交易；且这些契约是社会性联结而非法律性联结。网络治理理论被纳入公司治理范畴后，公司治理形式也从以科层治理（Hierarehieal Governance）为主导走向网络治理（Network Governanee）。

　　网络治理是对治理理论和实践的新发展。网络治理是一种全新的通过公司部门合作，非营利组织、营利组织等多主体广泛参与提供公共服务的治理模式。总体而言，网络治理的内涵包括 4 个方面：一是治理主体多元化——宏观上涵盖政府、市场和社会组织 3 个领域，微观上包括政府、企业、NGO、普通公民等多种参与主体；二是治理手段多样化——通过行政、市场和社会手段进行综合治理；三是治理结构网络化——政府与其他社会组织更多地以平等协作的方式组成合作网络，实现共同利益，而非政府自上而下地运用权威；四是治理目标明确化——网络治理旨在提高公共服务的质量和成效，增加公共利益，解决社会问题（刘波等，2011）。

　　网络治理主要以四个理论为基础：一是交易成本理论，二是委托代理理论，三是资源基础论，四是社会网络理论。交易成本理论把网络治理视为介于市场治理与科层治理之间的一种降低外部交易成本、取得规模经济和范围经济优势的中间治理形式。委托代理关系是一种契约，通过网络治理可以保证委托人和代理人之间契约的执行，规避机会主义行为。资源基础论认为，企业本身不具备某种资源的时候，将利用网络治理结构主动优化、选择搭配，形成一个优势互补、资源匹配的有机体。社会网络理论则重点考察网络结构和社会机制对经济行为的影响，认为企业采取网络治理形式可以获取结构利益和获得社会合法性。

2.4.2 网络治理的内涵

治理理论的初衷是应对市场或政府协调的失败，但随着研究的深入和治理实践的开展，治理理论的不完整性开始显现：强调多方参与却无法明确给出多方参与的具体框架；试图整合政府、市场和社会等多种力量却缺乏操作章程；不同学者尝试用各学科理论解释，却难以达成共识（姚引良等，2011）。但网络治理的基本内涵是，为了实现与增进公共利益，政府部门和非政府部门（私营部门、第三部门或公民个人）等众多公共行动主体彼此合作，在相互依存的环境中分享公共权力，共同管理公共事务的过程（陈振明，2003）。

学术界对网络治理内涵的探讨主要从 3 个层面展开：网络化环境、网络组织间关系和整体网络组织。网络化环境层面的网络治理主要探讨网络经济与环境的变化对单个公司治理的影响（Rowley，1997；李维安等，2014），是指具有单中心结点（核心公司）的网络组织所进行的对外部利益相关者的治理，是公司治理内涵与形式的扩展。网络组织间关系层面的网络治理是正式或非正式的组织和个体，通过经济合约的联结与社会关系的嵌入，以组织间制度安排为核心的参与者之间的关系安排（彭正银，2002）。这种交易关系层面的治理是利用网络组织间所形成的关系专用性资产，通过关系嵌入向结构嵌入演进的途径，对网络组织间交易关系治理的探讨（Dyer et al.，1998；彭正银，2002）。整体网络组织层面的网络治理是一种与市场和企业不同的资源配置方式，是一个包含选择性、持续性和结构化的自治企业的集合，这些企业基于隐含或开放契约创造产品与服务以适应环境的偶然变化，从而协调、维护交易（Johnson et al.，1999）；网络治理是使用制度、权力结构与协作来分配资源、协调并控制网络组织的行为（Provan，2007），其核心属性是有关网络化背景中经济主体决策的科学化、合理化（李维安等，2005）。

网络组织的形成条件及运作方式的复杂多样决定了其治理机制的多层次性，使网络治理具备了主体多元、机制多样、权力分散和模式众多等四大特征（刘波等，2011）。网络组织的形成与发展，不仅改变行为主体的资源配置方式，对主体的决策模式与协调方式也产生结构性的影响，进而引发治理模式向网络治理的形式演进。网络治理研究丰富和充实了利益相关者理论，使其从单边、双边关系拓展到网络关系（彭正银，2002）。

2.4.3 网络治理机制

对网络化过程的理解需要从网络形态和互动关系两个角度入手。Johanson et al.（1987）开创性地提出了一个包含关系与互动的模型（JM 模型），它将网络结点间的联结关系与其相互作用行为有机地联系起来。他们认为，在网络组织中企业间的关系是互为导向的（Mutual Orientation），这意味着企业准备与另一方企业互动时期望对方也同样如此。两个既不相同又密切相关的互动过程（交易过程与适应过程）构成了一个动态的互动关系。互为导向也意味着企业之间相互了解，关注对方的利益。交易过程可建立关系，正向诱导（Positive Inducement）和亲密关系（Mutuialty）是交易过程的主要特征。当交易各方认识到交易中的复杂性与异质性，就容易产生持久的关系。

网络治理机制问题是网络治理理论研究的一个核心问题。尽管 Jones et al.（1997）在威廉姆森三维理论的基础上加入了任务复杂性这一维度，构成了在任务复杂性、交易不确定性、资产专用性和交易频率等 4 个条件约束下的网络治理四维模型，对网络治理的研究有很大的启发作用；但该模型并没有阐明网络治理机制这一问题。彭正银（2002）提出，网络治理机制应包括互动机制和整合机制两部分。互动机制包括合作性互动与竞争性互动。合作性互动是以信任为基础的，而竞争性互动是基于重复的囚徒困境假设的。整合机制通过对参与者关系的梳理，实现网络团体的联合与协作，建立信任互惠的关系结构，形成新的多边谈判方式以巩固共同的承诺，释放单边的潜在控制利益来扩展双边的关系投资，减少市场的不确定性与降低信息的不对称程度，形成新的竞争与合作环境。整合机制在两个方向上运作：一是水平方向上，是以资源储备（Resource-Pooling）的依赖方式来增加资源的享有量，实现团体间资源供给的共存与差异性互补；二是垂直方向上，是以资源移位（Resource-Transferring）的关联方式将资源的使用范围扩展至多个企业，在范围经济的基础上重组价值链。互动机制和整合机制动态结合，在结构嵌入理论的框架下，以交易的协调与维护为治理目标，对网络边界进行调整、协调，以实现利益目标。

市场治理的机制是价格机制，而科层治理的机制是命令机制。网络治理作为处于市场治理和科层治理之间的一种中间治理形式，与传统的市场模式和科层模式不同，它的基本关系是建立在资源交换的基础上，在成员之间建立相互信任来实现网络成员之间的资源共享与交换。因此，网络治理机制的本质是协调机制。协调机制会根据网络治理内涵的不同体现为不同的机制，包括学习机制、团队机制、合作机制、文化机制、声誉机制和嵌入机制等（李维安等，2005）。

2.4.4 网络治理模式

Provan（2007）将网络治理分成参与式治理（Participant-Governed）、领导组织式治理（Lead Organization‑Governed）和网络管理组织式治理（Network Administrative Organization，NAO）。张宝建等（2015）按照集聚形态的划分标准，将网络组织治理划分为准市场治理、准科层治理及混合治理三种类型。彭正银等（2012）认为，网络治理与传统的共同治理有所不同，他们主要从以下两个方面对传统的共同治理进行扩展：第一，网络组织中各个结点组织存在直接或间接的利益关系，这无疑将增加某个结点组织的利益相关者的数量。第二，信息网络为所有利益相关者积极参与某个结点企业的治理活动提供了技术支持。彭正银（2002）通过对交易主体的可占用关系与任务复杂性的分析，探索了交易主体参与网络治理的动机，认为可占用关系越多，参与治理的动机越强；同样，任务复杂性越强，网络主体参与治理的动机也越强。同时，他以资源的占用关系和协调方式为双变量推导出网络治理模式。

社会创新主体及其利益相关者构成了一个复杂网络，为达到满足利益相关者利益的同时实现绩效最大化，需要实现主体和利益相关者及利益相关者间在权利上的平衡（讨价还价）（Jones et al.，2007）。因此，社会创新网络治理实际上是社会创新主体和利益相关者的共同治理，其目标是合理平衡各利益相关者之间的利益，并以此来确定利益相关者在社会创新组织中的权力。

2.5 研究述评

通过以上梳理可以看出，近年来学术界对社会创新这一新兴论题的研究得到了较快的发展，但对社会创新理论目前仍未形成相对完整的思想体系和理论架构，相关问题还需要进一步探讨。

第一，很少基于利益相关者视角进行社会创新的研究。目前，相关研究侧重于技术创新（盛亚等，2009；2011；2017），也有一些侧重于战略创新和商业模式创新的研究。社会创新不仅涉及三大创新主体（政府、社会组织和企业），还涉及除这三大主体之外的其他利益相关者。因此，有必要也有可能将利益相关者理论引入社会创新研究之中。当然，利益相关者理论也存在一些令人困惑之处，如谁或者什么是合法的利益相关者，每个利益相关者的权利是什么，以及管理者应该如何缓解不同利益相关者之间的冲突（约翰·斯坦纳等，2015）。道德、伦理与商业、经济之间的关系等问题都需要做进一步研究。

第二，企业社会创新的过程机理需要进一步明晰。现有文献主要提出企业社会创新过程的各个阶段划分，但比较缺乏对各阶段做更深入的实证分析。社会创新是"政府、企业、社会"三元主体及其利益相关者共同协作的创新论题，其资源、权利诉求、行为都具有异质性和动态性，并随社会创新阶段的不同而异，因此弄清其中的过程机理十分必要。

第三，"主体、资源、行为"三要素构成的网络分析范式，为研究不同创新阶段中利益相关者及其网络结构特征的动态演化提供了有力工具。现代社会中，组织必须审视并关注控制着组织持续生存所需的关键资源的利益相关者的利益和要求（Mitchell et al.，1997）。关键资源除了物质的形态外，还有相互信任的心理认同感（刘卫平，2013）、共同的利益基础和价值取向、良好的制度规范、参与意识与合作精神、自治组织与社团和有序地参与网络等（Provan，2007），从而形成具有扩展性的创新网络、社会资本和创新秩序，使其能够顺利实现自身目标和扩展自身权力、利益和影响力（冯鹏志，2001），并针对整个社会创新要素形成稳定的动态循环，形成合力，螺旋上升，协调经济、社会与生态利益，把握当前并着眼于发展长远利益。社会创新是一种利益相关者驱动型创新，员工、顾客、供应商、环保主义者、非政府组织（Non-Governmental Organization，简称 NGO）、政府等是社会创新的重要驱动因素，是主要参与者和实现者（刘宝，2011）。因此，利益相关者"共管共治"是最好的管理（Bryson，2004）。

第四，政府所实施的权力来自下层，政府、企业和社会组织主体的权力源于也存在于其他各种关系中。由于行为的主体、权力运用的方式和权力配置形式的不同（王春福，2012），政府需要从统治走向治理。特别是在治理主体多元化的情况下，治理的权力既来自政府、也不限于政府，各种公共机构、甚至私人机构都可能成为治理的主体。这些公共和私人机构只要行使的权力得到公众的认可，都可能成为在各个不同层面上的权力中心（王春福，2012）。"自下而上"多中心共享治理应该成为治理模式的一种必然选择。

第 3 章
SIOE 研发投入绩效与企业目标定位

将社会创新融入企业可持续发展，聚焦社会创新导向企业（Social Innovation-Oriented Enterprise，简称 SIOE）的研发为企业发展提供新机遇。本章首先利用我国上市公司数据来探讨 SIOE 研发对双重绩效（社会绩效与经济绩效）的影响，探讨绩效差异性形成原因。然后运用浙江省上市公司数据对企业社会创新的目标定位进行理论和实证研究，并提出一种新的企业类型划分方式。

3.1 SIOE 研发投入绩效：以中国上市公司为例[①]

《2018 年全球创新 1000 强报告》显示，中国企业用于创新的经费支出高达 600.8 亿美元，较 2017 年上涨 34.4%，增幅领跑全球。从总量上看，中国创新研发支出仅次于美国；从研发强度来看，中国研发能力高于欧盟平均水平。[②] 与中国企业创新高歌猛进形成鲜明对比的是，环境污染、食品安全等社会问题日趋严重。企业仅追求商业层面的创新已不足以作为解决社会问题、满足社会需求的实践形式（Rachel，2014；纪光欣，2012）。社会创新论坛表明，社会创新往往是在商业创新没有承担的需求领域进行

---

①本节内容已被《科技进步与对策》录用，见盛亚、鲁晓玮、李春友：《社会创新导向的企业（SIOE）研发投入绩效研究：双重绩效的差异在哪里？》。
② 数据来源于《2018 年全球创新 1000 强》（2018 Global Innovation 1000）报告。

的（Malgorzata，2017），尤其是相较于商业经济领域的创新，教育、医疗及政府等方面的社会创新更有发展的空间。例如，联合利华、IBM、惠普等企业都已将社会创新项目纳入企业创新发展战略（Gavetti，2012）。现实问题也驱动着学者对社会创新进行更深层次的讨论。本研究认为，社会目标与经济目标有差异。社会创新是为解决社会问题而进行的创新行为，是实现经济目标和社会目标双赢的创新模式。当然，社会目标与经济目标常常是矛盾的，这种"相互关联且相互冲突的同时性长期共存的要素"成为一种典型的管理悖论，因此需要加强对战略、组织与激励、领导方式和营销手段的双元化管理（斯晓夫等，2019），以有效平衡和结合企业的商业目的和社会目的，提升企业的社会创造价值，进而获得可持续发展（Hahh et al.，2016）。用艾默生的融合价值概念来理解的话，即是"事实上，投资与回报的核心不是社会利益与经济利益之间的权衡，而是对包含这两者的融合价值的追求"（Emerson，2003）[①]。

本研究拟利用样本企业 2012—2017 年的数据，考察 SIOE 研发对社会绩效与经济绩效的影响；同时将企业所处地域分为东部、中部和西部，探讨地域差异下 SIOE 研发绩效的差异。具体如下：①将 SIOE 研发视为企业战略选择，分析 SIOE 研发对社会绩效和经济绩效的双重影响，详细研究研发投入对社会绩效的滞后性影响，弥补相关领域的研究不足；②了解 SIOE 研发投入对企业社会价值与经济价值的影响在三地样本中呈现的显著差异，有助于进一步诠释经济梯度的存在，为政府对公共利益的制度安排及社会创新制度的缺失提供最直接的实证数据。

3.1.1 文献回顾

欧盟委员会于 2013 年发布的《社会创新指南》将社会创新定义为"满足社会需要和创造新的社会关系或合作的新理念（产品、服务或模式）的开发和实现"，书中认为社会创新理念的日渐成熟推动了社会创新行动主

[①] 融合价值这个概念为对社会创新商业模式进行研究提供了一个很好的切入点。

体的主动性（Birkner，2016），得出社会创新的最终目标不仅对社会有益，而且能推动企业创新行动能力提高的结论（Luo et al.，2006）。研究表明，企业倾向于绿色产品和开发过程创新（Anderson，2011）、企业社会创新与技术创新的异质性及协同发展（Sankar，2016）、高新技术产业的社会创新（孙艺文等，2018）等，都是 SIOE 研发研究的重要话题。一些企业的社会创新行为的短期绩效并不明显，但长期绩效确实不容小觑。企业社会创新大多基于自身特性或战略特征（尹开国等，2014）而开展，过分强调社会创新则适得其反。同时，企业社会创新所带来的资源和效果存在一定的滞后性（张兆国等，2013）。

（1）SIOE。中国整体的商业创新发展处于"井喷式"时期（Tian et al.，2014），大多数企业也锁定在创新附加值领域。商业创新可以为企业创造新的竞争优势，获取新的市场资源，发现新的经济增长点，从而提升经济绩效，即商业创新作为促进企业发展与经济增长的重要手段之一，决定着企业市场竞争力水平的高低（Susan et al.，2015）。从演化视角看，企业进行商业创新关注的是与企业经营相关的短期目标，偏好于低风险且易评估成功与否（Molecke et al.，2017）。但商业创新与企业社会价值的追求有些脱节，而在社会创新情境下的企业面临的压力也越来越大，这些企业试图摆脱完全公益的发展方式。SIOE 是以社会创新项目为主营业务的企业，这类企业隶属于不同行业，追求的创新模式、经营目标与传统企业差异较大。SIOE 谋求可持续发展的研发投资，展示其与社会创新项目关联性较高的研发投资的兴趣在战略型经济转变的过程中与产业增长息息相关（Bebbington et al.，2014）。积极进行社会创新意味着企业要将一部分企业资源投入开展与社会创新相关的活动中（Carroll，2015；Lau et al.，2016），如果企业将社会创新项目与技术研发相结合（Wang et al.，2016），则说明企业并不是完全投资于公益项目，而更倾向于社会创新投资，并将其转化为企业的销售额促进经济绩效的提升。

（2）经济绩效与社会绩效。组织目标（也称为"参考点"）被企业用来评估其当前的经营业绩和经济地位，所采取不同类型的行动取决于绩效反馈是积极的还是消极的（Petkova et al.，2014）。长期以来，组织目标仅包括对经营业绩进行评估的经济绩效，即企业可以很容易地采用一系列定期的、可量化的和广泛使用的经济参考点，如企业自身的历史业绩数据、同行企业或行业的基准，以及标准的财务报表分析指标（Greve，2002）。经济绩效通常是明确的、可以量化的，在固定期间内呈现在财务报告和制度化的商业计划中（Joseph et al.，2015；Kaplan et al.，2013）。企业可以很容易地审查它们自己的历史财务报表，并评估它们在一个行业中的地位。这种清晰和相对快速的经济绩效反馈使得公司能够相应地调整策略（Kuusela et al.，2017），以保证企业价值的有效提升。但研究结论依然存在矛盾性：Graves（1994）为证实经济绩效的变化，选取了430家美国上市公司两年的数据，同时采用KLD指数进行相关产业企业的经济绩效衡量，研究表明，企业创新投资与其经济绩效呈显著相关关系；而Bereskin（2013）等研究后指出，创新投资决策与企业价值无显著相关关系，究其原因是前期研究都将经济绩效作为参考点的标准组成部分（Gavetti et al.，2012；Shinkle，2012）。

经济利益和社会价值是企业决策举棋不定的源头，但在资本意志下，两全似乎绝无可能（Pache et al.，2013）。如果经济绩效是企业社会绩效的促成部分，那么任何割裂两者来分析其相互关系的努力注定会失败（约翰·斯坦纳等，2015）。为打破这一僵局，现阶段的研究热点聚焦于公司如何能够同时利用多个参考点。越来越多的组织拥有超越传统财务指标的目标（Ebrahim et al.，2014），即重视社会价值的组织崛起（Kraus et al.，2017）使得将经济绩效作为衡量企业发展的唯一标准并不令人信服。当然，不同行业、不同地域背景和不同组织之间的参考点存在巨大差异（Luo et al.，2015；Carnochan et al.，2013）。在同时参考企业及其利益相关者群体长期发展的视角上，企业似乎更倾向于利用社会绩效参考点来维持企业在市场经济中的标杆地位（Carnochan et al.，2013），组织在社会绩效方面所采取的业绩反馈途径和相应的战略反应都不同于经济绩效。因为社会身份的属性是SIOE行为推进的一个关键要素（Battilana et al.，2015），对组织的战略选择产生影响（Petkova et al.，2014）。但影响社会绩效的潜在因素的差异较大（Cox et al.，2008），例如，社会绩效波动的主要原因在于人口统计学变量、产品维度、社会投资乃至养老基金持股的变动（Johnson et al.，1999）。以 Cox et al.（2008）为代表的学者利用异质样本企业进行了研究，结果表明，对短期养老、慈善基金在内的长期投资持股项目投资，对社会绩效的作用比短期创新项目的作用更显著。

纵观已有文献，除了在研究结果上的不确定性和存在争议外，还在于样本的选取并不专门针对 SIOE。SIOE 的研发对企业社会绩效与经济绩效究竟有何影响？这种影响的滞后性如何？是否存在地域差异？如何兼顾和平衡社会绩效和经济绩效？这些问题都是现有研究未能充分回答的。

3.1.2 理论假设

SIOE 的研发绩效对企业价值的判断基于对现有研究的总结：①社会价值需求激励企业区别对待两种研发绩效（Daniel et al.，2014）；②将 SIOE 的研发融入企业主营业务生产，可以缓解政府的制度压力，也可以巩固企业的市场地位，提升企业的议价能力（Birkner et al.，2016）；③企业将商业创新与社会创新相融合是企业为占据未来市场份额的一种选择（盛亚等，2018）。但是与 SIOE 的研发相比，商业创新投资更合乎企业内在的经济追求，政府对社会创新的政策支持和投入水平并不稳固和成熟。总之，传统经济学派认为，社会问题的解决、企业社会价值的提升会增加企业的经济成本。但利用社会创新实现社会绩效是响应股东、管理者、投资者等利益相关者群体期待的具有附加价值的参考点。研究表明，与专注于短期盈利能力的企业相比，具有长期定位的企业更可能从利益相关者关系中汲取价值（Barnett，2007）。而且，由于变量之间的影响很少是瞬间的，往往可能存在一个时间上的延迟。鉴于此，本研究提出如下命题。

命题 1：SIOE 的研发投入对经济绩效的影响是即期的，对社会绩效的影响是滞后的。

不同地域的 SIOE 的研发绩效，会由于区域市场经济特点和创新效率的不同而产生差异。我国东部沿海地区受惠于地理位置优势、经济发展条件的积淀和创新政策优势的倾斜，成为创新研发投资的密集区域。作为各类经济活动的汇集地，东部地区的市场制度完善、经济发达，企业对政府创新政策的反应较为敏捷，推动社会创新项目的投资风险和交易成本较低，更容易获得所需的资本、人才等创新资源，也能更有效地把创新需要转化为经济绩效和社会绩效。相对而言，西部地区无论是在创新资源集聚度上还是在组织效率上，都比东部地区低。此外，创新资源在其积累和配置有效性上具有一定的时间依赖性。随着时间的推移，企业在资源总体水平和利用率上都会有所提高。企业成长性直接影响创新投入的决策行为，并在某种程度上影响创新投入的决策结果（范柏乃等，2001）。基于此，本研究提出如下命题。

命题 2：SIOE 的研发投入与经济绩效、社会绩效之间的关系存在地区差异，也与企业年龄和企业成长性有关。

根据 Like et al.（2013）的研究，可将企业的创新动机分为"利己主义动机""利他主义动机"和"混合动机"。"利己"和"利他"常常并不是非此即彼，更多地表现为"多少"的程度差异。尽管社会绩效有助于企业价值最大化，但由于现有报表信息披露的缺陷，投资者很难确切评价社会绩效的潜在商业价值。对于那些企业价值有很大程度依赖于较难估量的无形资产的企业而言，其决策者不得不依赖于经济绩效指标，以供投资者判断企业价值。因此，企业需要在社会绩效与经济绩效平衡方面判定企业资源配置的效率。鉴于双重绩效的平衡并不是一蹴而就的，本研究提出以下命题。

命题 3：SIOE 进行研发投入时存在着实现经济绩效和社会绩效的"混合动机"，双重绩效的平衡不仅存在地区差异，也与参照的时间点有关。

3.1.3 研究方法和实证检验

（1）样本选取。本研究以 2012—2017 年中国主营业务为社会创新导向的上市公司为初始研究样本（见表 3-1）。

表 3-1　样本的行业和创新项目分类

序号	行业	样本企业的社会创新项目
1	综合类	医疗、养老、生态环保、医药健康
2	制造业	太阳能、新能源、健康服务、工业污水处理、医疗、绿能环保、医药健康
3	电力、煤气及水的生产和供应业	核证减排量、综合能源服务、污水处理
4	信息技术业	教育、节能环保
5	采掘业	废弃资源综合利用
6	社会服务业	环保、污水处理、再生水业务
7	建筑业	环保

　　RKS（润灵环球责任评级）统计指出，上市公司中发展社会创新项目的企业数在不断上升，2017 年较 2016 年上升了 6.4%，即 SIOE 所占的比重愈来愈大。针对社会绩效，本研究以企业社会责任[①]评分作为评价指标，评分均来自 RKS 数据库。经济绩效及其他数据均来自 Wind 数据库和同花顺。研究样本选择的条件：①样本企业在研究起始到研究结点期间的财务数据都列示在 Wind 和同花顺数据库中，且没有经历并购、退市或其他特殊处理；②样本企业包括有偿服务、服务补贴、公平贸易、企业家支持（如小额贷款）、提供就业、相关教育、医疗、养老、环保及合作社模式的组织（Porter，2006）；③在研究起止点期间，样本企业主营业务未发生大幅度改变；④剔除 RKS 中未披露社会责任评分的上市公司。

　　（2）变量定义。一是因变量——社会绩效（SP）、经济绩效（ROA）和双重绩效平衡（DPB）。

[①] 企业社会责任是指企业在创造利润、对股东和员工承担法律责任的同时，还要承担对消费者、社区和环境的责任。企业社会责任有主动和被动之分，企业要实现可持续发展，应提高履行企业社会责任的主动性，避免因丧失社会认同而导致"使命漂移"。

　　本研究采用 RKS 的评定结果作为 SP。RKS 设计的 MCT 社会责任报告评价体系采用结构化的专家打分法，从整体性、内容性和技术性 3 个零级指标出发，分别设计一级指标和二级指标对上市公司披露的社会责任数据进行全面评价。

　　经济绩效的指标主要有总资产净利率（ROA）、每股收益率（EPS）、托宾 Q 值等衡量指标。得到国外学者一致认同的托宾 Q 值法，其实无法准确测量我国上市企业的绩效。因为中国股市的发展并不如预期的那样顺利和成熟，且股市波动情况并不易于控制，经常出现股价暴涨或暴跌的情况。与此同时，股票抛售和买入的情况频繁多见，这种情况下，采用托宾 Q 值衡量企业绩效易存在较大偏差。普通股股本可以几年保持不变，比每股收益更加准确地反映了股东权益资本所创造的收益，所以本研究采用总资产净利率（ROA）作为衡量经济绩效的指标。

　　从动态战略理论角度看，企业应适当地将资源、资金投入社会创新项目中，以寻求更多的解决社会问题的商业机会，促进企业经济利益增长。温素彬等（2017）研究后发现，社会绩效与当期经营业绩呈显著负相关关系，但长期来看，企业承担社会责任对企业发展有积极影响。因此，为了平衡企业社会绩效与经济绩效间的关系，以更好地衡量创新的社会绩效，本研究将利用序列比值的方式对社会绩效与经济绩效的数据做平衡处理，将经济绩效与社会责任评分同时进行排名，并采用序列比值的方式探讨双重绩效平衡。

　　二是自变量——研发投入（R&D）。对研发投入的测量主要有三种方式：第一，计算研发投入占企业主营业务收入的比例；第二，计算企业所申请的专利数；第三，计算企业研发技术人员占比。但中国知识产权局仅可以查询企业的国内专利申报情况。此外，我国并未强制要求上市企业公开研发技术人员的情况。因此，本研究采用投入强度（研发投入占企业主营业务收入的比例）作为衡量研发投入的指标。

　　三是控制变量。为了保证研究的有效性，排除其他变量对研究结果的潜在影响，本研究根据国内外研究现状，选取企业年龄（A）及企业成长性（G）作为控制变量。其中，企业年龄是从企业成立到数据统计期的差值，以营业收入增长率作为衡量企业成长性的指标。各变量定义如表3-2所示。

表 3-2　变量定义

变量分类	变量符号	变量名称	变量定义
被解释变量	SP ROA DPB	社会绩效 经济绩效 双重绩效平衡	RKS 指数 总资产净利率 经济绩效／社会绩效 （序列比值）
解释变量	R&D	SIOE 的研发投入	研发费用／主营业务收入
控制变量	A	企业年龄	企业成立到数据统计期的 差值
	G	企业成长性	营业收入增长率

（3）研究方法与研究模型。基于以上分析，本研究采用多元线性回归分析方法，实证检验 R&D，SP，ROA，DPB 间的相关关系，根据研究模型的划分结果和理论假设，研究的多元回归模型（Hillman，2001）如下：

$$SP= \alpha_0 + \alpha_1 R\&D + \alpha_{2-3}Control + \varepsilon \qquad (3-1)$$

$$ROA= \beta_0 + \beta_1 R\&D + \beta_{2-3}Control + \varepsilon \qquad (3-2)$$

$$DPB= \gamma_0 + \gamma_1 R\&D + \gamma_{2-3}Control + \varepsilon \qquad (3-3)$$

式中，α_0，β_0，γ_0 为常数项；α_1 为研发投入对社会绩效的影响系数，β_1 为研发投入对经济绩效的影响系数，γ_1 是研发强度对样本企业的双重绩效平衡的影响系数；α_{2-3}，β_{2-3}，γ_{2-3} 分别为本研究控制变量对经济绩效、社会绩效及双重绩效平衡的影响系数；ε 为误差项。

3.1.4 实证分析

（1）描述性统计和相关性分析。在进行多元线性回归分析之前，先对研发、经济绩效及社会绩效等相关变量做简单的描述性统计和相关分析及多重共线性检验，同时探讨 SIOE 的研发与社会绩效、经济绩效间的相关关系。各个变量的均值、标准差、相关系数及方差膨胀因子的具体情况见表

3-3。分析结果表明，样本企业中 R&D、ESP 与 SP 之间的相关关系显著，企业年龄和企业成长性也对经济绩效有显著影响，即本研究选取的控制变量较为有效。全部变量的方差膨胀因子均小于 10，这说明变量之间并不存在多重共线性关系。

表 3-3 描述性统计及相关分析矩阵

变量	均值	标准差	A	G	ROA_1	R&D	SP_1	SP_2	VIF
A	20.35	4.269	1						1.066
G	11.06	26.061	−0.113★★	1					1.139
ROA_1	0.484	0.53599	0.136★★	0.127★★	1				
R&D	2.853	3.2524	−0.025	0.000	−0.138★★	1			1.020
SP_1	40.45	11.72	0.054	−0.016	0.115★★	0.128★★	1		1.019
SP_2	41.97	11.594	0.076	−0.026	0.134★★	0.112★★	0.913★★★	1	1.122

（2）研发投入强度与经济绩效、社会绩效的关系检验。本研究采用多元线性回归分析法对全样本进行实证检验，研究结果如表 3-4 所示。

表 3-4 SIOE 的研发投入、经济绩效、社会绩效回归分析结果

变量	因变量为 ROA_1		因变量为 SP_1		因变量为 SP_2	
	M 1	M 2	M 3	M 4	M 5	M 6
_cons	0.862	0.863	（7.864）★★★	（7.837）★★★	15.446★★★	14.693★★★
A	0.140 （1.218）	0.190★ （1.717）	−0.096 （−0.828）	−0.080 （−0.687）	0.080★ （1.884）	0.083★ （1.962）
G	0.053 （0.464）	0.155 （1.348）	−0.039 （−0.340）	−0.009 （−0.074）	0.035 （0.835）	0.036 （.848）
R&D		0.335★★ （2.955）		−0.100 （−0.837）		0.114★★ （2.724）
R^2	0.020	0.121	0.009	0.018	0.007	0.020
ΔR^2	−0.006	0.086	−0.016	−0.020.	0.003	0.015
F	0.771	3.476	0.360	0.473	1.971	3.802

表 3-4 中，M1，M3，M5 为仅包含控制变量的基准模型。M2 在原有

控制变量的基础上，加入 R&D 这一自变量以探讨其对当期经济绩效的影响。在控制变量的基础上加入 R&D 这一自变量后，模型的解释力度显著提高（ $\beta =0.335$ ， $p<0.01$ ），即全样本 R&D 与当期经济绩效之间存在显著的正相关关系。因此，命题 1 中 SIOE 的研发投入对经济绩效的假设成立。但当期 SIOE 的研发对当期社会绩效的解释力度差强人意（ $\beta =-0.100$ ， $p>0.05$ ）。M6 在原有控制变量的基础上加入 R&D，探讨 R&D 对社会绩效的滞后性影响。具体操作如下：过去某期（a 期）R&D 对 SIOE（a+b 期）社会绩效的影响为滞后效应，而跨越的期数（b）为滞后期。从模型回归结果可知，解释力度显著提高了（ $\beta =0.114$ ， $p<0.01$ ），验证了假设命题 1——SIOE 的研发对社会绩效的滞后效应。这表明，SIOE 的研发投入能够给企业的社会绩效带来正向影响，但这种影响并不是即期的，而有一个滞后时间，反映了 SIOE 的研发投入对社会绩效的滞后性特征。

表 3-5 为加入了 R&D 对下一期经济绩效和社会绩效影响的结果。研究后发现，SIOE 的研发投入对经济绩效的显著性影响是持续性的。

表 3-5　SIOE 的研发投入、经济绩效、社会绩效的回归分析结果

变量	因变量为 ROA_2		因变量为 SP_2	
	M 7	M 8	M 5	M 6
_cons	0.156	0.716	15.446★★★	14.693★★★
A	0.163★★★ （3.897）	0.159★★★ （3.846）	0.080★ （1.884）	0.083★ （1.962）
G	0.105 （2.528）	0.103★ （2.496）	0.035 （.835）	0.036 （.848）
R&D		0.116★★★ （3.817）		0.114★★ （2.724）
R^2	0.034	0.047	0.007	0.020
ΔR^2	0.030	0.042	0.003	0.015
F	9.859	9.300	1.971	3.802

（3）地区差异性检验。鉴于地区差异性，本研究将 SIOE 按照东部、

中部、西部地区划分，以期观测不同区域的研发投入对社会绩效、经济绩效影响的差异性。为了进一步阐明研发投入与社会绩效、经济绩效间的关系，本研究将东部、中部和西部地区企业的社会绩效、经济绩效作为结果变量，即实证检验结论中出现的 M1—M12（表 3-6、表 3-7 和表 3-8）。其中，M1，M3，M5，M7，M9 和 M11 是加入控制变量企业年龄和企业成长性的回归模型，企业年龄对社会绩效、经济绩效的显著影响在东部地区样本中得到验证，与中部、西部地区样本中的相关性并不明显，且企业年龄及企业成长性对社会绩效、经济绩效的影响在东部地区样本中皆为正向，东部地区样本中企业成长性与社会绩效、经济绩效之间呈正相关关系，这代表企业的营业收入同比增长率越高，社会绩效及经济绩效的作用也越强。中部和西部地区的样本企业没有通过检验，结果表明是由于西部地区经济发展较为落后，处于大开发阶段，企业将重心放在企业经营业绩上。中部地区起着"承东启西"的作用，但由于近 30 年来的政策和战略的支持度不高，中部地区的发展效率差强人意，即可能由于"中部塌陷"（付强等，2013）的出现让其变量间相关性变弱，但这也并不意味着中部地区企业的社会创新发展缓慢，深层原因则需进一步探讨。

表 3-6　SIOE 的研发与东部地区样本的社会绩效、经济绩效的回归分析结果

变量	因变量为 ROA		因变量为 SP_2	
	M 1	M 2	M 3	M 4
_cons	（−0.529）	（0.054）	（11.881）★★★	（10.789）★★★
A	0.201★★★ （4.231）	0.197★★★ （4.171）	0.130★★ （2.700）	0.137★★ （2.877）
G	0.135★★ （2.844）	0.130★★ （2.749）	0.022 （0.460）	0.031 （0.644）
R&D		0.112★ （2.383）		0.185★★★ （3.919）
R^2	0.052	0.065	0.017	0.051
ΔR^2	0.048	0.058	0.012	0.044
F	11.784	9.835	3.657	7.639

表 3-7　SIOE 的研发投入与中部地区样本的社会绩效、经济绩效的回归分析结果

变量	因变量为 ROA		因变量为 SP₂	
	M 5	M 6	M 7	M 8
_cons	（0.862）	（0.863）	（8.275）★★★	（8.275）★★★
A	0.140 （1.218）	0.190★ （1.717）	−0.058 （−0.497）	−0.037 （−0.316）
G	0.053 （0.464）	0.155 （1.348）	−0.001 （−0.011）	0.040 （0.331）
R&D		0.335★★ （2.955）		−0.137 （−1.143）
R^2	0.020	0.121	0.003	0.020
ΔR^2	−0.006	0.086	−0.023	−0.019
F	0.771	3.476	0.127	0.521

表 3-8　SIOE 的研发投入与西部地区样本的社会绩效、经济绩效的回归分析结果

变量	因变量为 ROA		因变量为 SP₂	
	M 9	M 10	M 11	M 12
_cons	（2.067）★	（2.092）★	（5.158）★★★	（3.935）★★★
A	−0.155 （−1.142）	−0.167 （−1.204）	0.134 （0.975）	0.235★ （2.017）
G	0.201 （1.478）	0.196 （1.430）	−0.118 （−0.857）	−0.080 （−0.700）
R&D		−0.069 （−0.502）		0.571★★★ （4.935）
R^2	0.056	0.061	0.028	0.342
ΔR^2	0.020	0.006	−0.009	0.303
F	1.553	1.104	0.747	8.839

回归模型 M2 在 M1 的基础上、M6 在 M5 的基础上、M10 在 M9 的基础上，即分别在控制变量的基础上加入 R&D，实证检验东、中、西部地区样本的 R&D 与经济绩效的关系。结果表明，东部地区和中部地区样本的 R&D 与经济绩效都呈显著正相关关系，且在 0.05 的水平上显著（β=0.112，p<0.05；β=0.335，p<0.05）。就相关系数而言，中部最大，东部次之。西部地区 SIOE 的研发投入与经济绩效间的相关性并不显著。

M4 在 M3 的基础上、M8 在 M7 的基础上、M12 在 M11 的基础上，分别将 R&D 这一自变量加入回归模型，实证检验东、中、西部地区样本的研发投入对社会绩效的解释力。鉴于在全样本的回归模型中已言明社会绩效的滞后性，这里则探讨不同地域滞后一期的社会绩效。但在探讨中、西部地区样本时，发现研究结果与假设并不一致，即中部地区 SIOE 的研发投入对社会绩效的解释力弱于西部地区（β=0.137，p>0.05；β=0.571，p<0.01）。

上述假设检验结果表明，本研究关于 SIOE 的研发投入对经济绩效、社会绩效影响的地区差异性假设得到了部分验证，支持东部和中部地区 SIOE 的研发投入对经济绩效的影响，但西部地区 SIOE 的研发投入对经济绩效的影响没有得到实证支持；同时，东部与西部地区 SIOE 的研发投入推动了滞后期社会绩效的提高却是显而易见的。通过对《中国社会创新奖》中社会创新项目的分析我们发现，社会创新项目研发的持续时间大多在 2 年左右，大型企业每年发布的社会责任报告充分说明了社会绩效的重要性。

（4）SIOE 的研发投入双重绩效的平衡。表 3-9 和图 3-1 表明，3 个地区 SIOE 的双重绩效平衡都呈正态分布。东部地区样本中 SIOE 研发投入的当期经济绩效与滞后期社会绩效的增长和平衡较一致，社会绩效与经济绩效一直伴随企业的发展不断上升，且一直处于高位；中部地区样本的绩效平衡点与西部地区样本的绩效平衡点的波动幅度较大，尚需一段共同推进、显著上升的周期；西部地区两者兼顾更加困难；不过，相信在全国一盘棋的布局下，西部地区会很快克服这样的困难。

表 3-9　SIOE 的研发投入与中、东、西部地区绩效平衡回归分析结果

变量	因变量为 DPB		因变量为 DPB		因变量为 DPB	
	M 1	M 2	M 3	M 4	M 5	M 6
_cons	（11.434）★★★	（8.507）★★★	（2.359）★	（−0.287）★★★	（2.055）★	（1.695）★
A	−0.069★（−1.420）	−0.043（−0.880）	0.234★（2.086）	0.345★★（3.236）	0.160（1.164）	0.156（1.092）
G	0.070★（1.451）	0.054（1.108）	−0.015（−0.137）	−0.046（−0.445）	0.031（0.229）	0.032（0.228）
R&D		0.131★★（2.654）		0.420★★★（3.968）		−0.019（−0.134）
R^2	0.011	0.027	0.056	0.218	0.028	0.028
ΔR^2	0.006	0.020	0.032	0.187	−0.010	−0.029
F	2.333	3.925	2.294	7.071	0.738	0.489

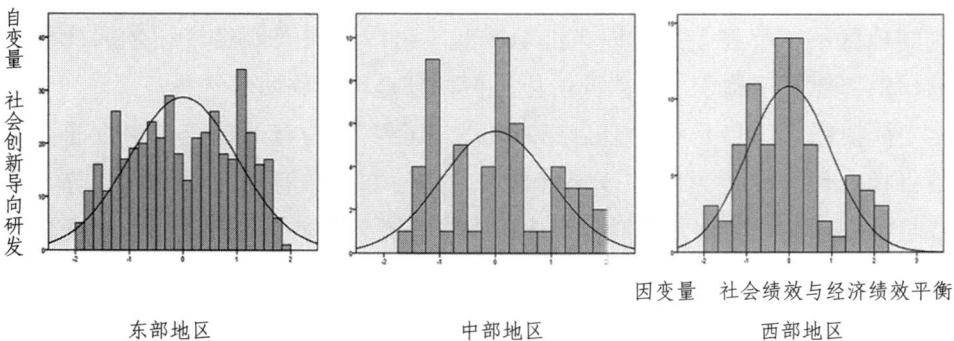

图 3-1　东、中、西部地区绩效平衡直方图

（5）稳健性检验。为保证实证研究结果的信效度，本研究进行两种稳健性检验：一是为了消除行业因素的影响，在原回归控制变量的基础上增加了可能影响经济绩效、社会绩效的行业变量；二是将衡量经济绩效的其中一个经营业绩变量替换为净资产收益率。詹新寰（2013）认为，净资产收益率（ROE）作为企业销售规模、成本控制、资产营运、筹资结构的综

合体现，是公司营运能力、清偿能力与盈利能力综合作用的结果，是综合性最强的财务比率，能直接表明股东拥有的净资产获利能力，反映股东权益的收益水平。实践中，净资产收益率被视为衡量上市公司盈利能力的最主要指标。本研究选取净资产收益率作为替代指标，回归结果显示基本一致，这对本研究结果提供了进一步的支持。以上稳健性检验结果表明，本研究所采用的实证模型和得出的结论比较稳健。

3.1.5 结论与启示

本研究对 SIOE 的研发投入与社会绩效、经济绩效的关系进行了研究，检验了双重绩效的时间和地区差异及其平衡。研究发现：① SIOE 的研发投入与经济绩效呈持续性的显著相关关系，但对社会绩效有滞后性影响，且一个滞后期的影响效应最为显著；② SIOE 的研发投入与不同地域的社会绩效、经济绩效的相关关系呈现差异：东部和中部地区 SIOE 的研发投入对经济绩效的影响较为显著，西部地区没有得到实证支持；③研发投入双重绩效的地区平衡存在差异，即东部地区基本可以同时兼顾经济绩效和社会绩效，中部地区正趋于平衡协同阶段，但西部地区面临两难选择。

社会创新项目是将社会目标转化为社会实践的有效途径。一方面企业要将社会创新转化为经济目标增长点，另一方面政府要在政策和规范上支持与推进企业社会创新。不可否认，社会创新是未来企业发展的一个选择。企业利益的获取与企业社会创新项目的实施并不矛盾，卡耐基等人的社会投资和捐赠行为也得到了认可（Brammer et al., 2015）。如果企业在满足自身发展的同时又不断解决社会问题，将社会需求转变为企业发展机遇，则企业就是在实现企业的社会价值。在德鲁克看来，社会创新已经成为企业提升社会价值的一项新途径。随着社会创新研究的兴起和社会创新实践在当今世界各国的蓬勃发展，社会创新思想越来越显示出其重要的理论和实践价值，"我们需要一个企业家社会，在这种社会中，创新和企业家精神是一种正常、稳定和持续的行为"（德鲁克，2009）。当前，我国处在市场经济及社会转型的关键时期，同时也面临着多元化的社会问题。社会创新需要新的制度、新的方式和新的政策用以满足社会需求的同时解决社会问题（Xu et al., 2013）。

3.2 企业社会创新的目标定位：以浙江省上市公司为例

企业社会创新主要从 3 个维度来定义：一是与技术创新相对应，指出社会创新是在经济社会领域中能够产生社会效果的创新；二是将其视为企业社会责任的实践形式，把解决社会问题和满足社会需求看作企业创造利润的机遇；三是创新创业精神与管理的社会功能，把创新创业精神和管理工具应用到企业之外的政府和非营利部门，以有效解决社会问题。代表人物德鲁克（2006）对社会创新的理解侧重于企业的管理层面，强调管理的社会功能和商业企业通过社会创新来发现新的成长机会和履行社会责任。另一个代表人物罗莎贝丝·M. 坎特（Rosabeth Moss Kanter）通过对部分领先企业创新实践的总结，发现社会创新正成为企业的新战略：一是企业把社会需求作为开发新想法、展现企业技术和解决企业问题的机遇；二是企业逐渐由传统的慈善方式（扔钱走人）向追求与政府和非营利部门建立长期的合作伙伴关系转变。企业在解决社会问题的同时，也能通过"行善赚钱"。因此，以盈利为目的的企业与社会目标导向的社会部门之间的新型合作伙伴关系的建立将成为解决社会问题的新途径（Kanter, 1999）。Jupp（2002）则通过对企业社会责任及其面临的问题的思考，发现企业社会创新可以通过利用企业战略、组织、财务、人力资源等有效地解决社会问题，或者利用企业的优势来创造社会价值。

学术界对企业社会创新的研究起初侧重于社会责任实践的新形式。随着社会问题的频繁爆发，企业作为经济社会中最活跃的主体，在社会创新中发挥着越来越重要的作用。企业应该透过社会问题识别出尚未被满足的社会需求，并提出有效的解决方案，在解决社会问题满足社会需求的同时为企业创造利润。因此，企业社会创新是企业通过社会问题识别出尚未被满足的社会需求，提出有效的方案解决社会问题，把满足社会需求的途径视作企业创造利润的机遇。

3.2.1 企业社会创新的营利性和社会性测量指标

企业社会创新必须坚守双重目标（营利性目标和社会性目标）的底线。相对上一节，本节选取的指标更加全面，包括营利性指标，它是总资产净利率、净资产收益率和投入资本回报率，社会性指标是最终控制人是否为国家、是否有公益基金投入和企业社会责任指数。

（1）营利性指标的选择。营利性是指企业获取利润的能力，是企业在一定时期内获取收益高低的象征，更是判断企业业绩水平的代表指标。营利能力水平的高低对企业管理者分析企业往年经营效果、进行企业战略部署和提高管理水平具有指导意义。

要综合评价一个企业的营利能力，需建立完善的评价指标体系，能够充分衡量企业的盈利能力，为投资者和债权人等提供有效的决策依据。目前在对上市公司营利性的衡量已经形成完善的指标体系，包括总资产净利率、净资产收益率和投入资本回报率等3个指标（具体见表3-10）。①总资产净利率（Return on Total Assets Ratio，ROA），又称总资产收益率，是企业净利润总额与总资产额的比率，代表每单位资产能够带来的净利润。它反映资产的利用效果：总资产净利率越高，企业资产的利用效果越好，就能够带来越多的收益；反之，指标系数越低，说明企业资产利用的效率低，则企业应加强对资产的管理水平，提高利用资产获取利润的能力。②净资产收益率（Rate of Return on Common Stockholders' Equity，ROE），即股东权益报酬率。净资产是企业所有者的权益，是归属企业股东的资产。企业负债规模各不相同，反映企业净资产获利能力不同，因此需要建立净利润与净资产之间的比率关系，这个比率就是净资产收益率。③资本回报率（Return on Invested Capital，ROIC），即投入资本回报率，是投入或使用的资本与相关回报的比例，其用来衡量企业对投入资本的使用效率，能够体现企业利用已有资金创造价值的能力，比率越高则回报率越高。

表 3-10　营利能力评价指标统计表

指标名称	计算公式	定义
总资产净利率（ROA）	净利润总额／总资产额×100%	企业运用全部资产的总体获利能力，是评价企业资产运营效益的重要指标
净资产收益率（ROE）	净利润／平均股东权益×100%	反映股东权益的收益水平，衡量公司运用自有资本的效率
投入资本回报率（ROIC）	息前税后经营利润／投入资本×100%	投入或使用的资本与相关回报，如获取的利息或者取得的利润的比例，用来衡量企业对投入资本的使用效率

资料来源：作者整理。

（2）社会性指标的选择。对企业性质的认识经历了由以营利性为主到营利性与社会性协调发展的转变。在此过程中，人们越来越关注企业的社会性。传统企业理论认为，企业的存在就是为股东赚取利益，坚持股东利益至上的观点。但是近百年来，企业只片面地关注股东财富的积累，忽视对员工和消费者的公正对待，并且不重视环境保护等，导致了一系列严重的社会问题。在 20 世纪后期，企业越来越关注营利性与社会性的协调，主要是因为现代经济的高速发展使得企业对社会的影响和作用得到极大的增强和传统企业理论遭到严重质疑，企业逐渐改变传统企业的存在方式，不断加强与社会的联系，企业的营利性与社会性因双方的对立和分离逐渐消弭而走向统一。

随着市场经济的加强，为解决环境、贫困、医疗、养老、教育、交通等社会问题而开展的企业经营或商业性运营也逐渐受到社会的关注。在瞬息万变的市场环境下，企业一方面要为解决日益突出的社会问题做贡献，另一方面要开展获取利润的商业活动，即同时追求营利性（利润最大化）

和社会性（社会贡献度）。本研究中的社会性主要是指企业在开展商业性活动时为社会问题的解决所做出贡献的大小。要全面评价企业社会性的强弱，就必须建立社会性评价指标体系，系统分析企业社会贡献的水平。因此，本研究选取上市公司的最终控制人是否为国家、是否有公益基金投入和企业社会责任指数 3 个指标评价企业社会性的强弱。

3.2.2 数据收集与处理

（1）浙江省上市公司的营利性。为分析研究浙江省上市公司营利性的现状，本研究先从同花顺 iFinD 数据库中收集浙江省所有上市公司的数据（429 家上市公司），并最终选取了 2013—2017 年浙江省上市公司的总资产净利率、净资产收益率和投入资本回报率 3 个指标来作为评价营利性的指标。首先，对每一个企业 5 年的数据进行累加求均值；其次，对所有上市公司的总资产净利率的均值进行累加，算出所有上市公司总资产净利率均值。净资产收益率和投入资本回报率的数据也采用同样的处理方式获取。具体公式如式（3-4）、式（3-5）和式（3-6）。

$$\text{AROA} = \frac{\sum_{i=1}^{429} \dfrac{\text{ROA}_{i1} + \text{ROA}_{i2} + \text{ROA}_{i3} + \text{ROA}_{i4} + \text{ROA}_{i5}}{5}}{429} \qquad (3-4)$$

$$\text{AROE} = \frac{\sum_{i=1}^{429} \dfrac{\text{ROE}_{i1} + \text{ROE}_{i2} + \text{ROE}_{i3} + \text{ROE}_{i4} + \text{ROE}_{i5}}{5}}{429} \qquad (3-5)$$

$$\text{AROIC} = \frac{\sum_{i=1}^{429} \dfrac{\text{ROIC}_{i1} + \text{ROIC}_{i2} + \text{ROIC}_{i3} + \text{ROIC}_{i4} + \text{ROIC}_{i5}}{5}}{429} \qquad (3-6)$$

AROA，AROE 和 AROIC 分别代表浙江省 429 家上市公司的平均总资产净利率、平均净资产收益率和平均投入资本回报率，其中 $i1$—$i5$（i 的取值范围是 1—429）分别表示 429 家上市公司 2013—2017 年的数据。分别算出浙江省上市公司平均总资产净利率、平均净资产收益率和平均投入资本回报率后，将每家公司的平均总资产净利率、平均净资产收益率和平均投入资本回报率与浙江省上市公司的平均值进行对比，大于浙江省上市公司平均值的记为 1，如 ROAi=1；否则记为 0，如 ROAi=0。最终按照平均比率将这 3 个指标最终折算成 0—1 之间的数（参见 3.2.3）。

从表 3-11 可以看出，样本数据中各营利指标历年来的均值都呈不断下降的趋势，最小值下降波动趋势较大，而最大值稳步下降，样本各营利性指标之间的极差较大。由于近些年来，我国调整经济结构，经济增长速度由原来的高速增长向中高速增长过渡，样本之间极差过大主要是由经济结构调整，一些传统行业逐渐被淘汰和企业决策失误等原因造成的。部分新兴行业具有较大的发展潜力，各营利指标增速较快，基本维持在 50% 以上。

表 3-11　2013—2017 年浙江省上市公司营利能力财务指标

营利性指标	年份	平均	标准差	最小值	最大值
总资产净利率	2013	10.1603	9.15328	−9.28	96.83
	2014	10.1860	8.16717	−9.69	57.25
	2015	9.3698	7.91853	−18.21	44.15
	2016	9.4761	7.18773	−13.01	41.75
	2017	7.8592	9.84912	−131.93	41.33
净资产收益率	2013	14.5016	14.23586	−31.79	137.20
	2014	14.1579	12.95672	−31.98	83.61
	2015	12.4975	15.11044	−74.10	96.68
	2016	12.7698	10.81371	−23.83	72.36
	2017	9.9355	15.48024	−193.53	70.86
投入资本回报率	2013	10.2774	11.36110	−16.90	137.20
	2014	10.2911	9.91086	−14.24	83.40
	2015	9.4835	9.91685	−25.72	57.69
	2016	9.6800	8.75711	−17.58	52.57
	2017	7.5479	13.64125	−193.21	47.25

资料来源：作者整理。

从图 3-2 可以看出，2013—2017 年这 5 年来，净资产收益率、总资产净利率和投入资本回报率的总体趋势是略微下降，但到目前为止逐渐趋于稳定。还可以看出，总资产净利率和投入资本回报率基本重合。

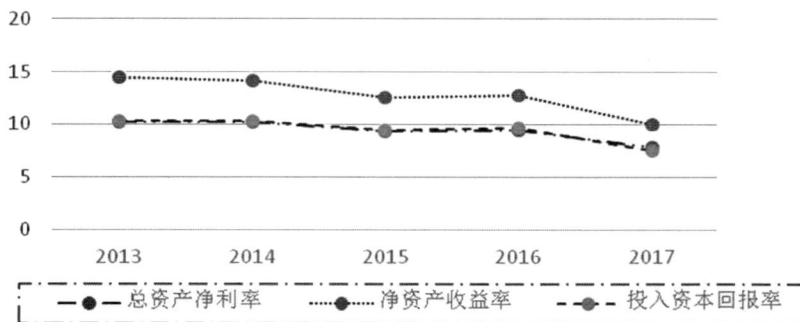

图 3-2　2013—2017 年浙江省上市公司营利能力部分指标均值折线图

（2）浙江省上市公司的社会性。本研究从同花顺 iFinD 数据库中收集到了浙江省所有上市公司的数据。首先，查询公司最终控制人是否为国家（UC）；其次，选取了 2013—2017 年浙江省上市公司是否有公益基金的投入（WFI）；最后，根据润灵环球企业社会责任指数报告，搜集浙江省上市公司 2013—2017 年的社会责任指数（SRI）。若公司的最终控制人为国家，则记为 UC=1，否则记为 UC=0；若存在公益基金投入，则记为 WFI=1，否则记为 WFI=0；若社会责任指数低于 50，则记为 SRI=1，社会责任指数高于 50 以上，则记为 SRI=2。最终按照平均比率将这 3 个指标折算成 0—1.34 之间的数（参见 3.2.3）。

由表 3-12 可知，浙江省上市公司中，最终控制人为国资委或地方政府的共计 53 家，376 家为私人控制的民营企业；有 189 家上市公司有社保基金投入；420 家企业的社会责任指数低于 50，指数高于 50 的仅有 9 家企业。因政府的职能主要是为社会提供服务和改进人民生活福祉，常常被认为是社会创新的三大主体之一（政府、企业和社会），政府运用人民赋予的权力改善社会环境，解决社会问题，满足社会需求。目前，公益基金成为国内外解决社会问题的主要资金来源之一。

表 3-12　浙江省上市公司社会性各项指标统计情况

（单位：家）

	最终控制人是否为国家	是否有公益基金投入	社会责任指数高于 50
是	53	189	9
否	376	240	420

3.2.3 基于双重目标的企业类型研究：一个新的分类方法

企业类型划分是企业社会创新不可回避的重要课题，本研究在营利性和社会性双重目标测算的基础上，将浙江省上市公司进行类型研究。

（1）分类的测量办法。首先，从营利性（净资产收益率、总资产净利率和投入资本回报率）这 3 个指标出发，以均值 0.5 为界，低于 0.5 的划分为营利性弱，高于 0.5 的划分为营利性强。然后，从社会性（最终控制人是否为国家、是否有公益基金投入和社会责任指数是否高于 50）这 3 个指标出发，按照均值 0.67 为界，低于 0.67 的划分为社会性弱，高于 0.67 的划分为社会性强。这样在坐标轴上就能得到 4 种企业类型，为描述方便，本研究分别将其命名为低质型（营利性弱、社会性弱），高营利型（营利性强、社会性弱），高社会型（营利性弱、社会性强）和优质型（营利性强、社会性强）。

本研究采用样本分割研究法（Split-Sample Analysis）对样本企业进行分类。首先，根据营利性和社会性 2 个维度，采用 K 均值聚类法（董静等，2017；Hoskisson et al，2013），设置阈值 K=4，把样本分割为 4 类。分类过程包括：①将样本粗略分成 4 个初始类；②逐步分派观测值到其最接近均值的聚类中，重新计算接受新观测值的类和失去观测值的类的中心；③不断重复第二步，直到各类无观测值进出。K 均值聚类与均值或中位值聚类不同，K 均值聚类法采用空间距离作为相似性的评价指标，即 2 个对象空间距离越近，其相似度越大。当聚类密集或聚类界限明显时，其效果较好。K 均值聚类法不能保证各样本数量均匀分布，但更加科学。因为 K 均值聚类法是根据各观测值的欧氏距离，自动寻找不同类别的中心位置，通过迭代计算，将空间距离最近的样本进行类别划分（董静等，2017）。

如上所述，本研究根据营利性和社会性 2 个维度的 6 个测量指标数据，把 429 家浙江省上市公司划分为 4 类，具体分类情况如表 3-13 和表 3-14。

表 3-13 浙江省上市公司类型描述性统计分析

	N	极小值	极大值	均值		标准差
	统计量	统计量	统计量	统计量	标准误	统计量
社会性	429	0.00	1.34	0.5333	0.01030	0.21333
营利性	429	0.00	1.00	0.4728	0.02108	0.43655
有效的 N（列表状态）	429					

资料来源：根据 SPSS K- 均值分析结果整理。

表 3-14 浙江省上市公司最终聚类中心

聚类	1（高营利型）	2（优质型）	3（低质型）	4（高社会型）
社会性	0.34	0.69	0.53	1.04
营利性	0.93	0.91	0.09	0.11
样本数	124	72	206	27

资料来源：根据 SPSS K- 均值分析结果整理。

由社会性和营利性的描述性统计可知，有效的样本量为 429，整个浙江省上市公司的平均营利性水平为 0.4728，社会性平均水平为 0.5333，营利性的标准差高于社会性。总体来看，浙江省上市公司的营利性和社会性的平均水平较为良好。

从分类结果来看，根据 K 均值聚类法通过迭代所给出的 4 类最终聚类中心分别是低质型（营利性 0.09，社会性 0.53）、高营利型（营利性 0.93、社会性 0.34）、高社会型（营利性 0.11、社会性 1.04）和优质型（营利性 0.91、社会性 0.69），其中低质型聚类样本数高达 206 个，高营利型为 124 个，优质型 72 个及高社会型 27 个。这充分表明，浙江省上市公司中以低质型企业和高营利型企业为主，高社会型和优质型企业较为匮乏。根据上述分类结果画出分类矩阵图，以便更加清晰地识别企业的 4 种类型，如图 3-3 所示。

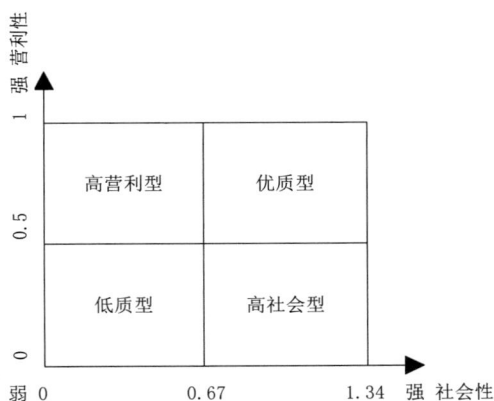

图 3-3　基于双重目标的企业类型划分

（2）类型分析。一是低质型企业，纺织业、传统医药制造业、家具制造业、鞋类行业等类型行业的企业和停牌 *ST 企业多在其中。这些企业的营利性和社会性的得分值均低于平均水平。从行业类型来看，这些企业均属于传统行业。虽然拥有较长的发展历史和较好的发展基础，但是由于长期缺乏创新投入及缺乏核心技术，使得产品的附加值不高，企业营利水平较差。这些企业在遭遇经济效益不佳的同时，又面临很大的社会问题压力，如果不能主动转型，采取社会创新，必然长期处于弱社会性水平。

二是高营利型企业，主要集中于计算机业、通信设备业、软件及信息服务提供商、汽车制造业等行业。随着互联网经济的发展，新兴互联网企业发展迅速，规模急剧扩大，处于发展的成长期，营利能力较强，但在发展过程中缺乏对社会问题的关注，甚至存在部分企业在生产经营过程中导致的环境污染和交通堵塞等，如中金环境在转型成功前就存在水污染、固体污染、空气污染等困扰。因此，这一部分企业营利性较强，而社会性普遍较弱。如何在维持企业可持续性发展的基础上，实现企业社会价值的提升，是该类型企业值得思考的问题。

三是高社会型企业，主要以银行类、环保类和提供医疗服务的医药企业为主。这部分企业以解决社会问题为己任，满足社会需求，如杭州银行、宁波银行等推出小额贷款，为农民和创业者开辟绿色通道，帮助贫困地区脱贫；如菲达环保等环保类企业，致力于解决环境问题，提供环境治理产品和服务；再如亿帆医药、仙琚制药和普洛药业等医药企业除了生产常规医药产品之外，还提供移动医疗健康服务，将互联网与医疗相结合，创造性地打造"互联网＋医疗健康"的运营模式，创新解决社会医疗健康等方面问题。这一类型的企业以解决社会问题、创造社会价值为导向，但也存在营利性较弱、难以维持企业可持续性发展的问题，如亿帆医药，其成立之初就致力于为人类健康事业而奋斗，具有崇高的社会使命感，也一直坚持和履行这一使命，但在经营过程中出现利润低下、难以持续向社会输出社会价值的问题。如何解决企业社会性和营利性的互补及两者的平衡问题，成为该类型企业的当务之急。

四是优质型企业，包括互联网解决方案提供商、生物科技、环保和医疗医药等行业的企业。如海康威视面向全球提供监控产品和技术解决方案，为降低社会犯罪率提供创新解决方案；再如生物科技行业作为未来具有前景的行业之一，大华股份在开发新药物以解决人类疾病等方面做出巨大贡献。部分环保行业和医疗医药行业的公司在解决社会问题的同时，也能够保持较强的营利性，以维持可持续性发展。这一类型的企业同时具有较强的社会性和营利性，实现了两者的平衡和相互促进。

3.2.4 主要研究结论

（1）基于双重目标的企业被划分为低质型、高营利型、高社会型和优质型。本研究以营利性和社会性为划分类型维度，根据测量均值分别将营利性和社会性分为强弱两种状态，采用 K 均值聚类法将样本分割成 4 类，最终得到了低质型（营利性弱、社会性弱）、高营利型（营利性强、社会性弱）、高社会型（营利性弱、社会性强）和优质型（营利性强、社会性强）4 种类型。该研究与 2009 年百森商学院教学总监海迪、坎迪达和帕特丽夏依据公司使命（经济效益和社会效益）和产生的实际作用（经济效益和社会效益）将企业划分为传统企业、社会企业、非营利组织和社会结果性企业（杨晓民等，2019）的研究结果形成了呼应，有异曲同工之妙。

（2）基于双重绩效的浙江省企业类型划分虽然有其自身的特征，但具有一般意义。目前，浙江省的上市公司中，存在部分优质型和高社会型企业，主要集中在社会问题多发的环保、养老、贫困、医疗等领域，但是所占比例并不高。而低质型和高营利型企业占据主要位置，主要集中在传统的轻工业和制造业。高营利型企业需要逐步转变公司发展战略和业务结构，在营利性保持稳定的同时解决部分社会问题，满足社会需求，以提高企业的社会性，并致力于将社会问题的解决作为企业营利的动力。高社会型的企业需要在保持社会性的基础上实现利润的增长，要能够为企业输出社会价值提供可持续性的资金保障。

第 4 章

混合社会组织的主体多重身份生成机理 ①

混合社会组织作为一种链接商业—公益的新型组织方式，能够有效缓解纯粹的商业组织或公益组织对社会问题解决的困境，受到政府、公益组织和商业组织等不同领域主体的广泛关注。混合社会组织试图将不同的、冲突性的目标和逻辑融合起来，不可避免地会面临多重身份困境，产生"我是谁"的疑惑。本章从社会烙印及其动态性出发，考察混合社会组织的多重身份及其生成机理，从而回答其"我是谁"这一对自身身份的根本性疑问。

4.1 混合社会组织的兴起

当今社会面临着诸多亟待解决的社会顽疾，比如大学生就业问题、老人抚养问题、食品安全问题、传统文化保护问题等，这些社会顽疾常常是复杂多面的，涉及多个利益相关者，并且很难解决，严重阻碍社会协调发展，对社会稳定造成了不利的影响。这些社会问题之所以成为顽疾，主要是因为3个传统的治理主体都存在不足，即政府部门"管不好"、企业部门"不想管"，慈善部门"管不了"。混合社会组织的兴起有效缓解了目前福利制度面临的困境。混合社会组织是以社会问题的解决为目的的混合型组织，

---

① 本章内容已公开发表，见岑杰、陈莉珊、盛亚、翁桑妮:《混合社会组织多重身份生成机理研究:基于社会烙印动态性视角》，《管理案例研究与评论》，2018 年第 11 卷第 2 期，第 130—147 页。

这类组织中混合着不同身份的组织和不同的制度逻辑，往往表现为涉及多样化的利益相关者、追求多样化的而且经常是冲突的目的、参与到有分歧且不一致的活动中。其根本原因在于，混合社会组织，一方面遵循市场原则，对经营结果自负盈亏，具有鲜明的经济性；另一方面，它以解决社会问题为目标，缓解社会矛盾，具有明显的公益性。混合社会组织在各个有社会顽疾的领域的蓬勃发展，引发国内外大量学者对其进行研究。其中一个重要议题是，由于混合社会组织试图将不同的、冲突性的目标和逻辑融合起来，不可避免地会面临多重身份困境。面对这一根本性问题，现有理论研究对混合社会组织多重身份的类型划分及其生成机理均存在理论缺口，影响了这类新型组织形式对合法性和资源的有效获取。

研究人员长期以来将烙印作为一个嵌入式理解的理论透镜，用于解释、评价管理目的等多种重要的历史现象。比如，Wollin（1999）认为，烙印存在于组织身份内的不同层次，创始人烙印对组织身份产生影响。社会烙印促使混合社会组织围绕社会使命展开活动，从而促使社会使命导向的机制建立。特别是，一个组织的社会烙印越强，该组织往往会更有动力和责任去持续关注并服务于受益者，并完成社会使命，即规范型身份更加突出。进而，现有对社会烙印的研究往往采用静态的视角，如对组织烙印中有助于重现组织稳定性的因素的研究。Marquis et al.（2013）研究了多种来源的烙印和烙印实体等，较少考察社会烙印的动态性，以及这种动态性对多重身份生成的作用机制。基于此，本研究引入社会心理学中的"社会烙印"理论，并从动态的视角考察混合社会组织多重身份的生成机理。

基于这样的考虑，本研究从组织结构、人力资源和服务对象 3 个具体方面出发，划分混合社会组织多重身份的类型，以此初步回答混合社会组织"我是谁"的疑惑；进一步引入社会心理学中的"社会烙印"理论，并将其细化为心智烙印、工具烙印和网络烙印，以比来探索不同类型多重身份的差异化生成机理，最终达到从"身份如何产生"的角度更深入地回答"我是谁"这一身份疑惑。

4.2 理论基础

4.2.1 混合社会组织：链接商业—公益

现有研究对混合社会组织有各种各样的定义。概括而言，有些将混合社会组织视为任何促进社会目标的社会资本，而有些则认为混合社会组织是任何有利于社会问题解决的创新型动议。可见，混合社会组织已经成了学术中的一个"伞状"概念，具有宽泛的范围和模糊的边界。"混合性"指的是由不同的部分混合而成的复合状态。在 Seelos et al.（2004）的研究中，"社会"指的是以解决社会问题为目的，有效地迎合一些基本的人类需求，而这些需求是现存的市场和制度所无法满足的。因此，在众多国内外定义中，均提到商业手段与社会目的。也就是说，现有研究都肯定了混合社会组织是通过商业化、市场化的手段来实现社会使命的组织，但对于混合社会组织的公益性与商业性及它的具体形式并没有明确的界定。混合社会组织偏离社会合法模板，结合多种组织形式。混合社会组织这一概念已经在相关的学术研究领域中被多次提出，比如 Pratt et al.（2000）及 Kraatz et al.（2008）分别考察了组织如何混合不同的身份和不同的制度逻辑等；Austin et al.（2006）及 Lyon et al.（2009）考察了混合社会组织的概念、特征、作用等方面。

本研究认为，混合社会组织指的是带着社会目的的追求创新的组织，包括营利的、非营利的或混合的组织形式。这类组织以商业手段解决社会问题，且所创造的社会价值高于其经济价值。因而，混合社会组织更加关注社会问题，而不是市场的增长或营利性。混合社会组织是链接"商业手"和"公益心"的重要表现形式。

4.2.2 多重组织身份：混合社会组织的核心特性

混合社会组织是以满足社会需求为目的的混合型组织，这一特殊属性要求其同时兼顾商业与公益，以自负盈亏的商业手段有效地解决社会问题。双重的组织使命构成了混合社会组织的多重身份。

在管理研究领域中，组织身份是一个较为成熟的概念。组织成员对组织核心的、独特的、持久的特性的一致性感知是研究者对组织身份的界定。Albert et al.（1985）指出，身份是组织核心的、有差异的和持续的特征。研究者在很多情境中使用了"组织身份"一词，并研究了一系列现象。Brickson（2005）认为，通过组织身份可以观察到企业如何看待利益相关者。类似地，一些学者指出组织身份可以用来理解管理者如何思考和外部包括利益相关者及其他的关系，Cable et al.（2000）考察了组织身份的来源问题，认为组织身份来自高层领导者对核心价值观和信念的构建。

"身份"涉及一个针对主体的发问，即"我是谁"或"我们是谁"。然而，对此类问题的回答都不是单一的答案。在同一个主体中，往往有多个回答和多个身份。事实上，组织身份经常是多重的、难以定义的、模糊的和冲突的。Pratt et al.（2000）指出，组织身份具有混合的性质，当对组织独特的、核心的及持久的性质存在不同的界定时，组织身份便是多重的。事实上，多重组织身份是混合社会组织的核心特性。

对于一个组织来说，"多重身份"具有双面性。Albert et al.（1985）指出，在面对复杂的组织环境时，具有二元身份的组织比具有单一身份的组织拥有更大的优势。组织的多重身份能够吸引和保留更多的人才，因此增强了创造力和学习能力。同时，多重身份会增加组织的反应灵活性。但是，另外一些学者认为，多重身份会导致组织的迟钝和犹豫，具有多重身份的组织可能会陷入组织内的冲突或矛盾之中。除此之外，这类观点还认为，多重身份会引发模糊性，并对组织的战略管理产生影响。正如 Corley et al.（2004）将身份模糊性定义为组织成员发现很难把握"我是谁"的一种共有状态。

混合社会组织的市场导向和社会导向促使了它多重身份的形成，也意味着混合社会组织拥有多重的特性——社会性、商业性、创新性和混合性。例如，混合社会组织帮助残疾人找到工作，使残疾人可以自力更生。对于混合社会组织而言，如果市场需求和民间社会的需求是平衡的，则它们主动变成一个混合体，提供社会服务，同时获取资源。但也由于混合社会组织使命的混合性，混合社会组织的多重身份难以维系，并会导致内在冲突。对混合社会组织的研究表明，当需要结合慈善和商业时，在组织成员间创造一种混合身份的共识是有很大挑战性的。商业形式和慈善形式结合的冲突，也体现在混合社会组织对有限的资源在满足商业目的和社会福利目的时的分配，包括资金资源、人力资源、注意力资源分配的张力等。

4.2.3 烙印理论：从烙印到社会烙印

烙印是指一个焦点实体在一个敏感时期内对环境的反应元素的过程，并且不管客观环境如何变化，都保留持久性的痕迹。Stinchcombe（1965）提出，烙印是一个过程，指在一个短暂的敏感性时期，一个焦点实体的发展反映环境的突出特征的标记，即使发生了重大的环境变化，这些标记也持续存在。Immelmann（1975）强调烙印的两个总体特点：存在一个敏感期和随后这一时期经验结果的稳定性。烙印已被用于解释如何将各种历史条件和特征印在组织和效果的组织和个人成果上。目前的烙印研究主要集中在创立阶段的影响因素，以及这些因素在新生公司中的持续过程。大多数对烙印过程描述的研究都是过度社会化的，强调制度和文化嵌入的作用，没有充分关注个人和集体机构在敏感时期的作用。

社会烙印被定义为组织在初创期对组织社会使命的强调。创建时的情境会对组织产生持续的影响，会对结构和惯例有影响。基于 Scott（2008）的研究，学者普遍认可社会表现是一个组织创造社会烙印的水平。社会烙印有助于混合社会组织持续关注服务于受益者和完成社会使命，与社会表现正相关。本研究认为，社会烙印对于混合社会组织对社会使命的投入有着持续的影响，并长期影响着混合社会组织的社会行为。社会烙印促使混合社会组织围绕社会使命展开活动，从而促使社会使命导向的机制建立。组织成员会雇用与他们类似的人，重视社会烙印的混合社会组织，它们会吸引、选择坚持类似社会目标和价值观，并掌握相似技能的员工，组织内的固定员工会更可能关注他们社会使命的完成情况，即规范型身份更加突出。

通过上述理论描述，社会烙印在组织理论的一些研究中已经被广泛应用在不同的领域。例如，学者援引烙印分析产业的概念、单一的组织、组织内的职位和个人的绩效等。目前，组织烙印已成为理解许多层次的分析现象的一个重要镜头。烙印在组织研究的不同分析层次已经成为一个重要的概念，从最初对组织集体的关注到最近对组织构建模块层面和个人层面的关注。在学术界，对于社会烙印的应用主要集中于考虑不同时期形成的新旧烙印可以重叠并以一种复杂的方式影响企业家等研究，缺少社会烙印与混合型组织关联性方面的介绍，对社会烙印与混合社会组织多重身份生成的关系等方面的研究几乎为零。本研究通过揭示出混合社会组织的社会烙印的动态变化过程，给予其多重身份更为充分的解释。同时，我们的研究也将成为一个开发新见解、丰富烙印理论的来源。

4.3 研究方法

本研究聚焦于不同类型的混合社会组织的经历和管理者如何规划组织的未来发展。我们预测，在不同的混合社会组织中，管理者能够描述其多重身份的特征和使命陈述。对于管理者来说，由于其多重身份，混合社会组织面临的挑战可能大于一般的商业企业。因此，我们希望通过管理者描述企业自身发展经历和陈述组织使命来发现混合社会组织不同类型的多重身份。

本研究选取能够表现出多个不同身份的混合社会组织。正如 Greenwood et al.（2011）的研究显示，有关多样性逻辑反应的研究都集中在一个组织、一个部门或一个组织领域。因此，为了获取更大范围的混合性，我们识别和比较了不同的混合社会组织的多重身份类型。

4.3.1 样本组织

在调查研究过程中，本研究选择了啄木鸟食品安全中心、天一琴茶及携职旅社作为样本来进行数据收集和案例分析。首先，这 3 个组织在各自领域都具有一定的代表性：啄木鸟在杭州民政部门登记注册，在当下热议的食品安全领域有所成就，属于非营利性公益组织；天一琴茶在杭州市工商局登记注册,致力于对中国传统文化的守护和传承,属营利性的企业组织;携职旅社在杭州市工商局登记注册,业务涉及缓解大学生就业难的困境,属于混合型社会企业组织。其中,天一琴茶和携职旅社还分别获得2016年和2014年社创之星金奖,可见这些组织在社会创新领域的代表性。其次,这3家混合型社会组织具有不同的组织结构形式、人力资源状况和服务对象现状的差异性,从而展现出差异化的多重身份形式。最后,这3个组织都设立在杭州,便于本团队的调研,具有资料收集和研究的便利性。

（1）啄木鸟食品安全中心。该中心于2013年成立,是国内聚焦食品安全的社会公益组织。在公益性方面,该中心专注于科普有关食品安全的知识,并曝光一些常见的问题食品等;对外开展一些社区或学校的科普活动,进行食品安全宣传教育。该中心发挥其社会监督功能,定期对杭州的一些超市进行食品检测,并在APP上公开检测信息,使得顾客能免费看到这些食品是否受到过处罚或者质量检测是否过关的信息,从而放心选购。该中心的这些服务行为都创造了一定的社会价值,体现了明显的公益性。在商业性方面,该中心与企业的谈判合作,把"服务工具包"卖给政府、社区、农场等,形成一个购买服务的过程。该中心是一个希望用商业化手法在消费者与食品生产企业之间建立有效联系的非营利机构。

（2）天一琴茶。天一琴茶于2009年成立,是国内集古琴研发、教学于一体的企业。在公益性方面,天一琴茶发起青年琴人计划,设立了一个国乐领域的公益专项基金,助力于对青年国乐人才的挖掘和培养,这项计划有助于国乐的普及与弘扬,实现企业社会价值。另外,天一琴茶也热衷于扶持和孵化国乐类创新项目。其开展的如进校园弘扬古琴文化、帮助老艺术家免费出书等活动,都是以解决"传统文化传承"社会问题为目的的,公益性鲜明。在商业性方面,天一琴茶通过古琴销售与拍卖、古琴教学和演出等商业行为,自我造血,维持企业的正常运营。

（3）携职旅社。携职旅社于2008年成立,是一家为大学生提供廉价住宿、就业培训的社会企业。在公益性方面,携职旅社以人才服务为核心,主要的服务群体是大学毕业生,针对大学生免费开设"人才红娘""职前培训"等服务，提供 28 元廉价住宿等。当前，政府公共就业服务供给的缺失，加上严峻的经济形势使得"大学毕业生就业难"这一问题愈发严重。相关管理部门的缺失促使携职旅社填补了市场在这方面的空白，为大学毕业生提供廉价住宿服务及就业培训服务，做企业和大学生的"人才红娘"，这正是它的社会价值的体现。在商业性方面，携职旅社是在工商局注册的公司，采用商业化的运作方式，通过部分服务的收费自我造血；同时采用商业化管理模式，不断增强市场竞争力，扩展服务内容，提升服务附加值，这些都是携职旅社的经济性的体现。

3 家组织的概况总结如表 4-1 所示。

表 4-1　案例组织基本情况

	啄木鸟食品安全中心	天一琴茶	携职旅社
行业	食品安全	古琴	大学生就业
商业活动	出售信息、培训、提供咨询服务	古琴销售、古琴教学、演出	信息服务、培训、其他人才服务
公益活动	科普、监督、检测、建立数据库	古琴古弦复原、人才培养、文化推广	住宿、针对住宿者的培训和信息服务
解决社会问题	食品安全	古琴（文化）保护与推广	大学生就业
组织定位	一家专注于食品安全的社会公益组织	古琴文化推广平台	大学生就业服务平台

4.3.2 数据收集

本研究数据收集的渠道包括实地观察、深度访谈、档案资料、二手资料查询等。通过多样化的数据收集方法对一手研究数据进行相互补充和交叉验证，可以促进案例效度的提高。本团队对选取的浙江省内 3 家混合社会组织进行了多次深入调研和访谈（参见表 4-2）。其中，2016 年 6—7 月先后对携职旅社 2 次实地调研，对总经理温少波和部门经理进行访谈，时长 1.3 小时，整理访谈文本 0.98 万字。2016 年 6—7 月先后对天一琴茶进行 2 次实地调研，分别对总经理蒋莘林、部门经理吴遐和基层员工进行访谈，时长 3.37 小时，整理访谈文本 3.57 万字。2016 年 7 月对啄木鸟食品安全中心进行实地调研，对主任李海市进行访谈，时长 0.67 小时，整理访谈文本 0.6 万字。

表 4-2　访谈时间表

机构名称	访谈次数（次）	访谈日期	访谈时长（小时）	访谈对象及其职务	文稿(万字)
携职旅社	2	2016-06-17	1.5	总经理（创始人）	0.90
		2016-07-15	0.75	部门经理	0.55
天一琴茶	2	2016-07-08	2	部门经理（创始人之一）	2.00
		2016-06-20	1		0.75
			1.5	总经理(创始人之一)	1.00
			0.75	核心员工	0.45
			0.5	核心员工	0.50
啄木鸟食品安全中心	1	2016-07-12	2.5	主任（创始人）	1.50

　　访谈过程中采用规范严谨的方法进行数据收集，确保数据的准确性和针对性。每次访谈时，我们保证至少有 3 位研究人员参与访谈提问环节，采取由 1 人主问，其他人员根据现场具体情况进行补充提问的方式。访谈方式是半结构化方式，按照预先设计好的访谈提纲对受访者提问，然后按照受访者的回答及思路进行追问，力求获取更为详尽的信息，同时对企业存在的某种现象或受访者提出的看法进行深入探讨。在访谈结束后及时整理收集到信息，记录不同受访者存在的不一致描述，同时标注缺陷信息，并在下一次实地调研与访谈中进行补充和完善，保证信息收集充分。我们

在访谈过程中分配专门人员对访谈及观察的内容进行详细记录，并现场拍摄照片，全程录音。

除了正式访谈以外，我们还通过其他渠道进一步收集这 3 家企业的有关信息。主要方式如下：①二手资料。组织官方网站、微信公众号，以及报纸上的相关报道和案例。②档案数据。组织自身的宣传材料、发展手册等。③现场观察。访谈时参观组织的建设设施和观察具体的工作模式。④非正式交流。在访谈现场还与员工闲聊，进行沟通式交流。

4.3.3 信度与效度

我们通过采用一系列的研究策略和具体做法来保证研究的信度与效度（Yin，2004），分别对构建效度、外在效度、内在效度及信度等 4 个方面加以控制，从而提高案例研究的规范性和科学性，具体如表 4-3 所示。

表 4-3　保证信度与效度的策略和具体做法

检验指标	研究策略	具体做法	应用阶段
构建效度：证据支持研究结论	多渠道证据来源	深度访谈，查阅档案文件，现场观察和获取二手资料，保证一致结果	数据收集
	提供者核实	将访谈转录文本和数据编码结果分别交给组织管理者核对	数据收集
	建立解释	看数据和构建间是否一一对应、逻辑顺畅	数据分析
	内部讨论	讨论测量的不足和其他可能性	数据分析
外在效度：结论普适性	理论解释	将理论模型、数据分析和文献紧密结合	数据分析
	多案例分析	探索案例间的一致性和差异性	数据分析
信度：研究可复制性	研究计划	研究计划明确、详细，保证可重复	研究设计
	建立数据库	保证数据的可重复	数据收集

　　混合社会组织在管理过程中，往往会面临资源分配的问题。资源分配侧重点不同是判断其是否以解决社会问题为核心的重要依据。比如，在对携职旅社的人员进行访谈的过程中发现，携职旅社在与一些企业合作时，并不盲目地以营利为目的，其拒绝过一些打着携职旅社的牌子进行营利、但却和携职旅社理念相违背的企业项目，其中包括做房地产的、卖理财产品的等。携职旅社坚持将公司的资源投入与学生、学校相关的项目中，围绕其社会使命展开活动。因此，组织资源在商业目标和公益目标之间的分配侧重点不同，可以有效界定组织是否以解决社会问题为核心。另外，在访谈中，企业管理者无疑会主观夸大其对社会的贡献。因此，在访谈结束后要及时整理收集到的信息，利用客观资料（比如网站、报道、客观数据）来支撑被访者的看法，保证信息收集的真实性。

4.4 研究发现

　　本部分围绕"混合社会组织的社会烙印动态性与多重身份生成"这一核心研究问题展开，提出混合社会组织多重身份生成的关键在于，从动态性视角出发探索社会烙印在混合社会组织发展过程中的变化趋势。本部分通过比较3个案例中的社会烙印变化，考察社会烙印的动态性与多重身份生成之间的关系。

4.4.1 混合社会组织的三种多重身份类型

　　研究数据描述了不同混合社会组织的多重身份特征，在商业和公益这两个方面所采取的行动，确定了组织本身的多重身份类型。不同的混合社会组织的多重身份类型各不相同，主要区别在于商业和公益是否都是组织的核心，还是其中之一位于组织的边缘。一些组织将商业和公益同时反映为组织核心，即双重兼容型身份；而有些组织将商业或公益其中之一作为核心，则称为效用主导型身份或规范主导型身份。在编码过程中，首先，根据资料来源对案例数据进行一级编码，识别出混合社会组织的身份特征。

其次，通过文献指引，将混合社会组织的身份特征进行概念化编码。根据上述 3 家混合社会组织的特征差异，形成组织各部门分工、员工招聘考核、组织外部利益相关者二级条目库；最后，对二级编码结果按照组织结构、人力资源、服务对象进行三级编码。因此本部分从组织结构、人力资源、服务对象出发，比较 3 家不同的混合社会组织，得出混合社会组织多重身份的不同类型。

（1）规范主导型身份，指企业在组织结构的建构上优先考虑社会目的，具有多方合作、信任和团结的特点；在人员安排上，要求员工有主动为社会服务的意愿和价值观；在服务对象方面，以公众为主体。这一类身份的组织往往更侧重于实现较大的社会效益，在此基础上发展为与商业挂钩的混合社会组织，在公众心目中往往更具有奉献精神。啄木鸟食品安全中心通过食品安全科普和社会监督致力于食品安全问题的缓解；其采用商业化手法建立起消费者与食品生产企业之间的桥梁，运作中以公益性为主导，是典型的规范主导型身份，具体如表 4-4 所示。

表 4-4　啄木鸟食品安全中心规范主导型身份典型证据表

	证据（典型援引）	特征	来源
组织结构	"前台主要负责产品应用、活动产品、营销产品和产品合作，后台主要负责数据整理和产品文化等。像这种游戏的设计、数据库的建立等都是外包的，也会招募一些志愿者等"	弹性程度大、层次性较弱	A1，A3，a1，a3
人力资源	"对于员工的要求是应用型的而不是研究型的，对专业化程度要求不高，我们也会在高校范围招募一些青年志愿者"	专业程度低、多志愿者、以任务为导向	A1，A3，a1，a3
服务对象	"我们会对居民做一些基本常识类的普及；主要是开发了老百姓经常吃的食物；会告诉他们怎么去识别一些健康食物，问题是什么、怎么去应对"	以无偿服务的社会公众为主	A1，A2，A3，a1，a2，a3

在组织结构方面，啄木鸟食品安全中心的组织结构具有合作、信任和团结的特点，有助于追求混合社会组织的社会目标；该中心建构了一个利于志愿者参与的组织结构，在开展活动的过程中，志愿者的参与发挥着重要的作用；同时，它借助政府、基金会的支持实现其社会目的。根据数据，该中心在组织结构的建构上优先考虑社会目的和规范性。在人力资源方面，该中心的组织核心成员约有 5 人，负责组织的内务和公共关系；该中心会招募大量的志愿者，这些志愿者是以助人自助为服务理念的，认同其价值观，有助于提高服务质量，促进其社会目标的实现；该中心的员工以任务为导向，工作内容大多为服务于社会，具有明显的公益性。在服务对象方面，其服务对象是社会公众，向居民做一些基本常识类的普及，主要形式包括讲座、活动等，不向服务对象收取费用，具有无偿性。

综上分析，该中心是规范主导型身份。规范主导型身份侧重表现"慈善"或"社会"身份，展示了社会服务、社会效应、价值观或理念和公益因素，它主要是为了实现社会效益最大化，实现社会目的。对其而言，解决社会问题是较为重要的。

（2）效用主导型身份，指企业拥有以经济效率和企业利益为核心的组织结构。在人员安排方面，以岗位需求和个人能力为标准；在服务对象方面，主要针对消费者。天一琴茶在运营过程中，以商业营利为主要目标，在这之余投入相关产业的公益领域，不仅是对自身产品和服务的另一种模式的宣传，同时也解决了某些社会问题；在利益的驱动下，通过古琴生产、教学、演出等方式获取利润，同时实现社会使命——弘扬传统国乐文化，组织商业性在其运行中占主导地位，公益与商业的兼容性较低，为效用主导型身份，具体如表 4-5 所示。

表 4-5 天一琴茶效用主导型身份典型证据表

	证据（典型援引）	特征	来源
组织结构	"在天一琴茶这边就是该买琴就买，该收钱就收，维持公益就必须要有资金，不该挣的钱不挣，但是该挣钱的就好好挣，团队也是这样的"	高规范化、职权层次明显	B1，B3，b1，b3
人力资源	"我们的团队总体上来说，是由科学家、艺术家、音乐家，就是古琴这方面的专家组成的"	专业程度高、有经营能力、按需招聘	B1，B3，b1，b2，b3
服务对象	"一类是老师，他要开琴馆，需要好的琴，我们的品质好而且稳定，他们就来找我们进货；另一类是学习弹琴的人，通过网上买琴"	以有偿服务的消费群体为主要对象	B1，B2，b1，b2，b3

在组织结构方面，天一琴茶遵循效用的逻辑，建构了以追求企业利润最大化为目标的企业运营模式和组织结构；天一琴茶将企业划分为市场部、生产部、研发部和财务部等多个部门，各部门通过商业化的活动将产品（古琴）和服务（古琴教学）推向市场，成为商品经济的一部分。也就是说，天一琴茶的组织结构是以效率和利益为中心的。在人力资源方面，天一琴茶的管理者更多地考虑聘用员工的技术和经营能力，重视员工的工作经验。在实践过程中，其商业手段的使用要求企业有稳定的员工、良好的工作效率来适应目标市场的快速变化，因此员工都是以能满足岗位需求进行招聘的，实行薪酬管理制度，实现对员工管理的标准化和市场化。在服务对象方面，包括买琴的老师或者从事琴馆生意的商人和希望学习琴艺的古琴爱好者，即服务对象主要是付费的消费群体。

据此认为，天一琴茶是效用主导型身份。效用主导型身份侧重表现"商业"或"经济"身份，展示了顾客服务、员工经验、产品或服务质量及产业和市场因素。它主要为实现经济理性、利润最大化和成本最小化。对其而言，商业回报是较为重要的。

（3）双重兼容型身份，处在效用主导型和规范主导型两者之间，更符合"中庸"一说。这一类身份的组织在结构的建构上，既追求社会公益目的，又兼顾商业运作的效率；在人力资源方面，不仅要求应聘者符合胜任岗位所需的相关条件，也会对有志愿者经历的应聘者优先考虑；在服务对象上，该类组织以专门固定的某一类需要帮助的社会群体为服务对象。拥有该类身份的组织很巧妙地把混合社会组织的两个看似矛盾的目标结合在了一起，两者平分秋色、并驾齐驱。携职旅社提供了大学生廉价住宿和就业培训等一系列服务，解决了许多大学生的求职难题，在企业与人才对接环节发挥作用，并获取回报。携职旅社的运作模式具有较高的兼容性，实现了公益与商业的最佳契合，是双重兼容型身份的典型代表，具体如表4-6所示。

表4-6 携职旅社双重兼容型身份典型证据表

	证据（典型援引）	特征	来源
组织结构	"求职住宿＋人才服务是我们公司商业运作的模式，我们希望通过这样的方式帮助更多的大学生解决就业问题，我们这边主要分为几个部门：校企合作部、市场营销部、技术服务部……"	职能分工细、可复制性强	C1，C3，c1，c3
人力资源	"招聘员工时会考虑是否有志愿服务经历等，对于大数据平台需要专业的技术人员。对于我们来说，也会不断向应聘者灌输社会企业理念。在挑选过程中，我们都是用岗位的需求为标准来挑选的，同时优先考虑有社会工作经验的"	按需招聘、社会企业意识优先	C1，C2，C3，c3
服务对象	"携职旅社主要服务来到外地寻找工作的大学毕业生，降低大学生找工作的成本，使他们尽快找到适合自己的满意工作"	同时关注有偿服务的客户和无偿服务的弱势群体	C1，C3，c2，c3

在组织结构方面，携职旅社的各部门实行商业化的管理制度；在组织

内部，组织成员的工作由明确的规则、程序标准进行界定；同时，通过组织价值观来引导组织成员的主观情感。携职旅社的组织结构特点是既追求社会公益目的，又兼顾商业运作的效率。在人力资源方面，携职旅社现有员工 50 多人，通过各职能部门的需求招募员工；携职旅社通过引进 IT 界的技术人员构建快搜搜大数据平台，同时邀请具有公益责任心的人员加入他们的团队，向企业员工传递企业价值观，引导员工认同企业的社会目标，增强企业凝聚力，为实现组织目标共同努力；携职旅社也聘请专业管理人员给组织带来更多的专业人力资源，为携职旅社的发展保驾护航。在服务对象方面，它以人才服务为核心，主要服务来到外地寻找工作的大学毕业生。携职旅社所开展的一切服务或活动都是为了让社会共同体受益。

根据对携职旅社的组织结构、人力资源、服务对象等分析，本研究认为，携职旅社是双重兼容型身份。双重兼容型身份能对组织的双重目标（经济目标和社会目标）平衡兼顾，将商业运作模式与公益目的紧密融合，通过提高组织的运营效率以更好地实现社会公益目的。双重兼容型身份有助于混合社会组织更好地把公益与商业相统一。

通过对上述 3 个典型案例的分析和比较，本研究把混合社会组织的多重身份划分为 3 个类型：规范主导型身份、效用主导型身份和双重兼容型身份。在组织结构方面，规范主导型身份在如何解决社会问题的基础上设置组织结构，而效用主导型身份根据自身商业化流程来划分和设立组织构架，双重兼容型身份则两者兼容。在人力资源方面，规范主导型身份主要通过招募志愿者满足组织人力需求，这类员工往往专业性程度不高，但是富有强烈的社会责任感；效用主导型身份严格按照岗位所需的能力和技术来挑选员工；双重兼容型身份则以岗位需求标准为主，同时会优先考虑有社会工作经历的人员，这样有利于未来组织内部的思想引导。在服务对象方面，规范主导型身份对服务对象提供无偿服务，效用主导型身份是以正常的市场价格与消费者进行交易，双重兼容型身份则是针对所需要帮助的某个社会群体以较低的价格提供产品和服务，具体如表 4-7 所示。

表 4-7　混合社会组织多重身份类型特征比较

	效用主导型身份	规范主导型身份	双重兼容型身份
组织结构	高规范化、职权层次明显	弹性程度大、层次性较弱	职能分工细、可复制性强
人力资源	专业程度高、有经营能力、按需招聘	专业程度低、多志愿者、以任务为导向	按需招聘、社会企业意识为先
服务对象	以有偿服务的消费群体为主要对象	以无偿服务的社会公众为主	同时关注有偿服务的客户和无偿服务的弱势群体

进一步地，混合社会组织作为一种链接商业—公益的新型组织形式，由商业和公益两种逻辑同时驱动，而在组织中公益与商业哪个占主导及两个特性之间的契合度如何影响组织对内及对外所体现出来的身份模型，具体见图 4-1。

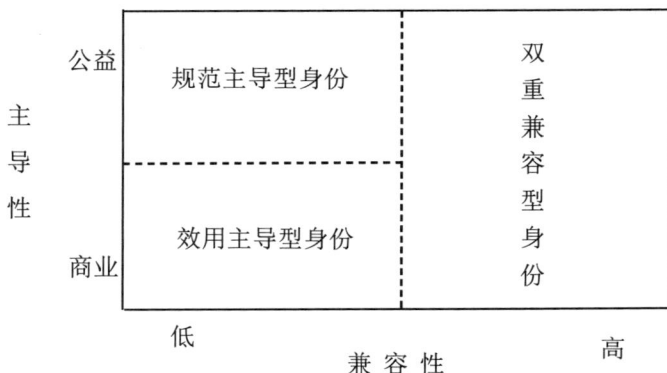

图 4-1　多重身份的分类框架

本部分从组织结构、人力资源、服务对象 3 个维度出发，对 3 家不同的混合社会组织进行比较，得出混合社会组织多重身份的不同类型（见图 4-1）。进一步地，本部分将基于这 3 个案例中每个组织的社会烙印动态变化情况，探索社会烙印的动态性与多重身份生成之间的关系。

4.4.2 社会烙印动态性与多重身份的生成过程

在获得研究数据的基础上，本部分根据现有理论研究构建新的理论分析框架，重点关注混合社会组织的社会烙印动态变化过程，将社会烙印的变化过程分成生成期、变形期、显示期这 3 个阶段，并对比分析上述 3 个混合社会组织的社会烙印演变过程。根据现有案例研究策略，在这一阶段不断进行"数据—关系—框架"之间的迭代，并且通过不同数据来源之间的相互印证，强化对重要现象解释的可重复性；同时，依据社会烙印理论，对归纳的关系和框架进行分析和解释。通过对编码数据、现有理论及本研究理论框架三者之间的相互比较和印证，本研究将社会烙印划分为心智烙印、工具烙印和网络烙印。其中，心智烙印指的是混合社会组织的心智内容和特性，可将其划分为服务型心智和目的型心智；工具烙印指的是，混合社会组织的管理策略或对工具的选择和使用偏好，可将其划分为愿景型工具和绩效型工具；网络烙印指的是，混合社会组织所嵌入的正式或非正式网络的特性，可将其划分为共享型网络和功利型网络。

（1）生成期：心智烙印与核心身份的涌现。烙印的生成期是指在触发事件发生之后或在敏感时期，焦点实体面临的某些压力与焦点实体的特性相结合形成烙印的期间。"环境"是大多数烙印研究的初始焦点，但本研究认为，个体，特别是创始人，可以作为潜在的烙印来源，并可通过个人特征及经历直接影响组织的结构、战略和随后的表现。本研究通过分析 3 个混合社会组织的创始人心智，探讨烙印生成期对混合社会组织多重身份生成的影响，特别是对核心身份涌现的影响。

啄木鸟食品安全中心的创始人李海市早期的从业经历与其创建该中心密切相关。由从事阿里公益基金专职人员这项工作开始，李海市便同公益结下了不解之缘，在那个岗位上，他接触到了大量的环境污染、食品污染事件，并观察到关注食品安全的公益组织少而又少，几乎是真空地带，于是创立了啄木鸟食品安全中心。李海市在经营该中心时，将自己的观念投注于其中，即公益从小事、身边做起。组织成立之初，李海市以举办讲座、组织活动、开发电子类设备为居民进行食品方面的知识科普，通过实验人们了解各种食品添加剂、勾兑剂，这一系列的公益性活动均印证了其服务型心智。创始人的心智使组织形成一些简单规则，最终使组织倾向于保持相对稳定的身份。啄木鸟食品安全中心在烙印生成期间，创始人的心智烙印更加注重社会需求的变化，聚焦于市场经济或政府部门所忽略的社会需求，试图同时满足社会需求并引导取得一定的经济收益，使啄木鸟食品安全中心规范型的核心组织身份得以呈现。

创始人可以通过选择性吸收特征、行为和认知，在关键的职业生涯关系中反映他们的心智。天一琴茶的创始人吴遐曾在阿里巴巴任职，参与一些公益活动后萌发了开办一家对社会、国家有利的，带有家国情怀的企业的想法。这样的企业不是一些靠赞助的慈善组织，而是可以营利，通过自我造血维持家国情怀的企业。创始人认为，"维持公益就必须要有资金，不该挣的钱不挣，但是该挣钱的就好好挣。"企业需要通过营利来实现社会使命，反映组织目的型心智烙印明显。天一琴茶的创始人更加注重商业机会，坚持自我造血，其原因是，他认为利益相关者对其产品和服务的需求，超出了混合社会组织满足这些需求的供给。创始人对经济效益的侧重形成了目的型心智烙印，从而促使天一琴茶的效用型核心组织身份得以呈现。

创始人如何确立不同的战略愿景，导致战略红利（创始人的初始心智是灵活的，具有促进作用）或战略性的宿敌（创始人的心智约束公司应对环境变化的能力），这取决于他们的心智烙印与当前的环境要求。创始人心智不仅可以影响组织，也可带动组织成员。携职旅社的创始人温少波在企业成立初期坚持"只做与学生相关的事"。刚成立时的携职旅社，通过给在杭的外地学生提供廉价住宿和免费的"人才红娘"服务，给初入社会的大学生一个落脚点和求职机会，这反映了它的服务型心智；同时，携职旅社向委托招聘的企业收取一定的费用来实现组织的自我造血和营利，这里就是目的型心智的表现。携职旅社的创始人心智由于市场经济价值点的动态调整，企业在成长的不同阶段容易受到社会需求和商业机会的双向驱动。因此，组织对外部环境的敏感性更强，受外部环境不确定性因素的影响也更为明显，组织更容易呈现出双重兼容型身份。

（2）变形期：三类烙印与多重身份的生成。虽然一些社会烙印可能持续多年甚至几十年不变，但它们的构成和特性可能随时间而变化。社会烙印受环境影响发生的演变，可概括为烙印的持久性、烙印的增强、烙印的衰退及转变。本部分通过分析 3 个混合社会组织的社会烙印变化，探索其对多重身份类型生成的影响。表 4-8 展示了其社会烙印动态变化的典型证据。

表 4-8　混合社会组织社会烙印动态变化的典型证据

公司名称（多重身份）	社会烙印	特征	来源
啄木鸟食品安全中心（规范主导型身份）	"啄木鸟食品安全中心专注于食品安全知识科普和社会监督，我们追求能减少一些食品安全事故"	用商业手段专注食品安全问题的预防	A1，A2，a3
	"我最关心的是如何解决社会问题"	侧重追求社会效益	A1，A2，a3
天一琴茶（效用主导型身份）	"我们希望到达这样一种状态：每一个中国人都能理解这样一种音乐，我们天一琴茶的定位就是，古琴艺术的传承者和在新时代下的守护者"	用商业手段对国乐文化进行守护与传承	B1，B2，b3
	"做一家对社会、国家有利的带有家国情怀的企业，不能只做一些靠赞助的事，企业需要营利以维持家国情怀"	侧重追求经济效益	B1，B2，b3
携职旅社（双重兼容型身份）	"携手大学生共创求职路，为入住大学生降低求职的各种开销"	用商业手段降低大学生的求职成本	C1，C2，c1，c2，c3
	"定期为大学生提供现场招聘、人才培训和档案管理等服务，帮助大学生解决就业问题"	帮助大学生解决就业问题	C1，C2，c1，c2，c3
	"以提供住宿为基础，构建人力资源发展平台，形成一个可供复制的混合社会组织模式在全国推广"	形成可复制模式，扩大其社会效益	C1，C2，c1，c2，c3

一是心智烙印。①在服务型心智中融入目的型心智。李海市因热心公益而成立啄木鸟食品安全中心，成立之初组织一系列的公益性活动均印证了其服务性心智。但是，啄木鸟食品安全中心的"融资困难"等一系列资金问题，使组织创始人及员工意识到仅靠基金会或慈善组织提供资金，组织是无法正常运转的。组织成员希望通过采用一些商业化的手段进行组织自我造血，促进组织的快速发展，这促使目的型心智的产生。②在目的型心智中融入服务型心智。天一琴茶早期的心智烙印为完全的目的型烙印，即只以利益最大化为根本目的。但在其发展过程中，管理团队对公司的使命进行了更深入的挖掘，最终决定由做一个伟大的企业转变成做一个伟大的事业，即"传播古琴文化，乐享中式生活"，并在这一理念的指导下，开展耗资巨大的古琴认养、丝弦修复、免费翻印艺术作品、免费古琴教学等活动，从利益最大化为目的转变为通过营利来承担社会责任。本研究认为，天一琴茶的心智烙印发生了目的型心智弱化、服务型心智强化的动态变化。③服务型、目的型心智兼容发展。在携职旅社发展的过程中，其心智烙印一直维持着服务型心智和目的型心智并行的状态。携职旅社起初通过给在杭的外地学生提供低价住宿和免费的"人才红娘"服务，并向委托招聘的企业收取一定的费用来实现组织的自我造血和营利，体现其服务型心智和目的型心智的兼容。随着企业的发展，携职旅社通过创立就业创业学院提供专业培训，从而提高大学生在职场的竞争力和专业性，并向招聘到人才的企业收取一定的服务费，使得服务型心智和目的型心智两者交织得更为紧密。

二是工具烙印。①在愿景型工具中融入绩效型工具。组织愿景是组织员工工作的方向标，一般商业组织习惯于将愿景具体为绩效的衡量，早期啄木鸟食品安全中心的创始人及员工依靠单纯的组织愿景支撑建立并发展了啄木鸟食品安全中心。但是慢慢地，该中心逐渐发现，单纯以服务的方式进行科普类活动是不够的。为了维持组织的基本运营，该中心在技术与数据的支持下设计检测盒子"饮料王国大冒险"，开办体验中心和体验教室，设计课程等与学校、社区进行合作并售卖相关产品获取资金，甚至通过建立主题网站积累起的庞大数据促进组织新一轮的发展，绩效型工具随之逐步凸显。②在绩效型工具中融入愿景型工具。早期的天一琴茶作为一家营利企业，在生产经营过程中更加注重企业的绩效，以获得竞争优势。因此，它的人员是专门化的，考核是以绩效高低为主的，即完全使用绩效型工具为企业的工具烙印。但随着公司的发展，它也开始用为社会服务、让更多的人感受到古琴文化、学习传统知识的理念管理和激励员工，并明确表明得到的回报不同。从以绩效为主要衡量指标、以金钱激励为主到兼具绩效与义务服务指标，兼顾金钱激励和社会服务理念激励，在这一过程中，它的绩效型工具弱化、愿景型工具强化。③愿景、绩效型工具兼容发展。携职旅社运用多种商业的方式和手段来实现社会目的，即绩效型工具和愿景型工具的同时运用，从而实现混合社会组织的双重目标。从携职旅社的发展历程来看，它的工具烙印呈现出越来越密切和多样性的趋势：除了起初"求职＋住宿"模式，它又和多所高校、企业合作建立了快搜搜全国校企信息云平台，解决了企业和学生之间的信息不对称问题。近期，携职旅社又致力于发展就业创业学院，开办就业、创业辅导训练营，实现定向培养及企业技术人才和紧缺人才供给。可见，携职旅社的绩效型工具和愿景型工具越来越成熟地被交替利用，实现了工具烙印的多元化和专业化。

三是网络烙印。①在共享型网络中融入功利型网络。社会组织与周围群体之间的关系受到网络烙印的影响。啄木鸟食品安全中心最初是与周边的学校、社区等合作，不考虑是否营利及组织后续发展的相关问题，建立模具助推知识传递共享，将组织的活动、设备、人员及相关信息与大众群体共享，形成了完全的共享型网络；而后期发展中，长期共享所得的大数据又让创始人有了新的思路，李海市与他人合作创建的"爱琪达"检测咨询公司体现了啄木鸟食品安全中心功利型网络烙印。通过与各种各样的营利性机构合作，啄木鸟食品安全中心形成了组织的外部价值网络。②在功利型网络中融入共享型网络。天一琴茶早期的网络烙印是功利型的，网络间以利益关系为主。如今，由于对传统文化的传播这一理念的追求，天一琴茶的网络烙印增加了共享型的特点，如与同为传统文化圈的茶道、武术、香道的从业者合作，分享自己的师资力量；对社会公众进行古琴文化的科普、讲学和免费演奏。天一琴茶的网络烙印在经营过程中已经发生了明显转变，天一琴茶网络烙印的动态性表现在功利型网络弱化、共享型网络强化。③共享型、功利型网络兼容发展。携职旅社在"商业＋公益"的道路上走得游刃有余，离不开它在运营过程中对功利性网络和共享型网络的并重，从服务的大学生到合作的企业，从各大高校到当地的政府、教育局，携职旅社和它们都有着紧密的联系。在项目合作上，携职旅社同多家企业协同合作，帮助一些人才稀缺的企业招聘符合条件的大学生。在学校方面，携职旅社与全国多家高校达成协议，给予在校大学生就业创业方面的辅导和定向培训，实现学校与企业的对接。同时，这些项目附带的庞大数据促使携职旅社建立了校企信息云平台，又开启了为企业委托招聘的业务。可见，携职旅社的功利型网络和共享型网络变得更加紧密和连贯，并一直保持着功利型网络和共享型网络共同拓展的趋势。

（3）显现期：三类烙印与多重身份的确立。烙印对实体行为和结果的影响（例如性能、生存和适应），称为烙印的显现。社会烙印可以有近端和远端的影响，近端影响包括在组织层面上的竞争动态和组织绩效，远端影响包括生长、生存和战略变革或新市场进入。烙印可能会积极或消极地影响组织获取资源的能力，寻求机会和获得环境利益相关者支持的能力，甚至组织生存的能力。

混合社会组织的心智烙印、工具烙印和网络烙印相互作用，通常向同一方向变化，共同促使企业的身份形成。企业身份主要从组织结构、人力资源、服务对象3个维度刻画，三者相互作用、共同反映企业的身份特点。

创立团队的原有工作背景使得企业在经营模式上有明显的偏好。啄木鸟食品安全中心的创始人李海市过去以从事公益活动为主，因此他更加侧重追求社会效益，也更多地借助政府、基金会的支持以实现其社会目的。该中心所在的食品安全科普和社会监督行业也不易于展开大规模的营利性商业活动。因此，其在发展过程中，社会烙印逐渐转变为更少地关注经济产出，组织领导者更多地强调价值观、道德观，侧重追求社会效益。由此可见，如果企业的目的型心智弱化、服务型心智强化，绩效型工具弱化、愿景型工具强化，功利型网络弱化、共享型网络强化，将导致组织结构向更低规范化、更弱层次性，更倾向于任务型分工，员工专业程度更低，以无偿服务的社会公众为主要服务对象的方向发展。如此形成更接近规范主导型身份的组织。

天一琴茶则不同，创始人蒋萃林、吴遐都曾经在大型商业公司中从事商贸业务。天一琴茶弘扬传统文化的理念既需要大量资金支持，也具有一定的商业可行性。随着喜爱古琴人数的增加，其商业化的价值与日俱增，也直接解释了为什么天一琴茶的社会烙印向更注重商业利益的方向发展。因此，如果企业的服务型心智弱化、目的型心智强化，愿景型工具弱化、绩效型工具强化，共享型网络弱化、功利型网络强化，将导致组织结构向更高规范化、职权层次更明显，员工专业程度更高，以有偿服务的客户为主要对象的方向发展。如此形成更接近效用主导型身份的组织。

携职旅社的创始人温少波先前从事新闻媒体行业，在实行社会创新过程中，携职旅社得到过政府与社会的帮助。但是为了完成社会创新，仅靠援助与携职旅社的收益是远远不够的，其影响力也无法达到目标水平。因此，温少波在继续扩大携职旅社规模的基础上，创办携职旅社就业创业学院开设专业培训业务，开启校企平台以便于招聘，既获得商业收入，也进一步解决人才信息不对称等问题。在这一过程中，携职旅社的社会烙印向兼顾商业利益和社会效益的方向发展。因此，如果社会企业的目的型心智与服务型心智并重，绩效型心智与愿景型心智并重，功利型网络与共享型网络并重，将导致组织结构向较规范化、专业性一般、职能分工细，企业招聘以意识为先的员工，同时关注有偿服务的客户和无偿服务的弱势群体。如此形成更接近双重兼容型身份的组织。据此，将3家混合社会组织及其社会烙印动态变化归纳如表4-9所示。

表 4-9　混合社会组织社会烙印的动态变化

公司名称	生成期	变形期	显示期
啄木鸟食品安全中心	服务型心智	融入目的型心智	服务型为主，目的型为辅
	愿景型工具	融入绩效型工具	愿景型为主，绩效型为辅
	共享型网络	融入功利型网络	共享型为主，功利型为辅
天一琴茶	目的型心智	融入服务型心智	目的型为主，服务型为辅
	绩效型工具	融入愿景型工具	绩效型为主，愿景型为辅
	功利型网络	融入共享型网络	功利型为主，共享型为辅
携职旅社	服务型、目的型心智	二者兼容发展	目的型和服务型相互融合，趋于稳定
	愿景型、绩效型工具	二者兼容发展	绩效型和愿景型相互融合，趋于稳定
	共享型、功利型网络	二者兼容发展	功利型和共享型相互融合，趋于稳定

　　本研究认为，社会烙印作为混合社会组织对其社会使命的强调，随着组织的发展在相对稳定的基础上体现出具体内涵和外延的动态变化。现有理论研究认为，烙印机制的本质是一个过程，具体可以解释为在一个环境敏感期内，焦点主体为了适应环境从而培养出相应的"组织特征"，即使后续阶段由于其他因素影响，组织环境发生了根本性的变化，但是这些特征依然会延续下去。因此，社会烙印对环境演化具有敏感性和适应性。焦点主体的新烙印会不断叠加在旧烙印上，进而呈现动态变化的状态。这是多个环境敏感期共同作用的结果。同时，社会烙印的层级结构也深刻体现了社会烙印的演变是一个从静态到动态不断变化的过程，这种动态性会影响多重身份多种形式的呈现、生成和确立。图 4-2 是对以上分析的归纳。

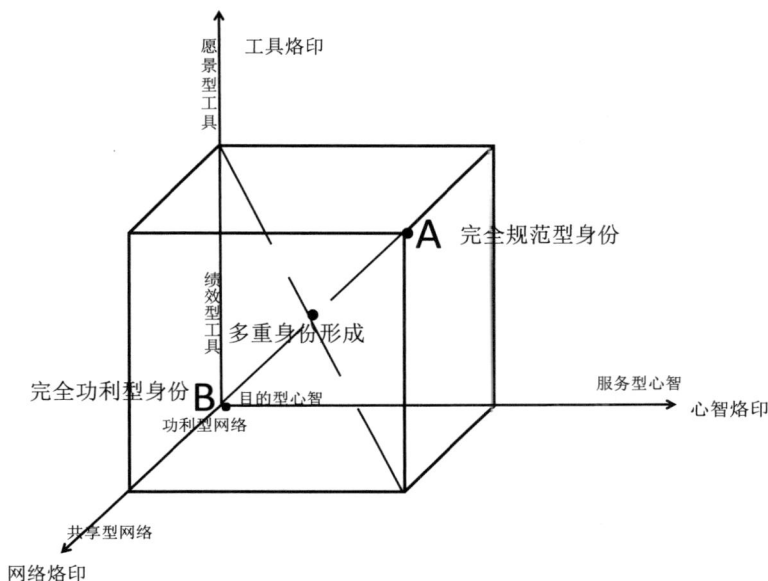

图 4-2　混合社会组织多重身份的生成模型

总体而言，在组织的社会烙印动态变化过程中，目的型心智烙印强化、绩效型工具烙印强化、功利型网络烙印强化，则形成效用主导型身份的混合社会组织；当服务型心智烙印强化、愿景型工具烙印强化，共享型网络烙印强化，则最终形成规范主导型身份的混合社会组织；平衡公益与商业二者，保证心智烙印、工具烙印、网络烙印的兼容性，则形成双重兼容型身份的混合社会组织。这 3 种类型的多重身份的生成，最终会在组织机构、人力资源和服务对象等方面表现出它们的异同。

4.5 结论与讨论

4.5.1 主要结论

本章围绕"混合社会组织的社会烙印动态性与多重身份的多种形式生成的关系"这一核心研究问题展开，提出研究社会烙印与多重身份类型生成的关系的关键在于从动态视角出发，探索社会烙印在混合社会组织发展过程中的变化趋势。通过对啄木鸟食品安全中心、天一琴茶与携职旅社的案例比较，本研究发现以下两个主要结论：

首先，从组织结构、人力资源和服务对象 3 个维度出发，把多重身份分成 3 种类型，即效用主导型身份、规范主导型身份和双重兼容型身份，将多重身份具体化。效用主导型身份侧重表现"商业"或"经济"身份，展示了顾客服务、员工经验、产品或服务质量及产业和市场因素。它主要是为了实现经济理性、利润最大化、成本最小化，对其而言，商业回报是较为重要的。规范主导型身份侧重表现"慈善"或"社会"身份，展示社会服务、社会效应、价值观或理念和公益因素。它主要是为了实现社会效益最大化，实现社会目的，对其而言，解决社会问题是较为重要的。双重兼容型身份能对组织的双重目标（经济目标和社会目标）平衡兼顾，将商业运作模式与其公益目标融合，通过提高组织的运营效率更好地实现社会目的。

其次，本章通过比较这 3 个案例的社会烙印动态变化情况，探索社会烙印的动态性与多重身份的多种形式生成的关系。为了更好地诠释社会烙印的动态性，本章将社会烙印分为心智烙印、工具烙印和网络烙印。规范主导型身份的社会烙印动态性表现为目的型心智弱化、服务型心智强化，绩效型工具弱化、愿景型工具强化、功利型网络弱化、共享型网络强化，最终形成具有完全服务型心智烙印、完全愿景型工具烙印、完全共享型网络烙印的组织。效用主导型身份的生成过程中，它的社会烙印动态性表现为目的型心智强化、服务型心智弱化，绩效型工具强化、愿景型工具弱化，功利型网络强化、共享型网络弱化，最终形成具有完全目的型心智烙印、完全绩效型工具烙印、完全功利型网络烙印的组织。双重兼容型身份的组织的社会烙印向兼顾商业利益和社会效益的方向发展，组织的目的型心智与服务型心智并重、绩效型工具与愿景型工具并重、功利型网络与共享型网络并重，最终形成较规范化、专业性一般、职能分工细和社会企业意识强的组织。

4.5.2 理论贡献

目前，中国学术界对于混合社会组织的研究处于分散与混沌状态，缺乏规范分析的理论框架，尚未形成系统的理论体系，在内容和方法方面都存在着不足和缺陷。本研究首次从混合社会组织的"社会烙印"的动态视角对混合社会组织的多重身份生成机理进行分析。主要理论贡献有三：

（1）丰富了关于多重组织身份理论的研究。在有关组织身份的理论研究中，一些研究探究了混合社会组织如何解决多重身份的挑战问题，另一些研究了混合社会组织多重身份的认同问题，但是，这些研究并未探讨多重身份的类型问题。从这个意义上讲，本研究比较了不同混合社会组织多重身份的表现形式，提出了混合社会组织的 3 个特征维度，以此作为衡量不同混合社会组织的多重身份的表现指标，拓展了组织多重身份概念所指向的范围。同时，以往对多重组织身份的研究更多地关注多重身份独特的特性和功能，本研究对不同混合社会组织的多重身份表现类型的研究是对以往多重身份研究的必要补充。

（2）提出了社会烙印动态性变化这一新的理论研究视角。本研究关注"混合社会组织多重身份生成机理"，基于"社会烙印"动态性这一独特视角，提出并验证"社会烙印"在混合社会组织不同时期的动态性变化。以往的有关烙印的研究表明，焦点主体在特定时期的经历对后续经营管理及决策制订都具有重大的影响。本研究从心智烙印、工具烙印、网络烙印 3 个角度出发，研究混合社会组织的社会烙印在不同时期的动态性变化过程，强调研究者应该关注烙印机制发生的情境条件。本研究解释了为什么不同的混合社会组织的多重身份会有所差异，超越"社会烙印"的静态观点，考察"社会烙印"的动态性，并探索其对多重身份生成的影响机制。

（3）提供了混合社会组织研究的新思路。现有对混合社会组织的研究往往集中在其内涵、特性、发展困境和逻辑冲突等方面，忽视了"多重身份"这一重要的理论视角。本研究以混合社会组织的多重身份为线索，分析混合社会组织与政府、企业及传统非营利组织的差异，梳理混合社会组织的相关定义，更理性地看待混合社会组织，进而构建了混合社会组织的理论新框架，分析了混合社会组织多重身份的生成机理，并为后续的混合社会组织研究提供了一套比较完整的理论逻辑框架。

4.5.3 实践意义

本研究基于社会烙印动态性视角研究和探讨了混合社会组织多重身份的生成机理，从个案中汲取影响混合社会组织多重身份形成的关键性因素，对于指导混合社会组织实践、促进混合社会组织发展都有着重要的现实意义。

（1）组织身份的不同内涵会影响员工对企业的认知，最终导致员工行为混乱；组织员工对组织的歧义认同也会削弱组织的凝聚力。本研究借以阐述混合社会组织的身份内涵，增强混合社会组织的内部认同，进而增强混合社会组织的凝聚力。

（2）多重身份困境既是混合社会组织面临的挑战，也是其获取突破市场瓶颈的机遇。随着信息化社会的发展，组织的社会关系将日益多元化，虽然混合社会组织在相当大程度上缓解了社会问题，但混合社会组织在同时追求经济效益和社会效益中存在着张力矛盾。本研究有助于混合社会组织在面临处理多重关系的挑战时，能在经济效益和社会效益间找到平衡点，平衡其多重身份，进而提升经济绩效和社会绩效。

（3）本研究剖析混合社会组织"我是谁"的问题，探索明确适宜的混合社会组织身份定位，有助于组织找到正确的方向，既知道自己应该做什么，又能暗示组织不该做什么，从而避免组织在动荡的社会环境中迷失自我，推动混合社会组织健康、可持续发展。本研究结果延伸了"社会烙印"如何适用于组织身份的理论，证明了混合社会组织的身份不一定是静态的，组织身份是可塑的，而非固定的。同时，认为混合社会组织可以利用其"社会烙印"动态性，实现更加集成的身份和积极的组织认同。

第 5 章

核心理论模型 ①

本章将利益相关者理论引入社会创新研究。首先基于"利益—权力"②
个体属性的差异对社会创新的利益相关者进行分类，然后归纳出社会创
新的利益相关者网络的属性特征，相机选择网络治理模式，以促进社会
创新开展。

5.1 社会创新的利益相关者分类

5.1.1 基于个体权利属性的分析

Freeman（1984）将利益相关者界定为能够影响一个组织目标的实现，
或者受到一个组织实现其目标过程影响的所有个体和群体。他首先认识到
利益相关者的利益和对企业的权力是不同的，并提出"在分析企业利益相
关者时，应当关注利益相关者的利益和权力"的重要理论视角。本研究将
Freeman 的利益相关者理论引入社会创新研究，将社会创新的利益相关者
界定为能够影响社会创新实现，在社会创新推进的过程中具有利益和权力
诉求的所有个体（或群体）。

一般的利益相关者涉及股东、债权人、客户、员工、政府等，本研究

---

① 本章内容已公开发表（稍作修改），见盛亚、于卓灵：《创新的利益相关者治理模式：从个体
属性到网络属性》，《经济社会体制比较》2018 年第 4 期，第 184—191 页。
② 根据需要，本研究中的"利益—权力"，有时分开使用（利益、权力），有时合起来使用（简
称为"权利"，英文 right）。

结合社会创新的特点，将社会创新的利益相关者分为三大类，第一类是与企业运营直接相关的，包括股东、债权人、高管、员工、供应商、客户及竞争者；第二类是政府；第三类是社会，包括协会/组织/特殊群体、社区、环保、基金会、媒体及科研单位，具体如图 5-1 所示。

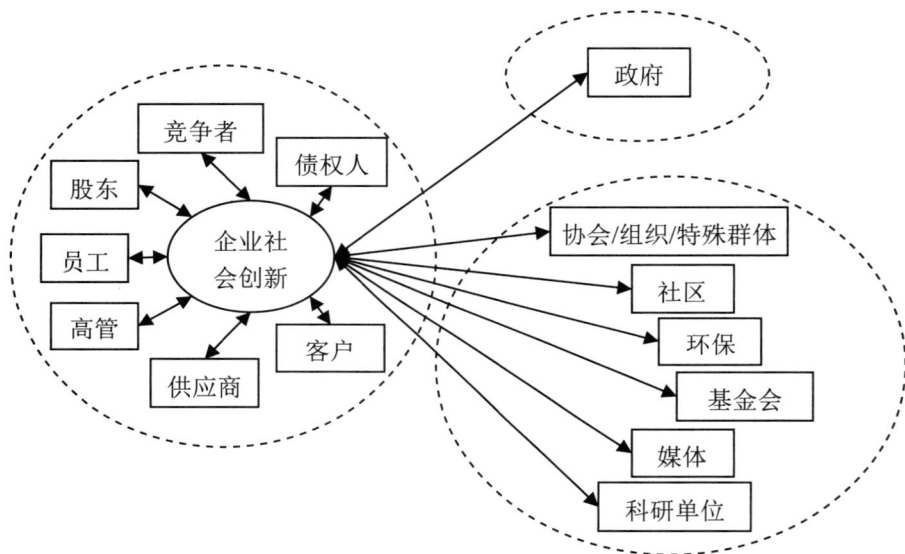

图 5-1　社会创新的利益相关者

尽管 Freeman（1984）的"利益—权力"矩阵对利益相关者进行了比较明确的定位，但社会创新的利益相关者坐标图必须体现社会创新的特殊性，突出其社会权利。因此，本研究删减了 Freeman（1984）的矩阵中权力维度中的投票权和相应的利益维度中的股权利益，并在利益和权力维度各增加了"社会"这一分类。社会创新的参与者具有很强的社会利益要求（即在解决社会问题的过程中获得社会绩效）和社会权力要求（包括决策权、监督权和投票权），因为它们具有"使用社会资源实现或推动社会创新的能力"。也就是说，某利益相关者具有社会权力，意味着可能拥有决策权、监督权和投票权中的一种或多种权力，具体如图 5-2 所示。

权力（Power）〳利益（Stake）	经济（Economic）	社会（Social）	政治（Political）
经济（Economic）	投资人 供应商 客户	员工 合作机构	
社会（Social）	捐款人	办会 组织 社区志愿者	
施加影响者（Inflencers）		媒体	政府

其中"基金会"位于经济/社会交界处，"外国政府"位于社会/政治与社会之间。

图 5-2　社会创新的利益相关者的利益和权力平面坐标

利益相关者都有不同的利益和权力要求，其利益和权力的高低及其对称性，决定了利益相关者对社会创新是否拥有积极的态度和行为，是否具有参与社会创新的主动性，进而影响社会创新的成效。因此，为了更好地识别具有不同权利属性的利益相关者，有效管理好社会创新的利益相关者网络，本研究参考盛亚等（2011）的研究，依据利益、权力的高低将利益相关者分为确定型利益相关者（利益高和权力高）、预期型利益相关者（利益高和权力低或利益低和权力高）及潜在型利益相关者（利益低和权力低）（见图5-3），其中预期型利益相关者处于利益和权力不对称状态。

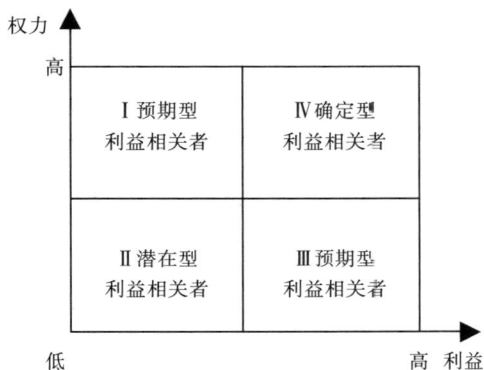

图 5-3　社会创新的利益相关者分类

5.1.2 基于网络属性的分析

利益相关者之所以会结成网络，从根本上来说是利益使然，具体来说，主要是出于利益结盟的需要、交换资源的需要、交流信息的需要、追逐权利的需要和协调行动的需要（王春福，2012）。利益相关者网络的特征可以用两个属性进行刻画：关系属性和结构属性。关系属性指网络的关系强度，分为强关系和弱关系。结构属性通过网络密度和中心性进行测量，根据测量结果划分为高密度和低密度、高中心性和低中心性。

（1）关系强度指的是接触频率、善意、义务等要素的交互性及关系双方的友谊（Granovetter，1973）。关系强度的提升有利于降低关系内的冲突水平，这是由于频繁而具有深度的接触和交易加深了双方之间的了解，沟通的顺畅使得双方更加容易在观念上达成一致，即使存在差异也能够以双方富有深度的关系而高效率地解决。从这个角度来看：①确定型利益相关者不仅具有通过组织策划多方频繁交流接触、深入合作而创造利益的需求，同时也有解决冲突及长期维护多方关系和谐的权力，能与其他利益相关者保持强关系。②潜在型利益相关者不但很难取得网络中其他利益相关者的信任，也很难获得与其他利益相关者紧密合作的机会。同时，他们也不愿投入很多的资源去获取较少的潜在利益，因此潜在型利益相关者在社会创新过程中的活跃程度低，与其他利益相关者关系弱。③预期型利益相关者或由于有更高的权力要求，对于创新成败往往能起到关键性作用。他们不但会全程参与，还会与其他利益相关者保持一种长期持续的强关系；或由于对巨大利益的追求，会积极主动地寻找合作机会，愿意投入大量的资源，争取与其他利益相关者建立强关系。总之，社会创新的利益相关者类型直接影响到社会创新网络中利益相关者之间关系的深度、关系持续的时间、关系内的交易规模及互动频率，从而影响社会创新网络关系的强弱。

（2）网络密度是指网络中所有结点之间的实际联系与其所展示的所有可能存在的联系数量的比率（Rowley，1997）。一个网络中结点之间实际联系的数量越是接近总的可能数量，网络的密度就越大，结点之间进行的资源流动就越快，网络成员之间的互动也就越通畅。①确定型利益相关者能提供有价值的资源，同时有很强的权利要求，他们有能力拉拢和联合其他利益相关者，促成尽可能多的网络成员加入互动和合作中，构建畅通的资源流动渠道。因此，网络中的确定型利益相关者所占比例越高，网络结点间实际联系的数量也就越多，整体的网络密度越高。②潜在型利益相关者没有建立更多合作关系的权利驱动，因此网络中的潜在型利益相关者占比越高，网络中缺乏联系的结点就越多，则网络密度就越低。网络中这些断裂的结点构成了网络中的结构洞（Structure Holes），结构洞的存在会阻碍各种要素在网络中的流动（Burt，1992）。③预期型利益相关者无论是由于权力资源相互影响、相互作用和相互制约的状况，还是由于不同利益要求的博弈，都会因为各自的原因参与到网络信息和资源的互动中，争取建立与其他结点之间的实际联系。因此，网络中确定型利益相关者和预期型利益相关者的占比越高，则网络密度越高；反之，网络中潜在型利益相关者占比越高，则网络密度越低。

（3）网络成员在网络中的中心性，反映了该成员在网络中相对于其他成员的权利与地位，较高的中心性赋予了该成员对网络中各种资源要素流动的控制和影响力（Rowley，1997）。网络成员的中心性与其所拥有的权利之间的关系已经得到了很多实证研究证实。一般而言，占据网络中心位置的成员之所以拥有较大的权利，是因为其所处的优越的网络位置能够使其拥有更多的机会获取网络中的资源，并对网络中资源的流动拥有较强的控制能力。斯帕罗（Sparrowe，2001）等发现，组织成员在咨询网络中的中心性与其绩效水平呈正相关关系，是由于占据了有利的网络地位，使该成员能够获得来自多方面的信息，并拥有了尽快找到可以解决特定问题的问询对象的能力。蔡文彬（Tsai，2000）发现，那些在资源交换网络中处于中心地位的单位比其他单位更容易与新建单位之间建立交换关系，这意味着高网络中心性有助于成员建立新的网络关系，从而提高获取新资源的能力。另外，由于中心性较高的网络成员一般处于网络内资源交换的中心位置，从而能够对网络中其他成员的资源获取及获取的资源质量产生影响（林曦，

2010）。由此可见，①确定型利益相关者和预期型利益相关者，为保证其获取利益的有效性，必须利用其权力争夺网络中的最佳位置，通过占据网络中心位置获得更大的剩余控制权（Brass et al., 1993），从而确保拥有对网络中资源的控制能力，使其在获取资源时不被其他成员所影响。②预期型利益相关者会通过更多的资源投入、建立新的网络关系来提高自己的中心性，从而争取更多的利益或权力。③虽然网络中每一个结点由于在网络中占据不同的位置而相应地拥有其各自的中心性，但潜在型利益相关者没有争夺中心位置的权利，对网络中资源流动的影响能力很弱，网络中心性低。总之，社会创新网络中确定型利益相关者和预期型利益相关者的占比越高，则网络中心性越高；反之，社会创新网络中潜在型利益相关者的占比越高，则网络中心性就越低。

根据以上网络属性特征，本研究将社会创新的利益相关者网络划分为 8 种类型（见图 5-4）。其中，有核紧密型强关系网络具有高中心性、高密度和强关系特征，有核紧密型弱关系网络具有高中心性、高密度但呈现弱关系特征，无核紧密型强关系网络具有高密度、强关系但中心性低的特征，无核紧密型弱关系网络具有低中心性、弱关系、高密度特征，有核松散型强关系网络具有高中心性、强关系、低密度特征，有核松散型弱关系网络具有高中心性、低密度、弱关系特征，无核松散型强关系网络具有低中心性、低密度、强关系特征，无核松散型弱关系具有低中心性、低密度、弱关系特征。

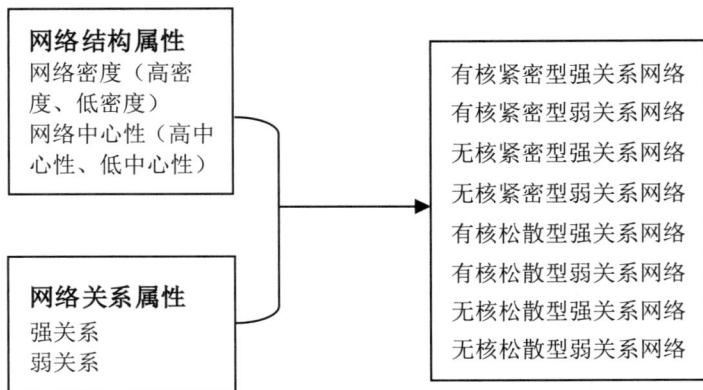

图 5-4　社会创新的利益相关者网络类型

5.1.3 社会创新网络治理主体的属性特征

社会创新网络治理主体（以下简称社会创新主体）在面对社会问题时，需要动员其他利益相关者共同来寻求突破性的解决方案（张强等，2013）。俞可平（2012）指出，社会创新不仅是非政府组织、社会企业的行为，还可以是政府及商业机构的创新活动。德鲁克（2006）则认为，当代社会创新的主体力量正在从政府转向社会，非政府机构在产品生产和销售或服务提供、就业保障、家庭收入创造、病患救治、青少年教育等方面发挥着越来越重要的作用。

社会创新解决的是人性中的自利性与公共性的矛盾，就是要寻找政府、市场和社会的最佳结合点，以摆脱各种"失灵"给人们带来的烦恼。这种最佳结合点在逻辑上可以成立，但在实践中只能无限地接近（王春福，2012）。本研究将政府、社会组织和企业分别作为政府、社会和市场的主体，同时它们也是利益相关者，为满足社会需求、解决社会问题发挥关键作用。它们分别具有各自独特的属性：权威性、合法性及营利性①。其中，权威性是指主体是否具有使人信服的力量和威望，让人不产生怀疑。合法性是指主体是否被赋予了法律或道义上进行社会创新的合理性。合法性影响到组织的生存率和失败率，那些具有合法性的组织的失败率通常较低。从组织的利益相关者角度来看，合法性直接影响其是否认可组织及能否理解组织的活动和战略（斯晓夫等，2019）。营利性是指主体在社会创新过程中是否具有获得利润的能力。

社会创新主体是社会创新过程中的主要决策者。政府、社会组织和企业作为社会创新合作主体时，不仅具备利益相关者"利益—权力"的本质属性，同时具备其特有属性。其中，"政府—社会组织—企业"三元主体具备权威性、合法性和营利性这 3 个属性；"政府—企业""政府—社会

---

① 这种表述只是就社会创新主体的主要属性（即属性表现程度上的差异）而言。在我国，社会组织的尴尬身份导致其合法性难以被公众、投资者等利益相关者认同。参见 Santos, Filips M. "A positive theory of social entrepreneurship", *Journal of Business Ethics*, 2012（3）, pp. 335-351.

组织"和"企业—社会组织"二元主体具有其中的 2 个属性；政府、社会组织、企业作为一元主体时只具有 1 个属性（见图 5-5）。

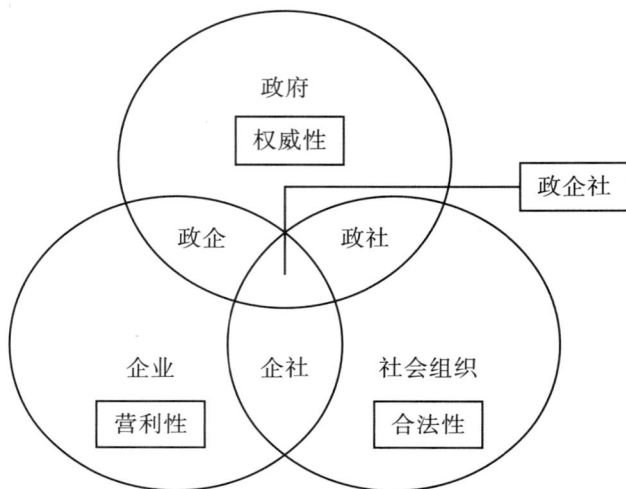

图 5-5　社会创新的利益相关者网络治理主体的属性特征

社会创新主体的属性差异，直接影响到主体对社会创新的利益相关者网络治理模式的选择，最终影响社会创新的进程和绩效。

5.2 社会创新利益相关者的网络治理模式

5.2.1 社会创新网络治理的内涵和模式分析

社会创新网络治理内涵包括 4 个方面：一是治理主体多元化，包括政府、企业、非政府组织、普通公民等多种主体参与；二是治理手段多样化，可以通过行政、市场和社会手段进行综合治理；三是治理结构网络化，政府与其他社会组织以平等协作的方式组成合作网络，实现共同利益；四是治理目标明确化，旨在提高社会创新成效，增进公共利益，解决社会问题（刘波等，2011）。网络治理理论强调多中心、多主体参与和多机制整合，并且构建了政府主导型、政府参与型和自组织型 3 种治理网络（姚引良等，2009），形成了多种具体的治理模式。彭正银等（2013）从参与治理的方式与是否由中间人实施，将网络治理模式划分为外部治理

（External Governance）与参与式治理（Participant Governance）。外部治理即通过把第三方组织或机构作为中间人，由指定的网络管理组织（Network Administrative Organization, NAO）对整个网络组织实施治理活动的方式。参与式治理是指由网络组织成员自身实施治理活动的方式，依据参与治理的网络成员数量，又可以划分为共享式治理（Shared Governance）、多中心治理（Polycentric Governance）、领导式治理（Lead Organization Governance）3 种治理模式。共享式治理即网络组织中的全体成员享有对网络组织进行治理的均等权利。多中心治理以自主治理为基础，其优势体现在"交叠管辖"和"权威分散"这两大特点上[①]，它允许多个权力中心或服务中心并存，通过竞争和协作，共同开展治理活动，从而提高决策的科学性。领导式治理即由网络组织中的某一个成员对整个网络组织实施治理活动。本研究根据社会创新主体的合作关系（参见图 5-5），将网络治理模式分为领导式治理、双中心式治理和共享式治理 3 种（见图 5-6）。

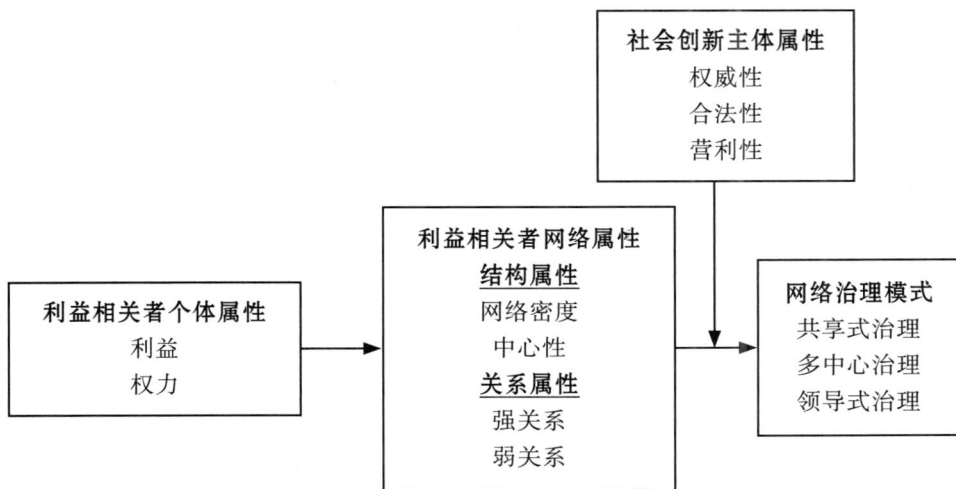

图 5-6　社会创新的利益相关者网络治理模式选择

---

①"交叠管辖"可以保证多主体的协调互动过程能够持续运行，而最终的决策依赖于公民的意志，"权威分散"是基于避免垄断的需要而设的（王春福，2012）。

5.2.2 社会创新的利益相关者网络治理模式选择

社会创新网络治理是决定权利如何应用，决策如何做出，利益相关者如何参与的结构之间、过程之间及行为之间的互动，其目标是合理平衡各利益相关者之间的利益，并以此来安排利益相关者在社会创新过程中的权力，实现利益相关者利益要求的同时使得绩效最大化[①]。社会创新的利益相关者网络治理实际上是社会创新主体和利益相关者的共同治理，治理模式的选择与网络组织的规模、结构布局、层次和关系密度等特征有关。

依据社会创新的利益相关者网络特征，结合网络治理模式的分类，本研究给出以下治理模式选择的建议：①有核／无核紧密型强关系网络中，成员之间沟通顺畅，沟通频率高，成员在行为上更容易达成一致，适合采用共享式治理模式，让网络成员享有对网络组织进行治理的均等权利。②有核／无核松散型弱关系网络中，成员之间沟通较少，沟通效率差，难以形成共同的期望，达成意见的统一；无核紧密型弱关系网络中，资源流动范围小且速度慢，虽然成员之间的沟通渠道顺畅，但是沟通频率低、效率差；无核松散型强关系网络中，即使利益相关者之间具有较高的沟通频率和相互交换资源的能力，但是由于利益相关者之间缺少沟通渠道，资源流动的范围小且速度慢，仍旧很难形成共享的行为期望。对于这几种都推荐采用双中心或共享式治理模式。③有核紧密型弱关系网络中，成员之间的沟通渠道顺畅但沟通效率低，其中某些利益相关者对网络资源的控制能力很强，影响到资源在网络中的流动范围和速度；有核松散型强关系网络中，即使成员之间沟通效率高，但大部分成员之间缺少沟通渠道，而某一成员处于网络中心位置，能影响网络中资源的流动。针对这两种网络，建议采用领导式治理模式，由处于网络中心位置的利益相关者对整个网络组织实施治理。

在进行社会创新的利益相关者网络治理模式的选择时，还需要考虑社

[①] 多元利益主体在治理行动中经过冲突、对话、协商、妥协，达成利益上的平衡和整合（王春福，2012）。

会创新主体的属性特征。作为社会创新的主体，在选择治理模式和利益相关者管理策略时拥有决策权，它们往往会根据自身的属性特征去选择偏好的治理模式。

总之，需要同时考虑到社会创新利益相关者网络的类型及社会创新主体的类型。在现实中要依据实际情况，综合社会创新网络类型及主体类型来选择合适的治理模式，推动社会创新的进程。图 5-6 构建的理论模型表明，决定社会创新网络治理模式的选择因素包括了利益相关者网络属性及社会创新主体属性。其中，利益相关者的"利益—权力"个体属性会直接影响利益相关者网络的结构属性和关系属性。

第 6 章

利益相关者视角下的企业社会创新过程

企业社会创新是一个过程，利益相关者个体的权利属性及由此决定的关系属性和网络属性会随着这个过程发生演变。本章分别运用建德市目科生态农业开发有限公司（简称目科生态）的生物质致密成型燃料生产线项目和浙江九仓再生资源开发公司（简称九仓再生）的垃圾回收项目，对基于利益相关者视角（个体的权利视角和关系的网络视角）的社会创新过程机理进行单案例分析。

6.1 利益相关者权利视角下的企业社会创新过程：目科生态案例分析

6.1.1 分析框架

企业社会创新过程分为创意生成、创意评估、设计与开发和实施四个阶段，每个阶段都有不同的主要利益相关者参与。分析利益相关者是为了了解不同利益相关者的各种期望和协调不同的期望，因为不同群体之间的利益是有冲突的（苗青，2014）。本章结合各阶段的具体特征，对不同阶段进行相应的分析（见图 6-1）：创意生成阶段，主要以利益相关者的隐性期望和社会前沿期望为主；创意评估阶段，主要是厘清目标群体和利益相关者及其与潜在社会创新项目的关系及目标群体和利益相关者之间的权利排序；设计与开发阶段，关注利益相关者的资源、知识与能力的提供及

利益相关者的创新活动；实施阶段，通过与利益相关者的沟通交流以提高
对企业社会创新项目认知和接纳的程度。

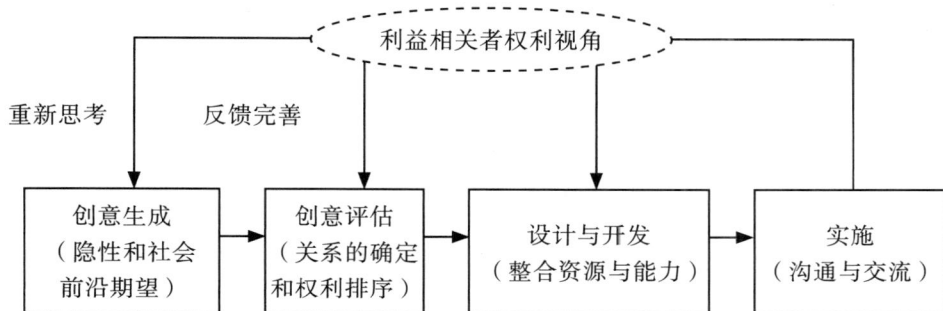

图 6-1 利益相关者权利视角的企业社会创新过程

社会创新是一项"协同工作"。很多社会问题之间往往存在着错综复
杂的关系，特别是利益相关者的利益和权力关系。Freeman 提出的"利益—
权力"矩阵框架对利益相关者进行了比较明确的定位，便于识别各个利益
相关者的利益和权力（盛亚等，2016）。其中利益维度的基本思想是考察
利益相关者可以被察觉的利益范围，分别代表了较为传统的理论中公司的
持有者（股权利益）、用户和供应商（市场利益），以及政府（施加影响
者）的不同利益；权力维度则从使用资源令事件实际发生变化的能力来理解，
被划分为投票权、经济权力和政治权力（Freeman，1984）。基于 Freeman
的分类矩阵，社会创新的利益相关者的利益维度上除了经济利益，更多的
是追求创新所带来的社会利益，也就是解决社会问题产生的社会绩效；在
权力维度上，除了可以利用经济权力和政治权力推动社会创新，更重要的
是依靠社会权力利用社会组织巨大的影响力聚焦和解决社会问题。

利益相关者利益和权力的高低及其对称程度，决定了利益相关者对社
会创新是否拥有积极的态度和行为，是否具有参与社会创新的主动性，是
否会直接影响社会创新的成效。在此，按照前文内容，将利益相关者分为
确定型利益相关者、预期型利益相关者及潜在型利益相关者（见图 6-2）。

权力

高

Ⅰ 预期型 利益相关者 （使得满意）	Ⅳ 确定型 利益相关者 （动态保持）
Ⅱ 潜在型 利益相关者 （最小努力）	Ⅲ 预期型 利益相关者 （取得关注）

低　　　　　　　　　　　　　　　高　利益

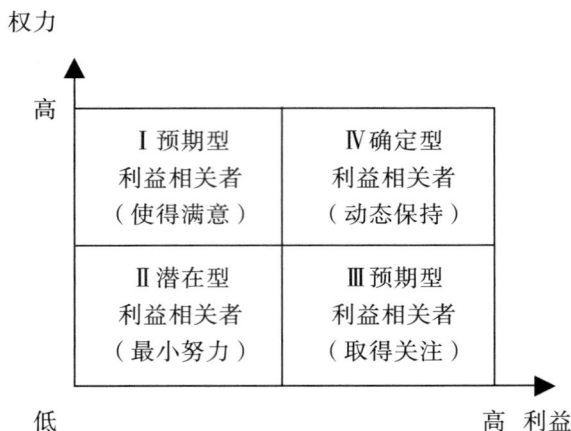

图 6-2　利益相关者分类管理策略

确定型利益相关者是企业社会创新中最核心的利益相关者——利益和权力处于高度平衡状态。如企业高层管理人员，既是决策者又是管理者，甚至还是股东，他们在企业社会创新中的权力可以说是最高的，他们获得的利益也比较高，并且在社会创新过程中所获得的社会声誉、威望、自我价值的实现等精神回报也是最多的。对于这类利益相关者，企业要采取"动态保持"的策略，也就是要在变化的过程中动态地维持自身的利益和权力水平。

预期型利益相关者处于利益和权力不平衡状态（陶锐，2007）。对于利益低和权力高的第Ⅰ类利益相关者，他们对社会创新有很高的权力，但收益甚微，长此以往势必会削弱他们的权力，他们会采取撤出投资或敷衍对社会创新的参与等行为。因此，对于这类利益相关者，应该采用"使得满意"策略，尽量让他们感到满意。而对于利益高和权力低的第Ⅲ类利益相关者，他们即使对社会创新不闻不问也可以获得很高的利益回报，坐享其成。这一类利益相关者在社会创新的实际过程中发挥的作用很小，因此企业应该通过将社会创新的相关信息、实施进程等及时反馈给他们，让他们更了解社会创新和更多地参与社会创新。只有当他们更多地关注和了解社会创新的进程，才能促使他们进行更多的投入，争取更大的权力。

潜在型利益相关者处于利益和权力的低平衡状态，可能发展为预期型或者确定型利益相关者，也可能变成非利益相关者。因此，对于这一类利益相关者，建议企业采用"最小努力"的管理模式。但是，企业需要特别注意，在社会创新的过程中是否忽视了第Ⅱ类利益相关者利益和权力的变化，将实际上应归于Ⅰ类、Ⅲ类、Ⅳ类利益相关者的错误归于Ⅱ类。如果出现此类情况，企业需要及时调整相应的管理策略，把处于边缘的利益相关者作为企业的管理重点，争取全面改善和第Ⅱ类利益相关者的关系，通过给予适当的利益等方式发挥他们应有的权力作用，在利益上尽量满足他们所需，建立更深入的互动关系。

需要指出的是，各利益相关者所属类型和所处位置因"利益—权力"诉求变化而呈现动态性，企业需要定期对他们进行识别和判断，及时采用相应的策略进行管理，从而发挥利益相关者在企业社会创新过程中的最大作用。

6.1.2 利益相关者识别

目科生态成立于 2009 年 3 月，属建德市农业龙头企业。2013 年，公司总投资 1800 万元引进年产 3 万吨生物质致密成型燃料生产线，能实现年消纳 5 万吨农林废弃物的目标。该项目不仅是企业获取投资回报的有效途径，更重要的是，企业通过自有资源和外界资源的调配和整合以有效地解决社会问题，参与环保建设，响应可持续发展的政策，从而促进节约型社会与生态型城市的发展的有效途径。该项目被列入杭州市战略性新兴产业发展重点项目和建德市十大农业项目。目科生态将农业废弃物转化为生物质致密成型燃料的社会创新项目形成了两块主要业务：一是发电；二是制无烟碳，具体流程如图 6-3 所示。

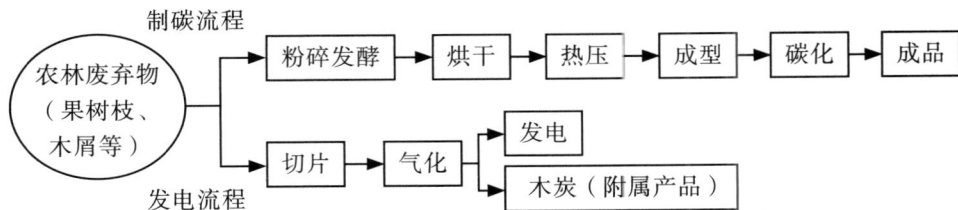

图 6-3 公司主要生产流程

目科生态生物质致密成型燃料项目的创新过程可以划分为4个阶段：①创意生成阶段。项目的创意生成源于目科生态敏锐地察觉到大洋村村民面临的果树树枝焚烧或堆放在房屋前后引发的社会问题，同时捕捉到解决此类社会问题能够带来的商业机会。②创意评估（社会影响评估和商业机会评估）阶段。企业通过评估发现，该项目不仅能够解决农林废弃物，促进社区的建设和发展，产生较好的社会影响；同时能配合生物产业发展的支持政策，生产出满足市场需求的生物能源产品。企业在衡量资源供给和市场需求（余晓敏等，2011）等各方面状况后，认为此项目具有商业价值。③设计和开发阶段。企业与南京林业大学达成合作，由南京林业大学竹材工程研究中心研发农林废弃物再利用的科学技术，并委托合肥德博生物能源科技有限公司生产相关设备，有效获取相关资源、知识和能力。④实施阶段。经过多次机器设备的调试及试运行后，企业进入正式生产环节，同时根据市场需求调整相应的生产工序、产品类型、生产总量等，比如满足环境对设备排放气体的控制要求及国家电网希望企业能生产更多电能并网的需求。

此项社会创新的利益相关者主要包括企业内部的股东、高管人员和员工，以及企业外部的客户、供应商、合作机构、政府、社区共8类。目科生态是民营企业，由两名股东共同创办，他们分别出任董事和监事；高层由4人组成，分别是总经理、生产部总监、研发部总监和销售部总监；员工主要分为生产人员、研发人员和销售人员；客户包括日本及国内上海、杭州日本料理或烧烤店商；供应商分原料供应商（主要包括大洋村周边果树栽培户、桑蚕养殖户及杭州市县区的多家木材加工厂等）和设备供应商（主要是合肥德博生物能源科技有限公司）；合作机构为南京林业大学；对接的政府部门主要包括工商局、农业和农村工作办公室、农业局、环保局和税务局等；社区是指企业所在的大洋镇大洋村。

6.1.3 社会创新不同阶段的利益相关者"利益—权力"定位

根据调研，我们得到该社会创新各阶段的利益相关者的利益和权力状况，具体如表 6-1 所示。

表 6-1　目科生态社会创新各阶段利益相关者的利益与权力状况

阶段	具体利益相关者	利益		权力	
		高低	具体表现	高低	具体表现
创意生成	大洋村村民	较高	农林废弃物合理处置的预期 废弃物回收的收益预期	较高	给予支持和信任
	股东	很高	项目成功的利润预期 提升企业形象、地位的预期	很高	高度重视，下决心解决问题
	高管人员	较高	知识积累、技能提升 劳务报酬增加的预期	较高	现场考察，制订解决方案
	工商局、税务局、环保局	较高	企业纳税的预期	很高	审核经营内容，颁发营业执照 政策支持，税收优惠
创意评估	大洋村社区	较高	农林废弃物处置的预期 新增的就业机会和经济增长的预期	较高	提供场地、资源和原材料
	股东	很高	制订使企业利益最大化的可行性方案	很高	项目预期资金投资、战略制订与决策
	高管人员	较高	确保企业和个人利益	较高	参与战略的具体制订，参与具体的创新过程
	税务局、环保局、农业和农村工作办公室等	较高	解决农林废弃物问题 企业纳税增长	较高	给予政策的配合和支持
	生产、研发、销售人员	较高	实现自我价值，获得提升能力的机会	较高	市场调研、资料收集，制订可行性报告，业务交流，技术咨询，确定合作意向
	南京林业大学	较高	探索合作方案，确定报酬	较低	根据企业需求制订研究内容
	设备供应商	较低	参与竞争性报价	较低	根据企业需求制造生产设备
	国内客户	很高	各项要求尽可能被满足，确保个人利益得到体现	较高	提出技术指标、生产监督、产品质量等各项要求

续表

阶段	具体利益相关者	利益		权力	
		高低	具体表现	高低	具体表现
设计与开发	大洋村村民	较高	合理进行废弃物回收 废弃物回收的收益	较低	供应原材料
	股东	很高	确保预期收益	很高	监督和掌控项目进程
	高管人员	较高	新项目开发,管理水平提升	很高	执行项目方案
	生产、研发、销售人员	较高	知识积累,个人技术水平提升	较高	根据市场需求不断设计研发新产品
	国内外客户	较高	获得满意的产品使用效果	较低	对产品需求大,要求低
	南京林业大学	较高	完成职责,获得酬劳	较低	设计规划,提供技术支持
	设备供应商	较高	签订供应合同的定金	较低	配合企业提供符合生产要求的设备
	农业和农村工作办公室、农业局、环保局	较高	解决农林废弃物污染的预期 提升农民收入的预期	较高	给予财政等政策支持 提供适当的补贴和资助
实施	股东	较高	企业利润	较高	高度重视,资金投入
	高管人员	较高	提升威信	较高	参与项目实施,给予员工支持
	研发、生产、销售员工	较高	知识积累,技术能力提升	较低	按照公司要求完成制造和销售工作
	国内外客户	较高	客户的要求和利益得以实现	较高	监督和评价产品质量
	设备供应商	较低	提供服务,获得利润	较低	配合生产部门要求
	工商局、税务局、农业局、环保局等	较高	提供农林废弃物污染的解决方案 激励社会创新,促进农村产业发展	较高	作为主管部门进行管理 提供税额优惠等政策 设奖评奖,给予项目支持和配合
	大洋村村民	较高	提升大洋村社区环境 带动社区经济发展	较低	配合企业完成农林废弃物收购
	南京林业大学	较低	协议规定的劳务费	较低	为企业提供技术支持

（1）创意生成阶段。这是一个机会的识别和链接过程，即识别市场需求，并将这种需求和特定资源之间建立联系，进而创造新的"契合"（斯晓夫等，2019）。大洋村及邻近社区地处偏远，农民的主要经济来源是以柑橘为主的经济作物的销售。每年收获季，社区都会为处理果树残枝等其他一些农林废弃物所困扰，常见做法是将农林废弃物弃置在田野路边，然后焚烧，或是将农林废弃物堆叠在自家的房前屋后。这些做法都不能有效解决农林废弃物的处置问题：焚烧会严重污染空气环境，同时容易破坏土壤结构，造成农田质量下降；采用堆叠的方式非常占用空间，并且没有任何价值。大洋村村民已经意识到问题的存在，但对他们来说现有的处置方式是最低廉的。目科生态观察到大洋村的农林废弃物资源丰富，同时敏锐地察觉到市场对农林废弃物的再生产产品的需求，了解到政府为大力倡导再生资源综合利用向规范化、产业化发展而相继出台的鼓励政策，产生了生产生物质致密成型燃料的想法。目科生态的投资者一致认为，此项目不仅能帮助解决社区的农林废弃物处置问题，同时能拓宽企业的业务范围，增加企业的经济效益。

在创意生成阶段，各主要利益相关者都有较高的权力，无论是企业投资者的高度重视和决心，高管人员的不懈努力，还是大洋村村民给予的大力支持和充分信任，抑或是政府部门对再生资源综合利用的重视和支持，都发挥了重要作用，也正是由于他们共同的影响才促成了该项目的诞生。他们在该阶段的利益几乎基本一致，就是对该社会创新项目成功的预期。当然，希望该项目成功背后的利益要求对每个利益相关者来说有所不同。企业股东希望通过该项目增强企业的竞争力，获得更多的经济利益，同时打造和提升良好的企业形象；高管人员则希望通过该项目累积新的知识和能力，掌握新的工作技能，从而获得更多的报酬；政府相关部门则希望该项目可以带来更多的税收收入；大洋村村民对该项目有较高的利益要求，不仅希望可以解决农林废弃物问题，同时希望可以增加收入。可见，在此过程中，无论是股东、高管人员、政府部门还是大洋村村民都对该项目抱有较高的预期，相信该项目能有效解决农林废弃物所引发的环境问题，再加上目科生态的股东和高管人员对该项目的决心和信心，使得该项目能有进一步的发展。

（2）创意评估阶段。目科生态股东的最初目标就是解决所处社区农林废弃物的处置问题，并通过该项目的实施获得经济效益。企业高管人员和员工对该项目进行了深入的调研和可行性分析，通过调查发现，引入生物质致密成型燃料生产线后，企业每年可消纳5万吨农林废弃物，不仅可以解决所在社区大洋村447户农户农林废弃物处置问题，同时还可以处置大洋村周边行政村镇的农林废弃物。此外，生产线的引入还可以向当地村民提供就业岗位，帮助社区解决部分农民的就业问题。因此，目科生态的社会创新项目能给利益相关者带来丰厚的社会效益，无论是其高管人员还是股东都会因为企业形象的提升获得更高的社会地位和声誉，而社区则能依靠该项目解决农林废弃物处置问题和农民就业问题，提升社区环境，促进社区经济发展。可见，该项目具有极高的社会影响力，能够为企业和社区带来很高的社会效益。但是，创意评估不仅要评估社会影响，还要对商业机会进行评估。首先，政府提供生物能源财税扶持政策和技术补贴的优惠措施，鼓励企业进行与生物再生能源相关的社会创新。其次，目前国内外市场对生物质能源需求旺盛，尤其是对无烟碳产品的需求呈现供不应求的状态。最后，企业高管人员经过商业方案的可行性分析预估，生产线将获得3万吨/年的生物质致密成型燃料，从而实现年产值3000万元，给公司带来经济效益，股东、高管人员及员工都能从中获利。

创意评估阶段，股东的权力很大，表现在对社会创新项目资金的投入、参与战略制订与决策上。高管人员的权利也较大，他们制订具体战略及确定管理创新过程。企业员工也是参与社会创新的利益相关者，影响社会创新的成果输出，具有较大的权力。员工的利益也比较大，体现在获得就业岗位及创新绩效带来的额外奖励。股东是公司内部收益最大的成员，创新收益最后会在股利分红中体现。高管人员也会因为拥有小部分股份而获利及收获非物质的威信、荣誉等（施建军等，2012）。政府则在制定扶持和补贴政策中体现了较大的权力，目科生态的社会创新也促进了环保产业及社区的经济发展，在税收、就业等方面满足了政府的利益要求。企业通过社会创新帮助社区解决农林废弃物处置问题，促进当地就业，带动区域经济发展，因此社区愿意提供各种资源，如场地、人力及农林废弃物来支持和保障项目的实施。由于目前市场对企业提供的产品处于供不应求的状态，客户主要是以直接采购为主，客户的权力在目科生态企业社会创新的过程中较小，只能适当地给予意见反馈，但客户能通过采购经济环保的生物质致密燃料获得很大的经济利润。在此阶段，目科生态会寻找合适的科研单位开展合作，合作机构会根据企业需求来提供社会创新过程中的技术与服务支持。科研单位虽然不具有很强的权力，但能够实现学术成果落地，促进科研单位在相关领域有新突破，同时获得丰厚的报酬。设备供应商主要是根据合作的科研单位提供的技术成果制作相应的生产设备，出售给目科生态，因此具有的权力较小，同时由于供应商之间的竞争性报价，在此阶段供应商的利润较少。可见，此阶段涉及的利益相关者相较于创意生成阶段有所增加。

（3）设计与开发阶段。首先是产品原型的开发，在这一过程中目科生态与南京林业大学签订合作协议，并设立生物质能源技术研发中心，研究如何有效利用农林废弃物并将其转化为无烟碳的产品。企业通过提供资金和人力等方式为南京林业大学的科研成果转化提供实践机会，同时南京林业大学提供智力支持，将研究成果应用到产品设计和企业实际的生产过程中，对生产技术和设备提出建议，最后委托设备供应商制造出符合需求的生产设备，实现合作创新。在本案例中开发产品原型这一过程的流程主要是目科生态高管人员向南京林业大学的学者传达期望的产品需求，由南京林业大学牵头完成生产设备的设计任务，再由高管根据公司实际情况和需求做出评估并提出反馈意见，经过与南京林业大学人员不断讨论和完善，确认最后设计方案，并将方案委托给合肥德博生物能源科技有限公司进行生产制造。其次是产品原型的测试，目的是提高产品投放市场的成功率，主要是通过测试，从中得到反馈，发现目前产品原型所存在的缺陷与不足，从而对现有的原型做进一步的完善。一方面，社区会对企业实际解决农林废弃物的能力进行判断和考量。经过测试发现，企业不仅妥善解决了大洋村的农林废弃物处理问题，而且能够为大洋村村民带来额外的收入和新的工作机会，所以在测试阶段得到了大洋村村民的支持。另一方面，通过产品测试还发现，客户对无烟碳产品有巨大需求，企业生产出的产品能够满足客户的使用需求，获得客户的喜爱。从社区和客户两方面分析可知，产品的原型设计不仅能够解决社会问题，还能为企业带来商业效益。企业高管人员需要对原型设计进行最后评估，衡量设计出的产品能否同时满足企业对社会利益和商业利益的双重需求。但经过原型测试才发现，目前设计出的生产设备耗电量过大、产量过低，从而导致企业运营成本过高，企业很难获得商业利润，这对于企业来说将非常不利。因此，企业又协同科研单位及设备供应商共同对设备进行了进一步改进和完善，最终投入生产的设备符合企业的成本预期。

在产品原型开发和测试中，企业高管人员、员工和委托的科研单位经过不断探索试错，最终完成了设备设计并通过了实际测试，对该项目的成功起了非常重要的作用。企业高管人员对提供的设计方案进行了审核和测试，并提出了改进建议，调整了最初的设计方案。合作科研单位则根据企业需求配合修改并提出专业的技术整改意见，最终为企业提供了可行的最佳方案。而设备供应商只需要根据设计方案制造出生产设备，就能够从中获得销售利润。在产品原型开发和测试中，企业员工表现出了很高的工作积极性，同时也得到了知识积累和能力提升的回报。客户由于对产品有巨大的需求且接受度很高，因此对产品非常满意。此外，在设计开发阶段，企业要充分考虑到社区、股东、政府部门的利益，通过满足他们的利益需求为项目的实施争取更多的资源。

（4）实施阶段。实施阶段涉及产品的生产、销售、推广等环节，直接关系到社会创新项目能否成功。企业股东和高管人员会密切关注此阶段的进程，甚至和企业员工一起参与到产品的生产、销售和推广之中，进行全过程的指导和监督，根据实际情况不断调整生产规模，创新销售方式，拓展销售渠道，并制订推广计划，从而确保实现企业的利润目标。企业高管人员亲自带头领队，为企业员工提供技术指导，鼓舞员工士气，使得员工能够在良好的工作氛围中得到技术和能力的提升。客户则是通过间接的方式参与到该阶段的工作中，他们对产品产量的需求较高，会对产品生产和供货周期有具体的要求，企业要根据和客户签订的合同在规定时间内提供符合要求的产品。设备供应商需要根据企业要求提供设备后期的保养和维护。大洋村农民作为原材料的供应商，不仅能合理解决果树残枝等农林废弃物的处置问题，还能获得额外的经济收入。在项目实施阶段，目科生态积极与政府进行沟通交流，配合政府相关部门的监管，推动农业技术进步和地方绿色经济发展，同时积极申报和参与政府部门的评奖活动，其创新项目被列为建德市十大农业项目和杭州市战略性新兴产业发展重点项目，目科生态还被评为建德市 2018 年农业龙头企业。因此，企业不仅获得了政府的关注和较高的评价，还争取到了相应的税收优惠和财政补贴。而在此过程中，南京林业大学作为合作方只需要提供智力支持，进一步研究如何帮助企业提高生产效率，降低生产成本，提高产品质量，同时履行合作协议规定的内容。

6.1.4 社会创新不同阶段的利益相关者管理策略

（1）创意生成阶段。良好的开端是成功的一半，该项目的成功很大程度上在于在创意生成阶段，企业能敏锐地发现问题和把握商业机会。该阶段的所有主要利益相关者都表现出较高的权力，也得到了相应较高的利益，企业对他们统一施行"动态保持"策略。企业的股东和高管人员对项目有较高的预期，并且倾注大量的资源和精力，能够领导和执行这个项目对他们来说不仅能提升能力和地位，更是成就自己事业的好机会。企业仍可以通过承诺项目成果后的奖励等方式提高预期利益。对于外部的社区村民、工商局、税务局、环保局等利益相关者，企业项目负责人需要保持与他们的交流沟通，增加他们对企业的了解，争取他们的信任和支持，提高他们对项目成功的预期。

（2）创意评估阶段。创意评估阶段是该项目的关键阶段，因而备受重视，所涉及的两个主要利益相关者——企业员工（主要包括生产、研发和销售人员）和客户（国内日料和烧烤店商）都处在第Ⅳ类的理想位置，可以采取"取得关注"策略。生产、研发和销售人员会根据工作经验和市场需求对产品进行评估，通过调研和评估的过程展现专业技能，同时也扩展了业务范围，为企业提供了可靠专业的评估报告，一旦报告被采用和接受，将获得成功晋升和荣誉等精神鼓励，从而获得更好的发展机会。项目负责人在保证这些精神鼓励的同时，可以在物质上对他们进行适当的激励，比如对出色完成评估任务并提出建设性意见的人员予以奖金鼓励。此外，国内高档日料店作为潜在客户，企业需要充分、全面地了解和调研其对生物质燃料质量的要求和产量需求，尽量满足客户对产品质量和产量的预期，并且与客户保持良好的关系。

（3）设计与开发阶段。设计与开发阶段是该项目的核心阶段，受到政府部门和企业各级人员的重视。该阶段中最重要的利益相关者包括政府、股东高层管理人员、研发人员和科研合作单位南京林业大学都体现出了较大的权力和利益，企业仍对他们采取"动态保持"策略。不过考虑到更好的平衡，可以适当增加其利益，比如在该阶段完成后再对相关人员予以荣誉或奖金等激励。由于市场上对产品供不应求，存在大量的潜在客户，而能提供设备生产的供应商也较多，企业对客户和供应商都有很大的选择余地，且企业还具有很强的议价能力。客户和供应商在此阶段对于利益的要求比较低，对他们只需要采用"最小努力"的策略。此外，社区期待通过为企业提供场地、人力、原材料等支持获得应得的经济和社会利益，企业要采用"动态保持"策略，与社区保持良好的沟通与互动，获得大洋村村民的信任和支持，在项目推进的过程中帮助社区解决农林废弃物处置问题，同时推动地方经济发展。

（4）实施阶段。实施阶段的完成标志着该项目的成功，企业的股东、高管人员的利益全部得到实现，员工对经济收益有较高的预期，但他们在该阶段对项目的热情已经冷却下来，项目负责人要趁着较高的利益回报再次"取得关注"。企业要鼓励员工在生产过程中，与客户实现充分沟通交流，发现新问题，产生新想法，为以后产品创新和设备改进提供依据和灵感；督促销售人员定期与客户沟通，及时了解产品使用情况，与其建立持久稳定的关系，以争取下一个订单。供应商和社区在此阶段都获得了预期的利益，企业要争取"取得关注"，通过与供应商、社区维持良好的合作关系，在项目实施过程中获得供应商的重视及社区更多的支持，推动项目的发展。在此阶段，政府和客户仍是重要的利益相关者，项目负责人要继续采用"动态保持"策略。企业需要及时向相关政府部门汇报和沟通，了解政府部门对项目的评价，争取有力的政策支持和优惠补贴。对于长期稳定的客户给予的反馈意见企业应当予以重视，跟进问题的解决，通过提供优质的产品和服务，使得客户对企业保持较高的满意度，从而保证稳定的销售渠道。

6.1.5 结论与启示

（1）在社会创新过程中，加强与利益相关者的合作。随着社会问题的复杂化，社会创新会涉及众多利益相关者，他们在社会创新过程中难免会产生冲突，从而阻碍社会问题的解决，阻断社会创新的进程。其中，企业社会创新的利益相关者一般会涉及三类：第一类与企业运营直接相关，包括股东、高管人员、员工、竞争者、债权人、供应商及客户；第二类是政府；第三类则是社会，包括协会/组织/特殊群体、社区、环境、基金会、媒体及科研单位。企业社会创新不仅需要各利益相关者的共同参与，更需在他们之间构建良好的合作关系，使所有的利益相关者能协同合作，帮助企业在获得经济利益的同时有效解决社会问题。

（2）保持社会创新过程中利益相关者的利益和权力的动态平衡。利益相关者的利益和权力会随着企业社会创新过程的不同阶段而发生变化，企业要密切关注这些利益和权力的变化状况，特别是当利益和权力不对称时，即利益高于权力（第 III 象限）或利益低于权力（第 I 象限）时。企业面对利益和权力不对称的利益相关者时，需遵守的管理基本原则是努力实现利益和权力的平衡，即当利益高于权力时，通过降低利益或提高权力进行调节；当利益低于权力时，通过提高利益或降低权力来调节。总之，要始终关注不同阶段利益相关者的利益和权力的变化情况，尽可能地平衡其利益和权力。

（3）社会创新的利益相关者管理工作要从战略着手，根据利益相关者类型选择相应的管理模式和方法。根据利益和权力两个维度，将社会创新的利益相关者分为确定型利益相关者（第Ⅳ类）、预期型利益相关者（第Ⅰ类、第Ⅲ类）和潜在型利益相关者（第Ⅱ类）。针对不同类型的利益相关者，建议分别采用"动态保持""使得满意""取得关注"和"最小努力"的策略，来动态保持企业与利益相关者之间的良好关系。

6.2 利益相关者网络视角下的企业社会创新过程：九仓再生案例分析①

企业社会创新的利益相关者关系本质上是一种利益和权力关系，其构成的网络被称为利益相关者网络。本节基于利益相关者网络理论，运用社会网络密度、结点度和中心性的计算方法，对九仓再生的垃圾回收项目中社会创新过程的不同阶段进行详细的案例研究。得出的结论是，在企业社会创新过程中由利益相关者权利关系决定的网络密度、结点度、中心性因不同阶段而演化，并在社会创新过程的4个阶段中产生不同的影响。

6.2.1 案例背景、问卷调查与计算方法

（1）案例背景。九仓再生成立于2015年7月，当年11月，企业打造了"互联网＋再生资源回收"的线上回收服务平台——"虎哥回收"，开创了城市生活垃圾分类和再生资源回收的新模式。在试运行的4个月里，试点范围内居民平均参与率近90%，平均每户家庭每天回收垃圾量达到0.9千克，同期生活垃圾减量达26%。该项目通过对线上回收服务平台和线下物流平台的整合，构建了一体化的废弃物回收体系，克服了以废品回收站为中间交易平台这一传统回收模式的高成本、低效率的缺陷，破解了城市生活垃

---

① 本节内容已被《科研管理》录用，见盛亚、蒋旭弘：《利益相关者网络视角的企业社会创新过程：案例研究》。

圾分类和再生资源回收的困局。目前该模式仅杭州余杭区就有 134 个站点。其主要业务流程如图 6-4 所示。

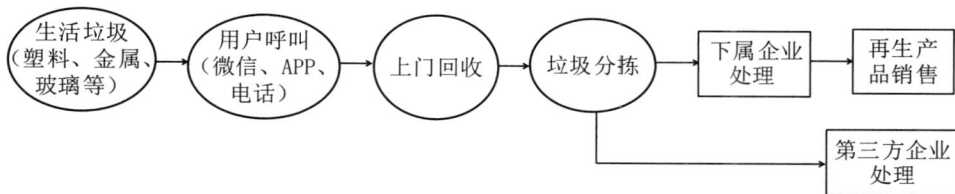

图6-4　九仓再生垃圾回收业务流程

九仓再生社会创新的利益相关者，主要包括与企业运营直接相关的股东、高管人员、员工、供应商、客户、合作机构及社区和政府。九仓再生属于民营企业，创办人唐伟忠总经理是公司的唯一股东，公司高管人员分别是总经理、常务副总、网点运营部总监、技术运营部总监、品牌运营部总监、财务部总监和综合管理部总监；员工主要分为网点运营部人员、技术运营部人员、品牌运营部人员、财务部人员及综合管理部人员；供应商包括原材料供应商（提供居民生活垃圾）和设备供应商；客户包括各大建材公司、包装公司等；合作机构为浙江大学；政府部门主要包括环保局、城管会等；社区是指公司原材料供应商所在的社区。

（2）资料收集与计算方法。社会网络分析是一种运用模型和参数的社会学研究方法，分析的数据是行动者之间的关系数据，收集方法有两种：一种是自我中心社会网络数据的收集方法，主要用问卷调查的方法来收集数据；另一种是整体网络的数据收集方法，包括访谈法、问卷法、档案法、二手文献法、观察法和实验法等。本研究的利益相关者网络属于整体网络，我们主要运用网络密度、结点度和中心性［包括程度中心度（Degree）、中介中心度（Betweenness）和接近中心度（Closeness）］指标来掌握企业社会创新各阶段的利益相关者网络的结构特征和属性特征，数据的收集方法主要选用了问卷调查法，并以访谈和新闻媒体报道作为补充。

问卷发放对象主要是九仓再生内部的工作人员，包括高管人员、中层领导和普通员工。作为企业社会创新的参与者，他们掌控着企业社会创新的总过程，对各个阶段有着更加详细的了解，与其他利益相关者有不同程度的接触，能比较准确地评价各阶段利益相关者的权利关系。本次共发放和回收有效问卷 78 份，回收率 100%，其中高管人员 8 份（董事长和总经理作为不同身份填写 2 份），中层领导 10 份，普通员工 60 份。在数据处理时，根据调查对象在公司内部所处的层级进行赋权，层级越高权重越大，再对社会创新各阶段利益相关者的权利关系评分进行加权平均。同时，对企业内部高管人员及利益相关者进行访谈，并搜集媒体的报道资料，最终得到权利关系整体网络密度（见表 6-2）和网络数据矩阵。权利关系的调查数据取值分别为 0，1，2，其中 0 表示各利益相关者的权利关系较弱或没有权利关系（弱权利关系），1 表示各利益相关者的权利关系一般（中等权利关系），2 表示各利益相关者的权利关系密切（强权利关系，如提供良好的信息途径、利益沟通渠道及技术和知识，有长期的权利支持或合作，有明显的权利分级等）。

表 6-2　九仓再生社会创新项目各阶段主要利益相关者权利关系的整体网络密度

整体网络密度 企业社会创新阶段	平均值（Avg Value）	标准差（Std Dev）
创意生成阶段	1.2000	0.7483
创意评估阶段	1.2857	0.5890
设计与开发阶段	1.3214	0.6576
实施阶段	1.3000	0.7810

6.2.2 创意生成阶段

（1）网络整体分析。杭州是全国首批试点垃圾源头分类管理的城市之一，然而杭州城市固体废弃物总量一直居高不下。大宗商品价格持续走低导致废品回收行业的利润率不断下降，"五水共治""三改一拆"等城市建设大大压缩了废弃物经营场所，流动商贩和私人回收站的关闭导致以路边拾遗为谋生手段的拾荒者大量减少。"G20 峰会"落户杭州后，浙江省各级政府进一步推进了包括场馆建设、环境整治等各项筹备工作，其中很重要的一项是城市生活垃圾的处理。公司高管人员察觉到企业发展机会，生成最初设想。这一阶段主要是对利益相关者的隐形期望和社会前沿期望的感知阶段，涉及的利益相关者主要有股东、高管人员、政府、社区和合作机构，针对其权利关系网络数据矩阵，本研究运用 Ucinet 社会网络绘图软件中的 netdraw 功能绘制出整体网络关系图，经过可视化处理的网络关系如图 6-5 所示。①结点度分析。高管人员和政府（图 6-5 中的三角形）的结点度均为 4，合作机构和社区（图 6-5 中的正方形）的结点度均为 3，股东（图 6-5 中的圆形）的结点度为 2。这说明高管人员和政府的权利关系强，合作机构和社区的次之，股东与其他利益相关者的权利关系最弱。②密度分析。表 6-2 表明，此阶段的权利关系网络密度平均值为 1.2000，接近于 1，标准差为 0.7483，表明在该阶段，利益相关者之间整体的权利关系不是很强，且利益相关者之间的权利关系的差异较大。③中心性分析。从表 6-3 可以看出，高管人员在整体网络中的程度中心度最高，为 7.000，表明其拥

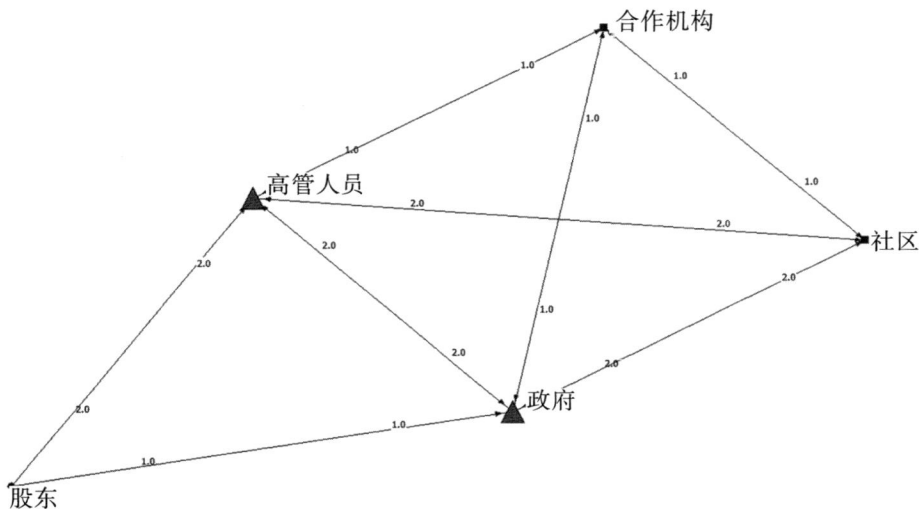

图 6-5　创意生成阶段主要利益相关者权利关系的网络结构

有很大的权利；高管人员的中介中心度为 1.000，与政府的相同，在利益相关者中最高，说明这两者对其他利益相关者的控制能力较强；另外，高管人员和政府的接近中心度也相同，为 4.000，在网络中最低，说明在该阶段这两者具有较强的获得资源、信息的权利。相比之下，股东在该阶段的中心性程度较低，相应的权利也较小。

表 6-3　创意生成阶段主要利益相关者权利关系的网络中心性

中心性指标 利益相关者	程度中心度	中介中心度	接近中心度
高管人员	7.000	1.000	4.000
政府	6.000	1.000	4.000
社区	5.000	0	5.000
合作机构	3.000	0	5.000
股东	3.000	0	6.000

（2）利益相关者的权利分析。①企业高管人员显示出较强的权利，其对创意生成的作用明显，主要体现在对社会机会的识别和把握上。他们具有强烈的社会责任感和使命感，认识到应当为解决城市生活垃圾回收问题做一定的贡献；能够敏锐觉察到生活垃圾回收项目的营利空间，感知到该项目在社会和企业的双赢发展契机。②政府也显示出较大的权利，其对创意生成有很大的推动作用，主要体现在：一是大力倡导生活垃圾回收再利用向规范化、产业化发展，出台相关政策性文件，给予政策扶持（如免征营业税、给予补贴等）；二是通过对企业社会责任和创新成果等方面的评比活动，激励企业进行社会创新。长期以来，垃圾源头分类和再利用效率低下，采用填埋方式处理垃圾非常占用土地，也没有利用价值，焚烧又会对空气环境造成严重污染。因此，良好地解决生活垃圾分类回收再利用问

题是政府的一种隐形期望。③社区对创意生成有一定的助推作用。由于居民垃圾分类回收意识低下，垃圾回收处理再利用效率不高，家庭中一些废旧的大型电器、家具等往往堆在公共垃圾桶旁，影响居民生活和社区形象。渴望解决这些问题是社区的一种隐形期望，但社区对寻求有效的解决措施却保持观望状态。④合作机构促进了创意生成。九仓再生目前的主要合作机构是浙江大学。大学期望能够与企业合作，建立试点并进行成果推广。一方面，期望为企业实践提供相应的理论指导，将学术运用于实际；另一方面，期望通过实践反馈，为现有成果的完善和后续的深入研究奠定基础。⑤股东对创意生成的作用较小，显示出较低的权利。股东理应起着决定性作用，但据访谈得知，在做出重大决策或战略时，往往由企业高管人员各抒己见，然后对每个人的观点进行评述，再选出一致认可的观点上报股东，最终由股东决定。就这种决策程序来说，股东在创意生成阶段的参与程度较低，对其他利益相关者的控制能力较小。当然，由于股东作为总经理参与决策，其主导作用还是很明显的。

6.2.3 创意评估阶段

（1）网络整体分析。识别到机会后，需要对创意进行评估，主要从社会影响和商业机会两方面考量。从社会影响来看，该项目能够在一定程度上解决杭州市的生活垃圾分类回收问题，也符合政府提倡的建设资源节约型和生态型社会的政策。从商业机会来看，主要从市场环境、技术能力、产品需求及产品获利状况四个方面衡量。创意评估阶段的主要利益相关者有股东、员工、高管人员、社区、政府、供应商、合作机构及客户。针对其权利关系网络数据矩阵，本研究运用 Ucinet 社会网络绘图软件中的 netdraw 功能绘制出整体网络关系图，经过可视化处理的网络如图 6-6 所示。①结点度分析。股东、高管人员、政府和员工（图 6-6 中的正方形）的结点度均为 7，社区、合作机构、供应商和客户（图 6-6 中的圆形）的结点度均为 6。这说明股东、高管人员、政府和员工与其他利益相关者的权利关系较多，社区、合作机构、供应商及客户与其他利益相关者的权利关系

较少。②密度分析。通过图 6-6 可以看出，创意评估阶段涉及的利益相关
者及他们之间的联系较多。从表 6-3 可以看出，创意评估阶段，权利关系
网络密度的平均值为 1.2857，标准差为 0.5890，网络密度平均值较创意生
成阶段有小幅上升，网络密度标准差有所下降，这表明在该阶段，网络中
的利益相关者之间整体权利关系较创意生成阶段更加紧密，且利益相关者
之间权利关系的差异有所减小。③中心性分析。从表 6-4 可以看出，在创
意评估阶段，股东在整体网络中的程度中心度最高，为 12.000，说明其是
整个网络中的核心人物，拥有很大权力。其次是高管人员、政府等。股东、
高管人员、政府及员工的中介中心度在整体网络中较高，说明他们对网络
中其他利益相关者的控制能力较强。另外，股东、高管人员、政府及员工
的接近中心度在整体网络中较低，说明在该阶段，他们具有较强的获得资源、
信息的权利。相比之下，合作机构、供应商及客户在该阶段的中心性程度
较低，相应的权利也较小。

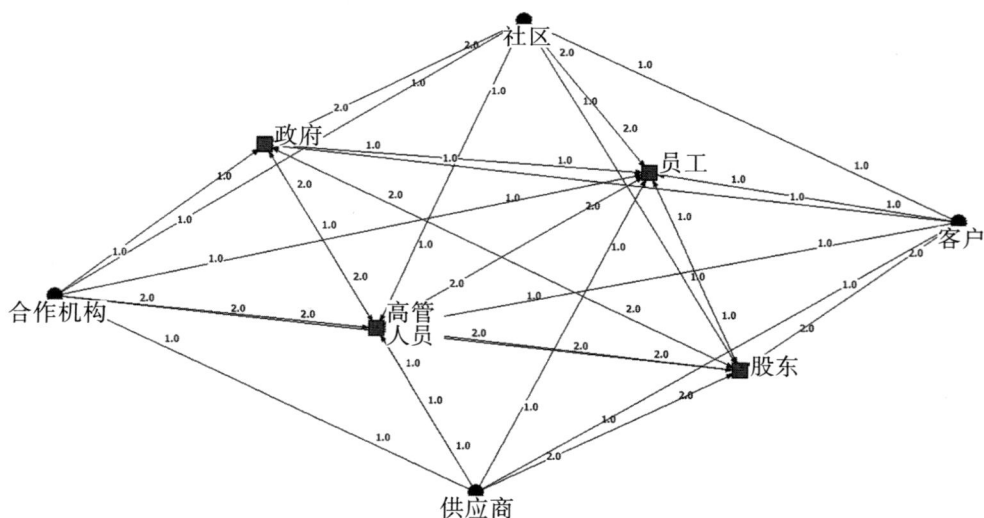

图 6-6　创意评估阶段主要利益相关者权利关系的网络结构

表 6-4　创意评估阶段主要利益相关者权利关系的网络中心性

中心性指标 利益相关者	程度中心度	中介中心度	接近中心度
股东	12.000	0.333	7.000
高管人员	11.000	0.333	7.000
政府	10.000	0.333	7.000
员工	9.000	0.333	7.000
社区	8.000	0.167	8.000
合作机构	8.000	0.167	8.000
供应商	7.000	0.167	8.000
客户	7.000	0.167	8.000

（2）利益相关者的权利分析。创意评估阶段出现了新的利益相关者（员工、客户和供应商），权利关系也发生了变化。①股东权利水平较前一阶段有了很大提高，成为整体网络的核心（股东有权决定是否对社会创新项目投入资金，同时拥有制订具体决策或战略时的最终决定权；股东也是社会创新的最大受益者，并最终在股利分红中体现）。②高管人员的权利水平较之前没有明显变化，仍然很高。高管人员需要对创意做出合理评估，制订具体战略及把控整个创新过程，利益主要体现在奖金和非物质的威信、荣誉等上面。③员工是社会创新的参与者，影响社会创新的过程和成果的输出，具有较大的权利，其利益主要体现在创新带来的奖励和荣誉等。④政府的权力有一定程度的上升。社会创新需要得到政府的批准和支持，在制定相关政策及立项奖评中也都体现较大的权力。同时，社会创新促进了环保产业和社区的发展，在税收、就业、解决城市生活垃圾污染等多方面满足了政府的利益诉求。⑤社区的权利没有明显变化，处于权利分布的中间地位。社区为企业提供如生活废弃物、人力及土地等资源，企业也为社区提供就业岗位、解决生活垃圾污染等问题。⑥合作机构的权利有所增加。

合作机构为企业提供各种信息和技术支持，同时通过参与创新也可以得到经济利益，实现学术成果的落地。⑦客户的权利较低。企业与客户的接触还不是很紧密，客户为企业提供的有用信息少，企业也还未能给客户提供实际利益。⑧供应商的权利较小。供应商主要根据企业和合作机构的要求提供设备，满足企业生产所需，并获得一定的利益回报。

6.2.4 设计与开发阶段

（1）网络整体分析。九仓再生组建了自己的软件开发团队，打造"互联网＋生活垃圾分类＋回收"服务平台——"虎哥回收"，并与浙江大学合作，研发生活垃圾分类回收和再利用的技术，委托有关公司生产相关分拣和再生产设备，并通过领先用户进行测试，进一步对最初设想进行改进和完善。这一阶段主要通过整合外部和内部环境资源，从中获取设计知识与能力，组织利益相关者进行设计与开发。设计与开发阶段涉及的主要利益相关者有股东、员工、高管人员、社区、政府、供应商、合作机构及客户。针对其权利关系网络数据矩阵，本研究运用 Ucinet 社会网络绘图软件中的 netdraw 功能绘制出整体网络关系图，经过可视化处理的网络如图 6-7 所示。①结点度分析。股东、高管人员、客户（图 6-7 中的三角形）的结点度均

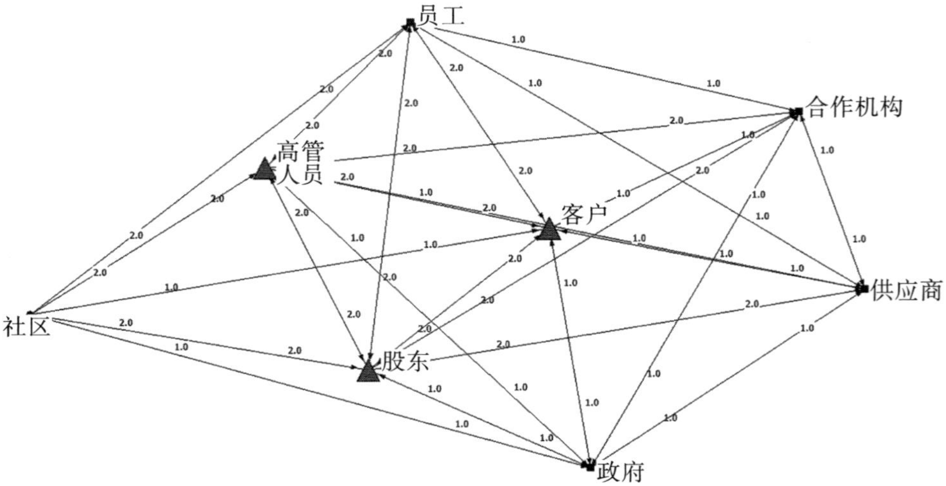

图 6-7 设计与开发阶段主要利益相关者权利关系的网络结构

为 7，员工、合作机构、政府及供应商（图 6-7 中的正方形）的结点度均为 6，社区（图 6-7 中的圆形）的结点度为 5。这说明股东、高管人员和客户与其他利益相关者的权利关系较多，员工、政府、合作机构及供应商的权利关系次之，社区的权利关系最少。②密度分析。通过图 6-7 可以看出，主要利益相关者较创意评估阶段没有变化，但权利关系较多。从表 6-2 可以看出，设计与开发阶段的权利关系网络密度平均值为 1.3214，标准差为 0.6576，网络密度平均值较创意评估阶段有小幅上升，网络密度标准差也有所上升，这表明在该阶段，利益相关者网络中的整体权利关系较创意评估阶段更加紧密，但权利关系的差异性有所增强。③中心性分析。从表 6-5 可以看出，股东在整体网络中的程度中心度仍然最高，为 13.000，其次是高管人员、员工、客户等。股东、高管人员和员工的中介中心度在整体网络中较高，说明他们相对其他利益相关者有较高的权利。另外，股东、高管人员及员工的接近中心度在整体网络中较低，说明在该阶段，他们具有较大的获得资源、信息的权利。相比之下，供应商和政府在该阶段的中心性程度较低，相应的权利也较小。

表 6-5　设计与开发阶段主要利益相关者权利关系的网络中心性

中心性指标 利益相关者	程度中心度	中介中心度	接近中心度
股东	13.000	0.567	7.000
高管人员	12.000	0.567	7.000
员工	10.000	0.567	7.000
客户	10.000	0.400	8.000
合作机构	8.000	0.400	8.000
社区	8.000	0.167	8.000
供应商	7.000	0.167	8.000
政府	6.000	0.157	9.000

（2）利益相关者的权利分析。本阶段利益相关者的权利关系与创意评估阶段相比，主要有以下变化：①政府的权利水平大大降低。②员工承担了主要的设计与开发任务，如"互联网＋再生资源回收平台——虎哥回收"应用 APP 的开发及分拣、再生产设备的研发等，权利水平较上一阶段有所提高。③合作机构也参与了设计与开发工作，权利水平上升。④客户对最终形成的产品和服务进行检验，确定其是否符合要求，并对产品提出意见，对企业社会创新的影响增大。客户在本阶段的权利水平较上一阶段有很大提高。

6.2.5 实施阶段

（1）网络整体分析。在本阶段，企业主要通过上门宣传的方式向居民普及垃圾分类知识及回收流程，同时发放"虎哥回收"垃圾专用袋。当用户需要回收时，可直接在虎哥 APP、虎哥回收微信号、虎哥官网上申请回收，或打 400 客服电话呼叫虎哥上门回收。企业还在各主城区设立虎哥回收中转站。此外，企业还通过进校推广、媒体宣传等形式扩大影响，及时根据利益相关者的反馈进行再评估和调整（参见图 6-8）。这个阶段涉及的利益相关者主要有政府、社区、客户、高管人员及员工，针对其权利关系网

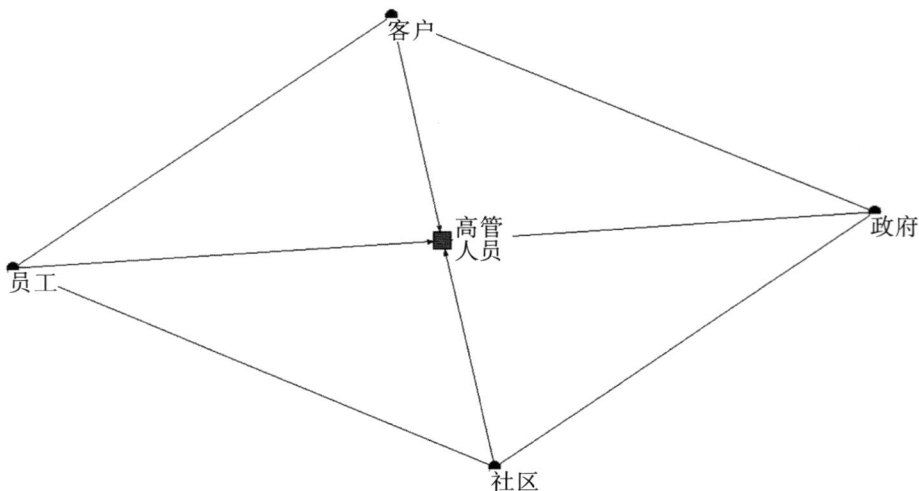

图 6-8　实施阶段主要利益相关者权利关系的网络结构

络数据矩阵，本研究运用 Ucinet 社会网络绘图软件中的 netdraw 功能绘制出整体网络关系图，经过可视化处理的网络如图 6-8 所示。①结点度分析。高管人员（即图 6-8 中的正方形）的结点度为 4，员工、客户、社区和政府（图 6-8 中的圆形）的结点度均为 3。这说明在实施阶段，高管人员与其他利益相关者的权利关系较多，员工、客户、社区和政府的权利关系较少。③密度分析。通过图 6-8 可以看出，主要利益相关者及其关系较少。从表 6-2 可知，实施阶段的权利关系网络密度的平均值为 1.3000，标准差为 0.7810，网络密度的平均值较设计与开发阶段有小幅下降，网络密度标准差有所上升，这表明利益相关者之间的整体权利关系稍有松散，且权利关系的差异性达到社会创新过程中的最大值。③中心性分析。从表 6-6 可以看出，在实施阶段，高管人员的程度中心度最高，为 7.000，表明其拥有很大权利；其的中介中心度为 0.667，处于利益相关者网络中的最高水平，表明其拥有的权利最大；其接近中心度为 4.000，在网络中最低，说明其具有很强的获得资源、信息的权利。相比之下，政府的中心性程度较低，相应的权利也较低。

表 6-6　实施阶段主要利益相关者权利关系的网络中心性

中心性指标　　　利益相关者	程度中心度	中介中心度	接近中心度
高管人员	7.000	0.667	4.000
员工	6.000	0.333	5.000
客户	5.000	0.333	5.000
社区	4.000	0.333	5.000
政府	4.000	0.333	5.000

（2）利益相关者的权利分析。在此阶段，利益相关者的权利关系较上

一阶段呈现出的变动有：①合作机构在配合企业完成相应的设计与开发任务后，权利水平逐渐降低；②供应商在完成相应的设备生产后，影响程度降低，权利水平降低；③政府对企业进行相应的监督和检验，对企业的影响加大，其权利水平也有所提高。

6.2.6 研究结论

通过上述研究，本章得出以下主要结论：

（1）社会创新过程是合作开放而不是封闭单独的，社会创新的运作主体多元并存，只有全社会多元参与和合作创新，才能从根本上提高社会创新实践的成效和前景。一般而言，社会创新的主要利益相关者有三大主体：政府、企业和社会组织，它们各自以其权威性、营利性和合法性发挥着作用。本研究验证了这个结论，并进一步认为合作机构、供应商、客户、员工也是不可或缺的利益相关者。

（2）企业社会创新过程的4个阶段中，利益相关者有着不同的权利诉求，如创意生成阶段的社会前沿期望和利益相关者的隐性期望，创意评估阶段的社会影响和商业机会评估以明确商业潜力和社会反响，设计与开发阶段的原型测试以更好地验证消费者的兴趣或创意的效果和实用性，以及实施阶段的创新设计方案逐步推出以更好地适应市场。但不同的利益相关者有着各自不同的具体的权利诉求，进而构成不同的权利关系和网络，如四个阶段中不同利益相关者的权利水平分别是，高管人员的"强—强—强—强"，政府的"强—强—弱—弱"，社区的"中—中—中—弱"，股东的"弱—强—强—弱"等。

（3）由利益相关者的权利诉求形成的权利关系及其构成的网络，随着阶段的不同而演化，对企业社会创新过程产生重要影响。因此，企业需要协调处理好各利益相关者之间的权利关系，为社会创新提供足够的动力。

第 7 章

利益相关者"资源—关系—网络"视角下的社会创新过程

本章基于利益相关者主体属性、关系属性和网络结构属性，对社会创新过程每个阶段的利益相关者进行识别，分析各个阶段的资源、关系和网络，以期打开社会创新过程的黑箱。在构建理论模型的基础上，本章采用案例研究方法进行研究，选取的案例包括杭州市垃圾分类回收项目——绿色浙江"智慧绿房"（社会组织）、庆和社区垃圾分类回收项目（政府）和九仓再生垃圾回收项目（企业），其中九仓再生已在第 6 章进行了详细研究，本章只在跨案例分析中涉及。本章通过对不同阶段的利益相关者网络的资源、关系和结构进行分析，剖析具体的社会创新过程。最后进行跨案例分析，总结社会创新过程模型及不同主体主导的社会创新过程的差异。

7.1 理论框架与研究设计

本章通过理论推演，定义核心变量，构建出利益相关者"资源—关系—网络结构"的社会创新过程理论框架（见图 7-1）。其中，社会创新过程前文已有详细阐述，下文重点分析利益相关者的资源属性、关系属性和网络属性。

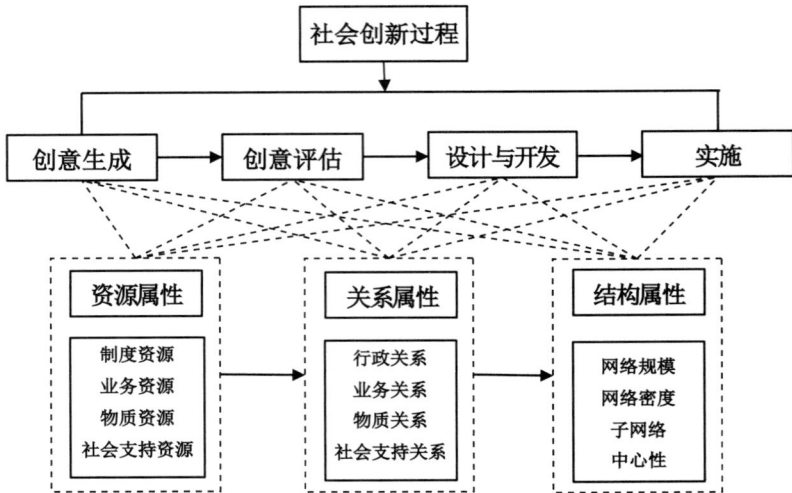

图 7-1　理论框架

7.1.1 社会创新的利益相关者资源属性

企业建立社会网络的根本目的是获取资源。社会创新不同阶段涉及的主体及其利益相关者有所差异，他们相互联系，构成了复杂的利益相关者网络。利益相关者网络是以获取资源为目的的（Rowley，1997；林曦，2010），日益成为社会创新者获取合适资源的新的有效途径，因此识别利益相关者的主体资源属性是构建网络的第一步。

利益相关者的主体属性有不同的界定，如财产属性、资源属性、专用性资产。尽管学者们对主体属性的认知不尽相同，但都是以资源依赖理论为基础的。社会创新的主体是一个多元化的构成，这些主体要在面临社会问题时，动员人们在有限的现有资源下寻求突破性的解决方案（张强等，2013）。本研究借鉴 Mitchell（1997）的观点，以资源属性作为对社会创新的利益相关者网络分析的起点。

社会创新的资源获取渠道与技术创新不同（孙启贵等，2008），社会创新由于其双重目标和多主体参与的特点，创新资源的种类也有其特殊性[①]。社会创新由政府系统、市场系统、公民社会系统三大主体参与(何增科,2010),因此按政治、经济、社会维度将资源划分为制度资源、业务资源、物质资源和社会支持资源四类。其中,制度资源是政府部门提供的资源,属于政治维度;业务资源和物质资源与社会创新项目的运营相关,属于经济维度;社会支持资源则来自公民与社会团体的支持,属于社会维度。

(1)制度资源。政府作为社会创新的三大主体之一,为实现特定的社会目标,会投入一定的制度资源。政府提供制度资源的主要形式有公益创投、社会购买服务等(杨继龙,2016)。公益创投是社会组织根据社会公共需求设计公益项目,获得政府提供的政策、资金等资助,提供公共服务的活动。政府购买服务是政府与社会或企业通过项目合作,推动公共事业发展的活动。制度资源具有公共性,受益范围较广(邓新明,2009)。具体来说,制度资源包括政策供给、税收减免、财政补贴、法律保障和孵化支持等。

(2)业务资源。业务资源是社会创新项目运营过程中所需的资源,包括业务信息、业务渠道、业务支持等(王庆喜等,2007),可以直接用于组织的运作,来创造其他资源,如技术等生产型资源,也可以用来获取其他资源,但并不直接用于生产过程,如工具型资源(蔡莉等,2007)。具体来说,业务资源包括融资渠道、市场信息、人力资源、管理策略和关键技术等。

(3)物质资源。物质资源是指企业运营过程中所必需的有形资产(雷定安等,2006)。在社会创新项目中,物质资源也是重要组成部分,具体包括资金、场所、设备等生产要素。

(4)社会支持资源。"当一个刻板而又封闭的政府官僚结构与一个私人公司签订一份服务合同的时候,公民仍然是通过一条狭长鼓励的渠道接受服务",单靠政府、企业等并不能完全解决公共服务的供给问题。社会创新是有社会及公民广泛参与和支持的过程,因此社会支持资源也是社

[①] 与商业创新的逐利逻辑不同,社会创新面临着更严峻的资源短缺问题,因而出现了用资源拼凑(bricolage)理论提出解决办法。该理论包括三个核心概念:手头资源、将就使用和资源重构。参见斯晓夫等(2019)。

创新过程中重要的组成部分。根据巴勒内尔对社会支持形式的分类，社会支持资源主要有物质帮助、行为支持、信息指导与建议、尊重与互动、反馈等（周林刚，2009）。具体来说，社会创新过程中，社会支持资源主要包括公民社会提供的社会需求信息、舆论支持等。

社会创新过程中利益相关者投入的资源具有异质性，且不同阶段的社会创新所需资源也有所不同。在创意生成阶段，要重视对社会问题和社会需求的识别，关注利益相关者的隐性期望（刘宝，2011），社区、社会公众等的需求和政府政策的导向是创意生成的源头，此时社会支持资源和制度资源是关键资源。在创意评估阶段，合规性评估需要相关政府机关参与审核，社会性评估则需要社会组织、社区、公民等广泛参与，商业性评估需要对市场投资环境和获取资源的能力做出评估。因此这一阶段制度资源、社会支持资源和业务资源较为重要。设计与开发阶段，要对社会创新项目进行设计与原型开发，需要供应商、科研机构、社会组织等共同参与和研讨，这一阶段的业务资源和物质资源是关键资源。实施阶段，要提高对社会创新项目的认可程度，需要与客户、社区、公众等重要利益相关者沟通，不断改进并扩大规模，这一阶段的关键资源是业务资源、物质资源和社会支持资源。

7.1.2 社会创新的利益相关者关系属性

本研究将社会创新的利益相关者网络关系定义为，对社会创新项目投入一定资源，参与社会创新过程的组织（个人）嵌入网络的二元关系总和。利益相关者因向社会创新项目投入了资源而享有权利，因此参与到社会创新过程中，并与其他利益相关者产生了联系。与资源拥有者建立社会关系（石秀印，1998），是社会创新主体获取资源、并实现社会目标和经济效益的基础。基于利益相关者的资源属性，本研究将网络关系分为四类：行政关系、业务关系、物质关系和社会支持关系。其中，根据林曦（2010）对利益相关者关系维度的分类，行政关系和社会支持关系属于社会—政治维度的利益相关者关系，业务关系和物质关系属于经济维度的利益相关者关系。

（1）行政关系。行政关系是政府投入制度资源而与其他利益相关者产生的联系。政府利用法律法规、政策制度等优势资源，与企业、环保组织、行业协会、社会公众等利益相关者形成相互关系。政府投入制度资源，为其他利益相关者提供支持与帮助的同时，对其他利益相关者享有规制、监督等权力。

（2）业务关系。业务关系是利益相关者投入业务资源而与其他利益相关者产生的联系。在社会创新项目的运营中，通过拓展融资渠道、获取市场信息、提供管理策略、共享技术诀窍等让利益相关者之间形成了某种业务关系。这种业务关系促进了技术成果转化、经济效益的实现，并达到各自目标的实现。

（3）物质关系。物质关系是由于投入物质资源而与其他利益相关者产生的联系。这里的物质资源的投入主要包括资金、场地、设备等物质的投入，并获取一定的经济或社会回报。

（4）社会支持关系。社会支持关系是由于投入社会支持资源而与其他利益相关者产生的联系。社会公众、公益组织等的参与与互动形成了利益相关者之间的社会支持关系，其是社会创新得以实施并扩散的基础。

7.1.3 社会创新的利益相关者网络结构

网络中存在多种关系嵌入，从而形成了一定的网络结构，实现了从二元关系到多元网络的转化。网络结构分为宏观、中观、微观层次，包括宏观层次的整体网络，以及密度、规模、结构洞、开放性等，中观层次的子网络或网络子群，微观层次的某个特定利益相关者的中心性等。

网络规模（Network Size）是对网络大小的衡量，它决定了网络中行动者可以有效利用的关系数，并影响行动者从网络中获取资源的程度。一般情况下，网络规模越大，网络中所蕴含的潜在资源就越充足（王馨等，2013）。网络规模为行动者提供接近资源机会的同时，还受到其他行动者的监督和约束。在社会创新的利益相关者网络中，网络规模越大，行动者就越能从中获得更多的资源与利益，但同时也会受到多方利益相关者的约束。

　　中心性是社会网络分析方法的测量指标，其用来描绘某一结点在网络中的位置及其对其他结点的影响力。在社会创新的利益相关者网络中，中心性指标可以刻画某个利益相关者在网络中的位置、评价其对网络内其他利益相关者的影响。基于以上分析，可以选用中心性指标来度量某个利益相关者在社会创新的利益相关者网络中的重要程度。一般而言，中心性指标的测算包括点度中心度、接近中心度和中介中心度三种不同的测算方式。本章主要用点度中心度来测量社会创新的利益相关者网络的中心性。网络中心性反映了网络结点对网络中资源交换的控制力（林曦，2013），对社会创新项目负责方来说，利益相关者投入的资源越重要，他对资源的依赖程度就越高，从中获取的利益越多，享有的权力也越多，能够控制和调动的资源也越多，此时掌握该资源的利益相关者的中心性会提高，其所占据的位置所赋予它的网络权力也就越大。

　　为了考察网络中的利益相关者关系，本研究拟用网络密度来测量网络内部利益相关者关系的紧密程度。网络密度代表的是，社会网络中实际存在的关系占所有可能存在的关系的比例。在网络内部当利益相关者拥有相同或相似的利益与权力时，他们往往会采取一致行动，在网络密度提高的情况下，会增强对处于中心地位的行动者的行为的约束，这有利于各种标准和价值观在网络内扩散（Rowley，1997）。

　　网络密度反映网络成员之间关系的紧密程度。在某一阶段，网络中的利益相关者的数量增加，且拥有相同或相似的利益或权力时，他们往往会以群体的形式采取行动，此时会增加整个网络的密度（Rowley，1997），同时利益相关者对处于中心位置的行动者的约束能力也会随着网络密度的增加而增强。网络密度和中心性呈现出此消彼长的关系，无法同时达到最大化。因此，网络密度较高时，往往不会出现单主体的高中心性，可能会出现多主体的高中心性。

　　因此，不同阶段的利益相关者的资源、关系的变化会影响利益相关者网络结构的演化，进而影响社会创新过程。研究中心性可以使社会创新实践者更加关注处于中心位置的利益相关者，网络密度则说明了社会创新某一阶段多元合作关系的强弱，以此为社会创新实践提供理论指导和治理策略。

7.1.4 研究设计

（1）研究过程。为了确保社会创新案例选择的准确性和可靠性，在筛选研究对象时，主要考虑社会创新的三条标准：第一，社会创新过程中有多元主体参与合作；第二，产生了明显的、直接的社会效益，并具有延续性；第三，运用商业手段进行创新，实现经济利益并可持续。这是由社会创新主体多元性、目标双重性的特征所决定的。社会创新项目涉及多个领域，如环保、医疗、养老、教育等，为了使案例研究具有可比性，本章聚焦于其中一个领域——环保。

在选择具体案例之前，我们首先查阅企业社会责任中国网、中国公益创业网、中国环保网、浙江省环保厅等网站资料，以及中国社会创新奖、中国公益慈善项目大赛等数据，进行二手数据的收集，之后通过多次讨论与分析，决定将垃圾分类回收项目作为案例进行研究。垃圾分类回收是环保领域的社会创新典型代表。近年来，社区、乡村迅速发展，"零废弃"、资源化利用的理念与可持续发展的目标不谋而合（鞠阿莲等，2017），既产生了社会效益，也创造了经济价值。对比了社会创新的内涵与案例选择标准之后，我们最终确定了 3 个案例，即九仓再生虎哥回收项目、绿色浙江"智慧绿房"项目、庆和社区垃圾分类回收项目，它们分别是企业、社会组织、政府主导的社会创新项目。

选择这 3 个样本的原因如下：①项目属于环保领域的社会创新，符合社会创新追求的经济和社会双重目标。其社会创新过程有自己的独特性，也可以代表绝大多数垃圾分类回收的社会创新项目的发展过程。②社会创新过程有多元利益相关者的合作，包括政府、社区、环保组织、科研机构等。③项目近几年的发展经历有很明显的阶段特征，从创意生成、创意评估、设计与开发、实施阶段特征明显，历史数据比较完整，为系统探讨社会创新过程提供了较完备的素材，也便于进行调研。

（2）数据收集。本研究根据三角测量法，从多个途径获得数据进行案例分析，实现对案例数据的补充和交叉验证，这也是案例研究的一大优势。一般来说，资源的来源越多，研究的效度就越高。数据以一手资料为主、二手资料为辅。

一手资料主要以实地观察和半结构化访谈的形式获得。在进行访谈之前，我们先确定大致的访谈提纲，并与课题组成员进行探讨，形成最终的访谈纲要。在访谈过程中，为了确保信息的完整性和真实性，我们采用记录和录音同步进行的方式，以便后期整理和分析。访谈对象包括：①企业高层领导、业务部门管理者、项目第一负责人等；②基层工作人员；③社区工作人员、居民、有关政府部门人员、环保组织等利益相关者。具体访谈信息如表7-1所示。

表7-1 访谈基本信息

时间	地点	访谈对象
2017年7月30日	余杭区九仓再生总部	九仓再生常务副总H先生 虎哥回收项目市场推广经理L先生 虎哥回收站工作人员D先生
2017年8月29日	电话访谈	绿色浙江秘书长X先生 绿色浙江副秘书长J女士
2017年9月10日	下城区春晖慈善商店	绿色浙江"智慧绿房"项目经理L先生
2017年9月16日	电话访谈	江干区凯旋街道M先生
2017年9月17日	江干区大农港路中国天楹杭州办事处	中国天楹杭州办事处市场经理H先生 庆和社区工作人员G先生

二手资料的来源包括：①直接从企业获得的资料，如企业领导人讲话、内部活动报告、手册和管理制度等；②政府宣传资料与协会章程；③相关

的学术期刊论文与学位论文；④媒体报道、公众号宣传信息、互联网信息等。从中获取的信息包括项目的主要参与主体、创新活动的开展、重大标志性事件、发展历程和取得成果等。

（3）数据分析。第一，建立每个案例的资料目录，按照社会创新项目发展过程、各利益相关者在过程中的参与情况、利益相关者的资源投入、合作关系等内容进行分类整理；第二，对每个案例进行编码，并以此构建各阶段利益相关者关系及网络。

在编码过程中，为避免自身的偏见，由研究团队内的几位同学对数据进行开放式编码，提取、类聚案例中的信息，共得到了 53 个初始概念，如"r1 税收优惠""r2 财政补贴""r3 法律保障"等等。然后对初始概念进行二次编码，形成了 28 个副范畴，如将"r1 税收优惠"和"r2 财政补贴"归入"s1 财税政策"这一副范畴，将"r18 生产设备""r19 回收设备"归入"设备"这一副范畴。接着，寻找若干个副范畴之间的逻辑关联，如"s1 财税政策""s2 制度保障""s3 孵化支持"整合为一条轴线，即都是用政府提供的资源支持社会创新项目，因此将这几个副范畴归入一个主范畴——"t1 制度资源"。最终形成了 8 个主范畴并进行选择性编码，同时为了提高编码结果的可信度，在团队内采取背对背编码的方式，针对编码内容不一致的地方由第三方再次编码确认。

根据编码所得的关系类型，我们对利益相关者之间存在的关系进行打分，对关系取值 0 和 1，0 表示网络中的利益相关者不存在任何一种关系，1 表示利益相关者存在一种关系或多种关系，并据此获得每个案例不同阶段的关系矩阵。随后，我们运用 Unicet 软件对网络结构进行分析，并形成每一阶段的利益相关者网络图。针对社会创新过程的每一阶段，我们根据网络图和网络关系、结构数据，以及回归资源属性，对社会创新过程机理进行深层次的分析与研究。

跨案例分析是一个分析、归纳与总结的过程，要在看似不同的案例中寻找共同点和相异处，再逐步修正、完善初始的研究假设，并由此产生更深入的理解。具体来说，我们要分别探讨企业、社会组织、政府主导的社会创新过程，对过程中呈现的资源属性、关系属性、网络结构的变化进行总结，分析其异同点，再对理论框架进行检验、完善，最终得出社会创新过程模型。

7.2 案例一：绿色浙江"智慧绿房"

以下内容主要包括"智慧绿房"项目的案例背景、社会创新过程、利益相关者识别和网络分析四部分。

7.2.1 案例背景介绍

绿色浙江是一个扎根浙江、放眼全球的专业从事环境服务的公益性社会组织，由"地球奖"获得者、浙江大学教师阮俊华和他的学生忻皓于2000年创建，以"让更多人环保起来"为核心使命，致力于环境监督、社区营造、自然教育，是中国首家获社会组织评估为5A级的民间环保社团。"智慧绿房"项目是绿色浙江打造的社区明星低碳产品，坐落于杭州市下城区文晖街道现代城社区内。

"智慧绿房"是生态社区模式中垃圾分类的集中体现点，是集合了智能垃圾分类、厨余垃圾堆肥、雨水回收、能源优化利用（太阳能）及垂直绿化等功能的综合体。通过餐厨垃圾就地处理、可回收垃圾分类回收、居民积分，"智慧绿房"成为一处集可回收垃圾智能处理、餐厨垃圾处理、环境教育宣传、休闲等功能于一体的多功能建筑。在可回收垃圾分类区，社区居民可以将塑料瓶、纸张、衣物、玻璃等可回收物品投入智能可回收垃圾箱［由杭州易收环保科技有限公司（以下简称"杭州易收"）提供］，刷卡积累碳币，并到合作商家消费，可回收的垃圾将送至专业的第三方合作企业进行资源化处理。生活垃圾处理区放置着一台厨余垃圾加工机器［由杭州瑞赛可环境工程有限公司（以下简称"杭州瑞赛可"）提供］，居民可以将果皮、菜叶等厨余垃圾投入机器，经过微生物作用，厨余垃圾将会变成有机肥料，免费提供给居民使用或助力社区绿化。环境教育宣传区是青少年环保科普教育基地，街道和绿色浙江在这里进行垃圾分类教育和宣传。休闲区安装了直饮水装置,可以用碳币积分直接兑换直饮水。"智慧绿房"外立面是太阳能微动力灌溉绿化系统,屋顶采用斜坡形式设计,用于收集雨水,并储存在回收箱中。与此同时,太阳能板吸收太阳能转化为电能并储存,在系统设定时间段内,太阳能设备储存的电能将回收箱中的雨水抽上来用于垂直绿化的灌溉。

7.2.2 "智慧绿房"的社会创新过程

（1）创意生成阶段。2010 年,杭州市被列为低碳城市试点之一,为杭州市改善环境、发展循环经济提供了新的框架和目标。杭州市的垃圾处理传统上主要采用生活垃圾混合投放、混合收集、部分区域中转运输、末端焚烧与卫生填埋相结合的方式。绿色浙江作为一家环保社会组织,通过对社区、垃圾处理企业的走访和调研,并结合其他城市进行垃圾智慧分类的实践,逐步生成了"智慧绿房"的创意原型。

（2）创意评估阶段。绿色浙江申报杭州市社会组织公益创投项目,经过政府的审核,获得公益创投基金,即合规性评估;通过对社区进行问卷调查,对先进的智慧垃圾回收案例进行调研,对垃圾减量化、资源化、无害化进行预评估,即社会性评估;对垃圾回收的市场行情进行调研走访,评估企业的营利能力,即商业性评估。

（3）设计与开发阶段。"智慧绿房"的场地设计由清华大学某设计院完成,环境教育宣传区由下城区文晖街道和绿色浙江共同出资建设,可回收垃圾投放区与餐厨垃圾回收区的设备设计与制造工作分别由杭州易收和杭州瑞赛可完成,太阳能微动力灌溉绿化系统由浙江家乐蜜环境工程有限公司（以下简称"浙江家乐蜜"）设计。除此之外,可回收垃圾的后端处理企业（即客户）负责运输并进行垃圾的资源化利用。

（4）实施阶段。城管局、街道、社区都参与了"智慧绿房"的建设。绿色浙江主要负责项目的运作,并通过垃圾回收进行自我造血。杭州易收投入了一台智能可回收垃圾箱并进行调试,杭州瑞赛可投入了餐厨垃圾加工机器,浙江家乐蜜提供了太阳能微动力灌溉绿化系统。民政局提供了社会组织公益创投项目资助，万通公益基金会也给予了资金支持，以保障"智慧绿房"项目的实施。浙江电视台等媒体多次进行跟踪报道，实现了社会影响力的传播与扩散。

7.2.3 "智慧绿房"项目的利益相关者识别

"智慧绿房"项目主要涉及的利益相关者有以下三类：第一，政府，主要包括城管局、民政局、环保局、街道等；第二，企业，包括"智慧绿房"设备供应商、客户（垃圾后端处理企业）、合作商家等；第三，社会，包括社区、科研机构、基金会、媒体、学校等。具体利益相关者信息如表7-2所示。

表 7-2　社会创新过程的利益相关者识别

利益相关者	参与形式	社会创新过程			
		创意生成	创意评估	设计与开发	实施
政府	公益创投资助、政策支持	√	√	√	√
设备供应商	提供回收设备			√	√
客户	购买可回收物品、资源再利用				√
合作商家	碳币兑换商品			√	√
社区	提供市场信息、参与回收	√	√	√	√
科研机构	提供设计方案			√	
基金会	提供资金并监督	√	√	√	√
媒体	宣传			√	√
学校	进行环保教育				√

7.2.4 社会创新过程的利益相关者网络分析

（1）创意生成阶段。近年来，杭州市政府推行社会组织公益创投项目，资助社会组织进行社会保障服务、城乡社区服务等，这促使绿色浙江萌生打造低碳社区的想法。绿色浙江作为非政府组织，长期从事生态环保领域的工作，积极宣传推行垃圾分类，而现实中垃圾分类的效果不尽如人意，社区居民的生活垃圾依然混合投放，并没有实现真正的分类回收处理，这也促使绿色浙江对垃圾分类有了新想法。万通公益基金会于 2012 年开始与绿色浙江合作，培育生态环保社区，也促进了"智慧绿房"创意的产生。这一阶段的关系矩阵如表 7-3 所示。

表 7-3　创意生成阶段的关系矩阵

利益相关者	绿色浙江	政府	社区	万通公益基金会
绿色浙江	0	1	1	1
政府	1	0	1	0
社区	1	1	0	0
万通公益基金会	1	0	0	0

我们运用 Ucinet 社会网络分析软件绘制出整体网络结构图，得到经过可视化处理的网络图（见图 7-2）。

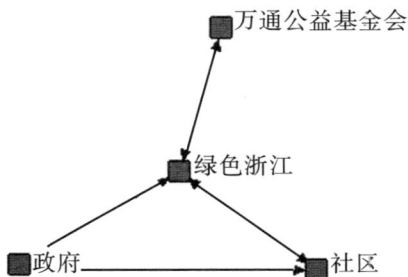

图 7-2　创意生成阶段利益相关者网络图

由此，得到创意生成阶段的利益相关者中心性和网络密度的指标值（见表 7-4）。

表 7-4 创意生成阶段网络结构

利益相关者	点度中心度	相对点度中心度	密度
绿色浙江	3.00	1.00	
政府	2.00	0.67	0.67
社区	2.00	0.67	
万通公益基金会	1.00	0.33	

由表 7-4 可知，在创意生成阶段参与的利益相关者数量较少，绿色浙江位于网络的中心地位，相对点度中心度为 1，政府和社区的相对点度中心度较高，万通公益基金会的相对点度中心度为 0.33，中心性较低；整体网络密度为 0.67，属于较高密度网络。具体分析如下：①绿色浙江处于中心地位，是创意生成的主体。绿色浙江的工作人员通过深入社区实践、紧跟政府政策、与万通公益基金会合作，形成了通过"智慧绿房"项目打造低碳社区的初步创意。②政府具有较高的中心性。政府投入了制度资源和物质资源，主要有公益创投基金和垃圾分类政策，以鼓励社会组织通过公益创投项目践行环保理念，推广垃圾分类进社区，改善社区环境，这是"智慧绿房"创意生成的重要条件。③社区也具有较高的中心性，在这一阶段投入了社会支持资源。以往的垃圾分类推行效果不尽如人意，居民未能看到垃圾分类带来的益处，垃圾分类回收如何能最大限度地带动社区居民的积极性成为绿色浙江首要思考的问题，由此初步形成了分类投放生活垃圾并给予居民积分奖励的想法。物质奖励与政策手段相结合，促使社区居民积极参与到政府推行的垃圾分类活动中来。④万通公益基金会在这一阶段的中心性较低。万通公益基金会多次参与"智慧绿房"项目的研讨会，对具体业务的开展提出意见与建议，积极促成创意的生成，与绿色浙江形成了业务关系。

（2）创意评估阶段。绿色浙江对"智慧绿房"项目进行评估。绿色浙江工作人员到社区进行调研，对推行垃圾分类回收项目进行问卷调查，收集居民的每日生活垃圾量与可回收量等数据，并认真听取居民的意见与建议；通过之前形成的初步构想，对项目的自我造血能力进行评估，评估项目的经济可持续性；政府对项目申报书进行评估，提出具体意见，经过多次沟通，确定最终项目实施方案，并给予资金支持。这一阶段的关系矩阵如表 7-5 所示。

表 7-5 创意评估阶段的关系矩阵

利益相关者	绿色浙江	政府	社区	万通公益基金会
绿色浙江	0	1	1	1
政府	1	0	0	0
社区	1	0	0	0
万通公益基金会	1	0	0	0

我们运用 Ucinet 社会网络分析软件绘制出整体网络结构图，得到经过可视化处理的网络图（见图 7-3）。

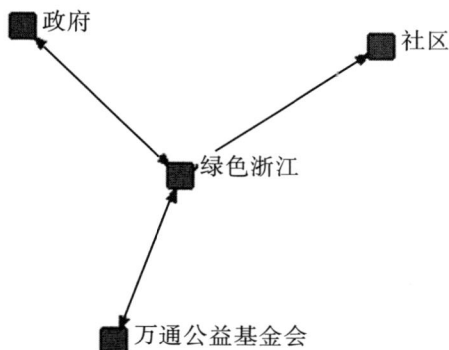

图 7-3 创意评估阶段利益相关者网络图

由此，得到创意评估阶段的利益相关者中心性和网络密度的指标值（见

表 7-6）。

表 7-6　创意评估阶段利益相关者网络结构

利益相关者	点度中心度	相对点度中心度	密度
绿色浙江	3.00	1.00	
政府	1.00	0.33	
社区	1.00	0.33	0.50
万通公益基金会	1.00	0.33	

由表 7-6 得知，在创意评估阶段参与的利益相关者与创意生成阶段相同，其中绿色浙江仍位于网络中心，相对点度中心度为 1，政府、社区、万通公益基金会之间不存在直接联系，相对点度中心度均低于 0.5；整体网络密度为 0.50，属于低密度网络。

具体分析如下：①绿色浙江在创意评估阶段处于中心地位。在这一阶段，需要对创意进行合理评估，对社区展开初步调查，估算每户家庭每天可回收垃圾量，评估社会效益；对业务能力进行评估，了解垃圾回收市场，了解市场价格信息，以评估企业的营利空间；绿色浙江申报社会组织公益创投项目，由政府进行评估和审批，经过多次座谈和修改，最终确定"智慧绿房"项目计划。②政府在创意评估阶段主要投入了制度资源。第一，绿色浙江的"智慧绿房"项目减少了资源浪费，促进社区环境的改善，帮助政府解决了一定的社会问题。第二，政府通过审批公益创投项目，提供资金支持，并对项目进程进行监督，因而形成一定的行政关系。③社区在创意评估阶段主要投入了社会支持资源。社区在创意评估阶段提供了市场信息及意见反馈，并给予一定的舆论支持。④万通公益基金会在创意评估阶段投入了业务资源。万通公益基金会在这一阶段参与评估"智慧绿房"项目的社会效益，结合以往的项目经验给绿色浙江提出意见和建议，维持业务关系。

（3）设计与开发阶段。"智慧绿房"的场地设计由清华大学某设计院完成，环境教育宣传区由下城区文晖街道和绿色浙江共同出资建设，可回收垃圾投放区和餐厨垃圾回收区分别由杭州易收和杭州瑞赛可提供设备的设计与制造，太阳能微动力灌溉绿化系统由浙江家乐蜜设计。此外，可回收垃圾的后端处理企业（即客户）负责运输并进行垃圾的资源化利用，寻找合作商店进行碳币积分的兑换。设计与开发阶段利益相关者关系矩阵如表 7-7。

表 7-7　设计与开发阶段的关系矩阵

利益相关者	绿色浙江	政府	供应商	合作商家	社区	科研机构	万通公益基金会	媒体
绿色浙江	0	1	1	1	1	1	1	1
政府	1	0	1	0	1	0	0	0
供应商	1	1	0	1	0	0	0	1
合作商家	1	0	1	0	1	0	0	0
社区	1	1	0	1	0	1	1	1
科研机构	1	0	0	0	1	0	0	0
万通公益基金会	1	0	0	0	1	0	0	0
媒体	1	0	1	0	1	0	0	0

本研究运用 Ucinet 社会网络分析软件绘制出整体网络结构图，得到经过可视化处理的网络图（见图 7-4）。

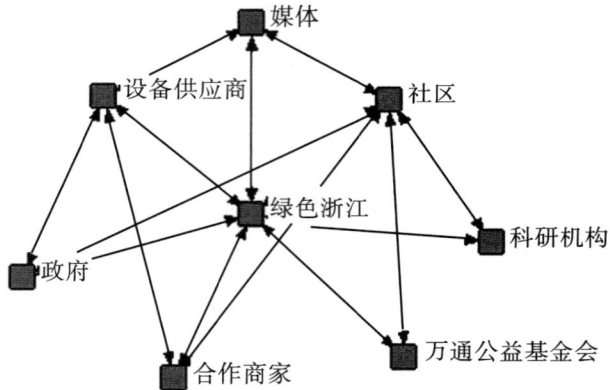

图 7-4　设计与开发阶段利益相关者网络图

由此，得到设计与开发阶段的利益相关者中心性和网络密度的指标值（见表7-8）。

表 7-8　设计与开发阶段利益相关者网络结构

利益相关者	点度中心度	相对点度中心度	密度
绿色浙江	7.00	1.00	
社区	6.00	0.86	
设备供应商	4.00	0.57	
合作商家	3.00	0.43	
科研机构	3.00	0.43	0.57
政府	3.00	0.43	
媒体	3.00	0.43	
万通公益基金会	2.00	0.29	

由表7-8可知，在设计与开发阶段，利益相关者的数量明显增多，绿色浙江仍然保持中心地位，社区、供应商的中心性较高，也处于网络的中心位置；这一阶段的整体网络密度为0.54>0.50，属于较高密度网络。具体

分析如下：①绿色浙江在这一阶段主导整个业务流程的设计与开发，借助外界力量对业务需求进行精准开发与控制，与设备供应商、合作商家、科研机构等直接参与业务流程开发的利益相关者关系较为紧密。②社区的中心性较高，是因为业务流程的设计与开发主要是为了满足社区居民的需求。社区提供诸多意见与建议，经过多次测试，"智慧绿房"项目得到改进、完善，从而得到了社区居民的广泛支持。社区还与合作商家、科研机构等有经济利益与业务往来，形成了业务关系或物质关系。③设备供应商的中心性较高。供应商在这一阶段投入了业务资源与物质资源，以优惠的价格提供了可回收垃圾处理设备、餐厨垃圾处理设备与太阳能微动力灌溉绿化系统，同时根据社区需求与政府规定，联合合作商家开发了垃圾分类和碳币兑换等功能，既履行了社会责任，又扩大了品牌的影响力。政府对其施加行政影响，媒体、社区等向其提供社会支持资源，合作商家、绿色浙江则与他们保持业务关系。④科研机构也是重要参与者。清华大学某设计院在政府和社区的配合下参与了"智慧绿房"项目的整体规划设计工作，包括场地选择、分区设计等，提供了业务资源，并获取一定的物质报酬。⑤媒体开始参与。在这一阶段，媒体对"智慧绿房"项目进行跟踪报道，通过报纸、杂志等平台广泛收集创意与建议，受到广大社区群众的关注与认可，为设计与开发阶段"智慧绿房"的建造提供了宝贵的建议。⑥合作商家在这一阶段投入了业务资源，同绿色浙江、设备供应商一起对社区进行调研，开发了碳币积分方法，使居民通过垃圾分类可以获取一定的利益，激发了社区居民参与的积极性。合作商家通过薄利多销，开拓了客户资源，主要与其他利益相关者维持业务关系。⑦政府在这一阶段的中心性较低，影响力较小，主要通过制度资源的提供参与设计与开发，有一定的监督权。⑧万通公益基金会在这一阶段的中心性最低，是因为其主要投入物质资源，关注社会创新的实施效果，负责监督业务流程的开发。

（4）实施阶段。在这一阶段，城管局、街道、社区都参与了"智慧绿房"的建设，绿色浙江主要负责项目的日常运营，并通过垃圾回收进行自我造血。杭州易收、杭州瑞赛可、浙江家乐蜜分别负责智能可回收垃圾箱、厨余垃坂加工机器、太阳能微动力灌溉绿化系统的日常维护工作。浙江电视台等媒体多次进行跟踪报道，实现了社会影响力的传播与扩散。这一阶段利益相关者的关系矩阵如表 7-9 所示。

表 7-9　实施阶段的关系矩阵

利益相关者	绿色浙江	政府	设备供应商	合作商家	客户	社区	万通公益基金会	媒体	学校
绿色浙江	0	1	1	1	1	1	1	1	1
政府	1	0	0	0	0	1	0	1	1
设备供应商	1	0	0	1	0	1	0	1	0
合作商家	1	0	1	0	0	1	0	0	0
客户	1	0	0	0	0	1	0	0	0
社区	1	1	1	1	1	0	1	1	1
万通公益基金会	1	0	0	0	0	1	0	1	0
媒体	1	1	1	0	0	1	1	0	0
学校	1	1	0	0	0	1	0	0	0

　　本研究运用 Ucinet 社会网络分析软件绘制出整体网络结构图，得到经过可视化处理的网络图（见 7-5）。

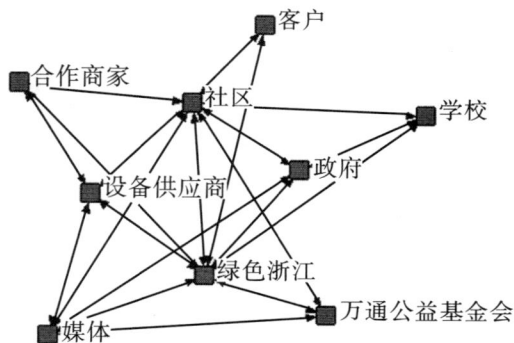

图 7-5　实施阶段利益相关者网络图

由此，得到实施阶段的利益相关者中心性和网络密度的指标值（见表 7-10）。

表 7-10　实施阶段网络结构

利益相关者	点度中心度	相对点度中心度	密度
绿色浙江	8.00	1.00	
社区	8.00	1.00	
设备供应商	4.00	0.50	
政府	4.00	0.50	
合作商家	3.00	0.38	0.56
媒体	3.00	0.38	
万通公益基金会	3.00	0.38	
学校	3.00	0.38	
客户	2.00	0.25	

由表 7-10 可知，在这一阶段，利益相关者的数量达到最多，绿色浙江与社区的中心性较高，相对点度中心度均为 1.00，设备供应商与政府也靠近网络中心，占据网络的有利位置；这一阶段的整体网络密度为 0.56，属于较高密度网络。具体分析如下：①绿色浙江的中心性较高。这一阶段其在政府的帮助下深入社区，推广垃圾分类，并与设备供应商、客户合作，开拓"垃圾投放—碳币积分—商家消费"的模式，并得到了很好的实施效果。同时，通过进入学校宣传、媒体报道等扩大影响，绿色浙江争取到进一步的合作。②社区中心性高。在这一阶段，社区不仅积极参与到"智慧绿房"的垃圾分类投放过程，给予反馈和建议，还成立了"义工"小队，协助"智慧绿房"的日常运营，与绿色浙江、设备供应商形成了业务关系、社会支持关系，包括同绿色浙江一起到学校进行宣传，带领青少年学生到

"智慧绿房"参观等。③设备供应商在这一阶段负责设备的运营维护工作，接受居民的反馈和建议，并适当做出调整。与合作商家和绿色浙江的合作主要是业务往来，并形成物质关系。经过绿色浙江、媒体和政府的广泛宣传，社区提高了自身的品牌知名度，获得了更多的合作机会；同时，与媒体建立了社会支持关系，获得了更多的制度资源。④政府提供政策支持和资金支持，参与"智慧绿房"的建设，进行宣传和推广；与多个学校合作，开展垃圾分类环保教育，以实现垃圾减量的效果；与其他利益相关者主要维持行政关系和物质关系。⑤合作商家通过500积分抵5元优惠券的活动，与社区居民形成固定的业务往来关系，促使社区居民购买量大大提升，促进了经济效益的提升，也提高了知名度。⑥其他媒体在传播扩散方面起到非常重要的作用；万通公益基金会因此提高了知名度；学校主动与绿色浙江和社区开展合作，青少年学生积极参与到垃圾分类的社会实践中，扩大了"智慧绿房"的影响。

7.3 案例二：庆和社区垃圾分类

7.3.1 案例背景介绍

杭州市江干区作为主城区之一，每天产生的生活垃圾数量巨大，主要去向有3种：部分垃圾运到天子岭填埋场进行填埋，部分垃圾由杭州市四大垃圾焚烧发电厂进行焚烧发电，其余的被拾荒群体收集至不同的垃圾回收站进行再利用。鉴于焚烧厂已超负载，处理能力基本已达上限，自2013年起垃圾增量基本由天子岭垃圾填埋场处理。而据报道，天子岭垃圾填埋场使用寿命也仅剩5年[①]，政府意识到粗放的垃圾处理方式已经不适应城市发展，"垃圾围城"的生活不再遥远，因而提出了对生活垃圾进行"三化四分"，以推进生活垃圾处置市场的全面开放，市、区两级政府依法履行义务，培育和规范市场主体，做到生活垃圾减量化、无害化和资源化。

---

① 中国新闻网（http://www.chinanews.com/），2014年1月23日。

杭州市江干区城管局与中国天楹股份有限公司（以下简称"中国天楹"）合作，以凯旋街道作为试点，开发了庆和社区智能垃圾分类项目。庆和社区的垃圾分类项目分成 3 个部分：智能垃圾收集箱、垃圾袋自动发放机和积分礼品兑换机。智能垃圾收集箱可以回收餐厨垃圾、可回收垃圾、有害垃圾和其他垃圾 4 种，社区居民可以通过刷卡或者扫二维码打开垃圾桶，投放准确会有 5 个积分，垃圾桶内装有摄像头，一旦垃圾桶被填到七成满，垃圾桶上的满桶警示灯就会闪烁，系统会提示管理员，管理员将垃圾运走，并进行后端处理。垃圾袋自动发放机放在智能垃圾收集箱附近，不同的垃圾会采用不同颜色的垃圾袋，每个垃圾袋上都有一个二维码，这个二维码与居民的卡绑定，可以跟踪垃圾投放过程。积分礼品兑换机内放了纸巾、肥皂、饮料等，社区居民可以通过刷卡用积分兑换。

垃圾分类回收后，餐厨垃圾将被运送至杭州市餐厨垃圾处理厂，进行厌氧、产沼、发电，可回收垃圾将统一送至有资质的下游企业进行垃圾分拣，资源化利用，有害垃圾由专用车辆运至政府指定单位进行处理，其他垃圾则根据政府规定进行填埋或焚烧发电。

7.3.2 庆和社区垃圾分类的社会创新过程

（1）创意生成阶段。杭州市江干区近年来人口数量急剧增长，生活垃圾也随之增多，但对可回收垃圾的处理较为随意，市场上存在的较多没有资质的垃圾处理中小企业，无法真正实现资源化利用，在城市建设改造过程中，有大量从事废品回收的中小企业倒闭，拾荒群体面临没有生活来源的困境。同时，垃圾分类推广力度不强，造成生活垃圾混合投放，导致环境污染和资源浪费。基于此，江干区城管局联合街道，对社区的生活垃圾投放情况进行调研，产生了引入市场机制进行垃及分类回收的想法。此时，中国天楹正处在转型期，希望打造垃圾分类回收处理的产业链，并主动与江干区城管局商讨在前端垃圾分类方面的合作。庆和社区的垃圾分类项目创意由此初步形成。

（2）创意评估阶段。创意评估主要从合规性、社会性、商业性三个方面进行评估。从合规性评估来看，该创意符合杭州市政府"提高城市生活垃圾处置能力，引入市场机制进行有效的运作"的倡议，有政策方面的优势；从社会性来看，对生活垃圾种类和数量进行预估，由此对生活垃圾减量效果做出评估，同时通过市场运作推行垃圾分类，还可以对拾荒群体进行集中管理，使其积极参与到垃圾分类回收项目中；从商业性来看，中国天楹提供智能垃圾分类设备，与下游企业进行合作，获取了一定的补偿，同时履行了社会责任。

（3）设计与开发阶段。中国天楹主要参与智能垃圾回收项目的设计与开发工作，与上海交通大学、复旦大学等高校合作，设计智能垃圾收集箱、垃圾袋自动发放机和积分礼品兑换机。可回收垃圾由中国天楹负责寻找有资质的企业进行合作处理，餐厨垃圾、有害垃圾、其他垃圾均统一处置，运到杭州市环境集团旗下的企业进行科学分类和处置。政府还将社会上的拾荒群体进行收编，由中国天楹统一发放工作服和工作牌，其收集的可回收物以高于市场的价格交由中国天楹进行后续处理。

（4）实施阶段。在区城管局和街道的帮助下，中国天楹将智能垃圾分类项目在社区进行宣传和推广。实施前期，政府工作人员、设备管理员和志愿者通过上门讲解、组织社区活动等形式向社区居民宣传智能垃圾分类的运行机制。每个月每户有固定数量的垃圾袋，用户投放准确即可获得相应积分，并可以兑换商品，商品由中国天楹与某大型超市合作提供，区城管局给予中国天楹每户每年60元的补贴，以维持其日常的运营。高校志愿者积极参与中国天楹举办的环保宣传系列活动，带动更多社区居民进行垃圾分类。据初步统计，该项目实现垃圾减量约20%，所有的生活垃圾都得到了规范化的科学处理。

7.3.3 庆和社区智能垃圾分类的利益相关者识别

庆和社区智能垃圾分类项目的参与者主要有三类：第一，政府，包括区城管局、街道；第二，企业，主要有中国天楹、杭州市环境集团、下游废品处理企业等；第三，其他还有社区、科研机构、志愿者。具体的利益相关者情况如表 7-11 所示。

表 7-11　社会创新过程的利益相关者

利益相关者	参与形式	社会创新过程			
		创意生成	创意评估	设计与开发	实施
街道	评估、监督	√	√	√	√
中国天楹	参与前端垃圾分类	√	√	√	√
市环境集团	垃圾的后端处理			√	√
超市	提供可兑换商品			√	√
下游企业	可回收垃圾处理			√	√
社区	参与垃圾分类回收	√	√	√	√
科研机构	提供技术			√	
志愿者	参与环保宣传活动				√

7.3.4 社会创新过程的利益相关者网络分析

（1）创意生成阶段。由于社区居民的垃圾分类意识不强，生活垃圾混合投放导致了环境污染和资源浪费，江干区城管局尝试引入市场机制，鼓励垃圾分类回收。作为处理生活垃圾的城市环境服务综合运营商，中国天楹积极与区城管局合作，逐渐形成社区智能垃圾分类回收的创意，具体关系矩阵如表 7-12 所示。

表 7-12　创意生成阶段的关系矩阵

利益相关者	区城管局	街道	中国天楹	社区
区城管局	0	1	1	1
街道	1	0	0	1
中国天楹	1	0	0	0
社区	1	1	0	0

本研究运用 Ucinet 社会网络分析软件绘制出整体网络结构图，得到经过可视化处理的网络图（见图 7-6）。

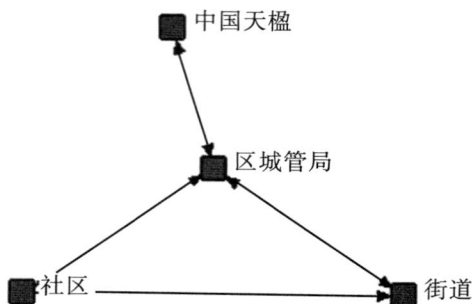

图 7-6　创意生成阶段利益相关者网络图

由此，得到创意生成阶段的利益相关者中心性和网络密度的指标值（见表 7-13）。

表 7-13　创意生成阶段利益相关者网络结构

利益相关者	点度中心度	相对点度中心度	密度
区城管局	3.00	1.00	0.67
街道	2.00	0.67	
社区	2.00	0.67	
中国天楹	1.00	0.33	

由表 7-13 可知，在创意生成阶段，利益相关者的数量较少，区城管局是创意生成的关键，居网络中心地位；街道和社区的中心性也较高，是重要的利益相关者；中国天楹在这一阶段的影响较小；整体网络密度为 0.67，属于较高密度网络。具体分析如下：①区城管局把握杭州市政府的政策导向，深入了解各街道和社区"三化四分"的实行情况，积极推动市场化运作，是创意生成阶段的核心。②街道与社区也具有较高的中心性。凯旋街道下

属有 14 个社区,地处杭州中心城区,社区居民大多数年龄较大,长期居住于此,对社区的生态环境和社会治安较为重视。街道作为区政府的下属单位,是区城管局和社区之间的沟通桥梁,与区城管局保持行政关系,经过对庆和社区进行调研,社区居民对于智能垃圾分类表示支持和赞同。③中国天楹是总部设于江苏南通的一家环保新能源上市公司,业务范围涉及生活垃圾焚烧发电、污泥处理、餐厨垃圾处理、危险废弃物处理、建筑垃圾处理、垃圾分类收运体系投资与运营等领域,通过技术创新为改善人类生存环境做贡献。中国天楹为了开拓杭州市场,同时履行环保社会责任,积极与区城管局进行沟通,与区城管局保持业务关系与行政关系,形成了智能垃圾分类进社区的初步创意。

(2)创意评估阶段。本阶段涉及的利益相关者及其关系没有变化。区城管局对智慧垃圾分类项目的合规性进行评估,引入具有先进管理和技术经验的优秀企业参与垃圾分类设施的建设运营,对其进行监督并提供一定支持,符合杭州市政府的政策导向;对庆和社区的生活垃圾种类、数量、居民参与程度和减量效果进行预评估,可以减轻垃圾处理的压力,较少资源浪费,同时拾荒群体集中参与到垃圾分类回收项目中,给予他们一定的生活保障,维护了社会稳定;对中国天楹进行实地考察,对其技术能力、运营能力做出评估。具体的关系矩阵参见表 7-12。

本研究运用 Ucinet 社会网络分析软件绘制出整体网络结构图,得到经过可视化处理的网络图(参见图 7-6)。

由此,得到创意评估阶段的利益相关者中心性和网络密度的指标值(参见表 7-13)。创意评估阶段的利益相关者数量仍然较少,区城管局在评估中居中心地位,街道、社区次之,接近网络中心;整体网络密度为 0.67,属于较高密度网络。相关分析如下:①区城管局是智能垃圾分类项目的主导者,对该项目进行合理性评估。首先深入街道和社区,了解居民户数、日常垃圾量、垃圾分类实施情况,对智能垃圾分类的实施效果进行评估;其次,对中国天楹的技术能力和运营能力进行评估,了解该项目对企业的社会影响和经济影响,评估项目可行性和可持续性。②街道和社区在调研和座谈会中积极发表意见与建议，说明社区垃圾分类的实际情况与存在的问题，投入了社会支持资源，提供一定的舆论支持。③中国天楹对项目的可持续性进行评估，其利益在于开拓杭州市场，打造垃圾处理产业链，因为需要得到政府的支持和市场的认可，所以投入较多的业务资源，且与区城管局维持紧密的业务合作关系，以支持进驻杭州的首个垃圾分类项目。

（3）设计与开发阶段，中国天楹起主导作用。中国天楹的研发团队与上海交通大学、复旦大学等高校合作，设计智能垃圾收集箱、垃圾袋自动发放机和积分礼品兑换机。对于垃圾回收后端处理企业，可回收垃圾由中国天楹负责寻找有资质的下游企业进行合作处理，餐厨垃圾、有害垃圾、其他垃圾均由区城管局负责处置，运到杭州市环境集团旗下的企业进行科学的分类和处置。街道还对社会上的拾荒群体进行收编，与中国天楹开展垃圾回收合作，由中国天楹统一发放工作服和工作牌。拾荒群体收集的可回收物以高于市场的价格卖给中国天楹进行后续处理。具体关系矩阵如表7-14 所示。

表 7-14　设计与开发阶段的关系矩阵

利益相关者	区城管局	街道	中国天楹	市环境集团	超市	下游企业	社区	科研机构
区城管局	0	1	1	1	0	0	1	0
街道	1	0	1	0	0	0	1	0
中国天楹	1	1	0	0	1	1	1	1
市环境集团	1	0	0	0	0	0	0	0
超市	0	0	1	0	0	0	1	0
下游企业	0	0	1	0	0	0	0	0
社区	1	1	0	0	1	0	0	0
科研机构	0	0	1	0	0	0	0	0

本研究运用 Ucinet 社会网络分析软件绘制出整体网络结构图，得到经过可视化处理的网络图（见图 7-7）。

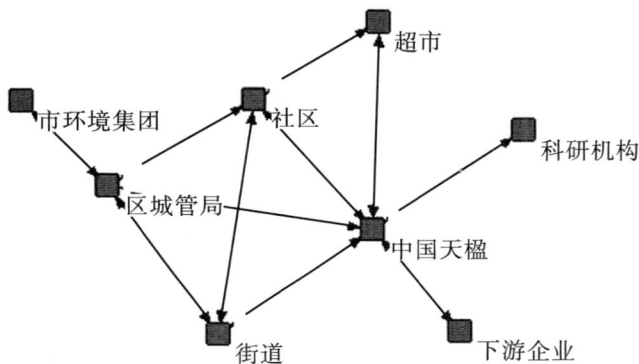

图 7-7　设计与开发阶段利益相关者网络图

由此，得到设计与开发阶段的利益相关者中心性和网络密度的指标值（见表 7-15）。

表 7-15　设计与开发阶段网络结构

利益相关者	点度中心度	相对点度中心度	密度
中国天楹	6	0.86	
区城管局	4	0.57	
社区	4	0.57	
街道	3	0.43	0.39
超市	2	0.29	
科研机构	1	0.14	
下游企业	1	0.14	
市环境集团	1	0.14	

由表 7-17 可知，设计与开发阶段利益相关者的数量明显增多，中国天楹的中心性最高，在这一阶段处于核心地位；区城管局与社区的中心性也较高；整体网络密度较低（0.39），是由于中国天楹、区城管局、社区的主导地位较为突出。具体分析如下：①中国天楹处于网络中心地位，是因为其掌握了最核心的业务资源。首先，智能垃圾分类回收设备是由中国天楹与上海交通大学等科研机构合作研发的，是实现垃圾分类的基础。其次，中国天楹加强了业务流程的设计与开发。积分兑换礼品是中国天楹与某大型超市进行合作，分析社区居民的需要并采购相应的物品；中国天楹在考察众多下游垃圾回收处理企业的相关资质后，选定部分企业合作进行可回收垃圾的后端处理，从中获取一定的经济回报：中国天楹与街道合作，对社会拾荒人员进行收编，他们收集的可回收物将以高于市场的价格出售给中国天楹，并由中国天楹统一卖给下游企业进行垃圾处理。②区城管局也具有较高的中心性。区城管局与市环境集团签订 PPP 项目合作协议，由杭州市环境集团负责社区的餐厨垃圾、有害垃圾、其他垃圾的运输和后端处理，区城管局给予一定的政策与物质支持，并监督其后端处理过程，特别是生活垃圾的减量化、资源化、无害化处理，由此而形成了业务关系、行政关系和物质关系。同时，区城管局与中国天楹保持了业务合作关系，以实现可回收垃圾的资源化利用。③社区的中心性较高，是由于技术和业务流程都需要根据社区的具体情况进行设计与开发，且社区投入了社会支持资源和业务资源。关于垃圾分类收集设备的投放选址、运输时间等，与社区居民进行多次沟通，并达成一致意见。④街道也参与并配合所有的业务流程，提供政策建议并实施监督。⑤超市提供的可兑换礼品，是根据深入社区调研、进行居民偏好分析结果而确定的；中国天楹以较低价格从超市采购礼品，超市开拓了新的销售渠道，掌握了社区居民偏好的信息，同时获得了一定的经济收益，与其他利益相关者主要维持物质关系和业务关系。⑥杭州市环境集团在这一阶段与区城管局关系紧密（形成业务关系、物质关系与行政关系），由于该集团掌握了业务资源，对餐厨垃圾、有害垃圾、其他垃圾进行运输和处理，享受了政策支持和资金补贴。⑦垃圾回收处理企业主要与中国天楹合作，开拓了一个较为稳定的渠道从事垃圾回收处理业务，并获得一定盈利，与中国天楹形成了物质关系与业务关系。⑧科研机构与中国天楹合作，实现了技术成果转化，并获得一定的经济回报。

（4）实施阶段。实施初期，政府工作人员、设备管理员和志愿者通过上门讲解、组织社区活动等形式宣传垃圾分类的方法和智能垃圾收集箱的使用方法。每个月每户家庭可以领取固定数量的垃圾袋，用户投放准确即可获得相应积分，并可以兑换商品。高校志愿者积极参与中国天楹举办的环保宣传系列活动，带动其他社区居民学习垃圾分类知识。具体情况如表7-16 所示。

表 7-16　实施阶段的关系矩阵

利益相关者	区域管局	街道	中国天楹	市环境集团	超市	下游企业	社区	志愿者
区域管局	0	1	1	1	0	0	1	0
街道	1	0	1	0	0	0	1	1
中国天楹	1	1	0	0	1	1	1	1
市环境集团	1	0	0	0	0	0	0	0
超市	0	0	0	0	0	0	1	0
下游企业	0	0	1	0	0	0	0	0
社区	1	1	1	0	1	0	0	1
志愿者	0	1	1	0	0	0	1	0

本研究运用 Ucinet 社会网络分析软件绘制出整体网络结构图，得到经过可视化处理的网络图（见图 7-8）。

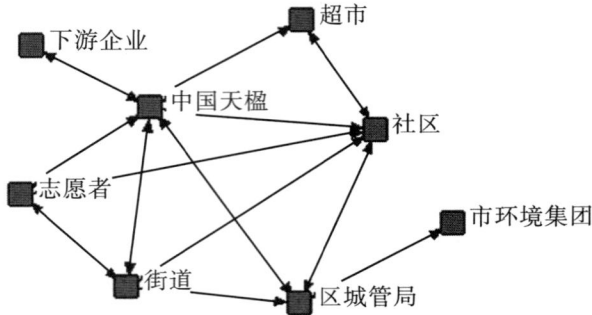

图 7-8　实施阶段利益相关者网络图

由此，得到实施阶段的利益相关者中心性和网络密度的指标值（见表 7-17）。

表 7-17　实施阶段网络结构

利益相关者	点度中心度	相对点度中心度	密度
中国天楹	6	0.86	
社区	5	0.71	
区城管局	4	0.57	
街道	4	0.57	
志愿者	3	0.43	0.46
超市	2	0.29	
下游企业	1	0.14	
市环境集团	1	0.14	

由表 7-17 可以看出，实施阶段利益相关者的数量较多，中国天楹、社区、区城管局和街道的中心性较高，且关系较为紧密，是该阶段的主导者，志愿者、超市、下游企业、市环境集团的中心性较低，处于网络边缘；整体网络密度为 0.46，较上一阶段有所提升。具体分析如下：①中国天楹是

项目实施主体，投入了大量的业务资源与物质资源，负责垃圾分类活动宣传、设备维护、流程管控等事务，获取了一定的经济回报，履行了社会责任；同时要求得到政府的政策支持；从项目中获取数据，对垃圾回收产业链进行分析。②社区推行的积分奖励制度极大地激发了社区居民参与的积极性，居民积极参与社区环保活动，主动进行垃圾分类投放，获得了相应的物质奖励，维护了社区环境，同时对垃圾分类项目实施中的问题进行反馈，并提出优化和改进建议。③区城管局主要投入制度资源和物质资源，对中国天楹、街道、社区提供政策和资金支持，并对项目运行情况进行管理，对杭州市环境集团的垃圾后端处理情况进行监督。④街道发挥监督作用。中国天楹对垃圾回收数据实施监控，并将数据反馈给街道，街道会定期检查实施情况，同时对拾荒群体进行管理。街道多次获得 "浙江省文明街道" "浙江省卫生街道" "浙江省社会治安综合治理工作先进单位" 等荣誉，得到了居民的认可和好评。⑤志愿者是实施阶段的重要参与者，他们上门宣传垃圾分类知识、协助组织环保系列活动，获得了社会实践经验，也为垃圾分类项目的传播起到一定的作用。⑥超市在提供商品的同时，开拓了销售渠道，并获取经济回报，同时获得的部分数据有助于后期营销方案的制订。⑦下游企业和市环境集团主要负责垃圾后端处理，获得政府的资金支持和再生产品销售的经济效益。

7.4 跨案例分析

7.4.1 社会创新基本特征和利益相关者识别

（1）社会创新项目的基本特征。从项目的基本特征层面分析（见表7-18），主要包括：第一，社会创新可以由不同主体主导。"虎哥回收" "智慧绿房" 和庆和社区垃圾分类项目分别是由企业、社会组织和政府主导的。第二，社会创新虽然有不同目标，利益相关者的权利属性也有差异，但都有经济和社会双重目标。第三，社会创新模式具有可复制性，可在不同区域传播。

表 7-18　社会创新项目的基本情况

项目	发起方	发起方性质	发起时间	发展规模	首要目的
"虎哥回收"	九仓再生	企业	2015 年	市级	获取经济回报
"智慧绿房"	绿色浙江	社会组织	2013 年	社区级	宣传环保理念
庆和社区垃圾分类	江干区城管局	政府	2016 年	区级	政府职能转型

（2）主体作用在社会创新过程中的差异。社会创新是由企业、社会组织或政府单独或合作完成的满足社会需求、解决社会问题的过程。由于社会创新的主体有差异，其过程也呈现出不同的特征。①"虎哥回收"是企业主导的社会创新项目。九仓再生是营利性企业，有较强的可回收垃圾后端处理能力和自我造血能力，可以投入较多的物质资源和业务资源，因此在设计与开发阶段具有高中心性，在网络中占据主导地位，这大大提升了设计与开发的效率。在实施阶段重视与政府、社区等利益相关者的协调与合作，提高了网络密度，实现了迅速扩张，获得了较好的经济效益和社会效益。②"智慧绿房"是社会组织主导的社会创新项目。绿色浙江是环保领域的公益性社会组织，以往在垃圾分类的宣传教育方面有较为丰富的经验，与政府、公益组织、社区的关系较为紧密，更易于获得制度资源和社会支持资源。物质资源和业务资源是影响该项目运行的重要资源，绿色浙江主要从政府和基金会获取资金等物质资源，并从供应商等处获取业务资源，受到多方利益相关者的影响。绿色浙江在设计与开发阶段、实施阶段积极促成各个利益相关者的沟通与协作，提升了网络密度，有效化解了利益相关者之间的潜在冲突。③庆和社区垃圾分类项目是由江干区城管局主导的项目，为实现政府职能转型，从创意生成到最终实施的过程中，引入了第三方合作企业中国天楹。这是因为区城管局作为政府组织，缺乏先进的管理和运作经验，进行社会创新有自身的局限性，过去推行的垃圾分类效果不显著，因此要引入市场机制进行社会创新。中国天楹是一家提供城市环境服务的综合运营商，拥有多项环保专利技术，在垃圾分类收运、生

活垃圾处理等领域有丰富的经验,弥补了政府不擅长的领域。在创意生成与评估阶段,区城管局与下属街道、社区进行多次沟通,提升了网络密度,从而提高了决策制订的效率。在设计与开发阶段和实施阶段,中国天楹具有较高的中心性,这是由于区城管局主动放权,由中国天楹设计整个流程。区城管局和中国天楹各自负责一部分业务,由此形成两个网络子群,使该项目得到可持续发展,并收获了较好的效果。

(3)社会创新项目的利益相关者识别。从利益相关者层面分析(见表7-19),主要包括:第一,社会创新项目的利益相关者至少有政府、企业和社会组织三类。第二,由于目标和资源的需求差异,每个社会创新项目中都有特殊的利益相关者。"虎哥回收"项目涉及较多环保组织,为其提供了商业合作的渠道,并在与政府、媒体等沟道方面起到了重要作用,实现了迅速传播信息与扩散影响的目标。"智慧绿房"项目涉及万通公益基金会,这是由于发起方绿色浙江属于非营利性社会组织,项目的实施和运作需要大量的物质投入。因此,从基金会获取资金与其他物质支持是不可缺少的。庆和社区垃圾分类项目是由江干区城管局发起,为推动政府职能转变,区城管局将商业手段引入环保创新中,其与第三方企业中国天楹的合作是项目成功的关键,为项目拓展了商业合作渠道,并提供了技术支持。

表 7-19　社会创新项目的利益相关者比较

项目	发起方	利益相关者		
		政府	企业	社会
"虎哥回收"	九仓再生	政府	股东(大地海洋)、关联方企业(盛唐环保)、合作企业、客户	科研机构(浙江大学)、社区、媒体、环保组织
"智慧绿房"	绿色浙江	社会组织	供应商(杭州易收、杭州瑞赛可)、客户合作商家	社区、科研机构(清华大学)、基金会(万通公益)、媒体、学校
庆和社区垃圾分类	区城管局	凯旋街道(下属)	中国天楹(合作伙伴)、杭州市环境集团、下游企业、超市	社区、科研机构(上海交通大学)、志愿者(社区与高校)

7.4.2 社会创新过程的利益相关者网络分析

（1）在创意生成阶段，网络中利益相关者的数量较少，网络规模较小，联系较为紧密。无论是九仓再生、绿色浙江，还是凯旋街道主导的社会创新项目，政府和社会（或社区）都具有高中心性，属于多核网络，社会支持资源和制度资源是核心资源。网络中的关系以行政关系和社会支持关系为主。具体来说，"虎哥回收"项目是由企业（九仓再生）发起的，在创意生成阶段主要从余杭区政府和余杭良渚文化村的八个社区获取了政策导向和社会需求信息，再结合自身的商业化实践形成了最初的创意。"智慧绿房"项目是由社会组织（绿色浙江）发起的，绿色浙江与下城区政府和现代城社区有多年的合作关系，促进了创意的生成。庆和社区垃圾分类项目的发起方是江干区城管局和凯旋街道，它们结合政府在社区推广垃圾分类产生的问题与困境，形成了引入商业手段进行社会创新的创意，具体如表 7-20 所示。

表 7-20　利益相关者网络视角的社会创新过程

项目	社会创新过程	资源需求	网络结构		
			中心性（>0.5）	密度	网络规模
「虎哥回收」	创意生成	制度、社会支持	九仓再生、政府、社区	高密度（0.67）	小规模（4）
	创意评估	制度、社会支持、业务	九仓再生	低密度（0.5）	小规模（4）
	设计与开发	业务、物质、社会支持	九仓再生、关联方企业	低密度（0.43）	大规模（7）
	实施	社会支持、制度、业务、物质	九仓再生、政府、环保组织、关联方企业	高密度（0.51）	大规模（10）

续 表

项目	社会创新过程	资源需求	网络结构		
			中心性（>0.5）	密度	网络规模
「智慧绿房」	创意生成	制度、社会支持	绿色浙江、社区、政府	高密度（0.67）	小规模（4）
	创意评估	制度、社会支持、业务	绿色浙江	低密度（0.5）	小规模（4）
	设计与开发	业务、物质、制度、社会支持	绿色浙江、社区、设备供应商	高密度（0.57）	大规模（8）
	实施	社会支持、制度、业务、物质	绿色浙江、社区、政府、设备供应商	高密度（0.56）	大规模（9）
庆和社区垃圾分类	创意生成	业务、社会支持	区域管局、街道、社区	高密度（0.67）	小规模（4）
	创意评估	制度、社会支持、业务	区域管局、街道、社区	高密度（0.67）	小规模（4）
	设计与开发	业务、物质、社会支持	中国天楹、区域管局、社区	低密度（0.39）	大规模（8）
	实施	社会支持、制度、业务、物质	中国天楹、社区、区域管局、街道	低密度（0.46）	大规模（8）

在这一阶段，社会创新主体对社会问题或社会需求保持高度敏感，并对超越经济利益之上的社会目标表现出足够的重视；社会创新主体要加强对社会机会的识别和把握，与具有社会支持资源和制度资源的社区与政府保持紧密的关系，深入社区进行考察、访谈，了解政府政策在社区的推行情况与存在的问题，剖析问题成因，并由此提出创意。

（2）在创意评估阶段，利益相关者的网络规模较小。社会创新的发起方（九仓再生、绿色浙江、区域管局）居网络中心地位，获取制度资源、社会支持资源、业务资源，对项目进行评估。值得一提的是，"虎哥回收"和"智慧绿房"项目主要涉及发起方与利益相关者之间的二元关系，利益相关者之间联系较少；而在庆和社区垃圾分类项目中，区城管局、凯旋街道、社区属于上下级关系，有着相似的利益诉求。因此，其利益相关者间的联系较为紧密。具体来说，"虎哥回收"项目中的九仓再生是网络的中心，与余杭区政府、良渚社区、股东建立联系，对创意进行评估。"智慧绿房"项目中的绿色浙江是网络中心，与下城区政府、现代城社区和万通公益基金会建立联系，评估"智慧绿房"创意的可行性。庆和社区垃圾分类项目中的区城管局与凯旋街道一起，对社区垃圾分类的可推广性、第三方企业的能力和资质进行评估。

这一阶段需要对创意进行三方面评估，包括合规性评估、社会性评估和商业性评估，经过全面评估后确定创意是否可行，这主要由社会创新主体来完成。进行合规性评估时，需要了解政府的政策导向、法律法规，即需要政府投入制度资源；社会性评估是对社会需求进行分析，并对解决社会问题真正实现的效果进行预估，需要社区或公民投入社会支持资源；商业性评估是对项目的可持续性进行评估，即对市场潜力、营利能力、技术能力等（社会创新主体或重要参与方的业务资源）进行评估。

（3）在设计与开发阶段，利益相关者的数量增多，网络规模增大。网络中存在多个高中心性的利益相关者，其往往与业务流程的设计与开发有关，如项目运营方、科研机构等。利益相关者之间的业务关系和物质关系是网络的主要组成部分，业务资源和物质资源是这一阶段的关键资源。具体来说，九仓再生、关联方企业、科研机构具有高中心性，因为这三者掌握业务资源和物质资源，控制并主导着"虎哥回收"项目业务流程的设计和技术的开发，因此整体网络密度较低。绿色浙江作为非营利性社会组织，并未掌握关键的业务资源和物质资源，因此需要从外部获取并整合资源。为促成业务流程的开发，绿色浙江、社区、供应商、政府等多次举行座谈会，以实现多方利益诉求，因此整体网络密度较高。庆和社区垃圾分类项目中，中国天楹的中心性最高，区城管局和社区次之。因为中国天楹掌握着与超市、可回收垃圾处理企业、科研机构等关键参与方的合作关系，区城管局则主要与杭州市环境集团建立联系，合作解决餐厨垃圾、有害垃圾等的运输与处理工作,分别形成了以中国天楹和区城管局为中心的网络子群。

这一阶段需要在确定产品或服务类型的基础上,从外部环境中寻找合作方,以获取所需的资源,如技术、运作经验、资金等,并对整个业务流程进行测试,改进和完善设计中的不足。

(4)在实施阶段,网络中的利益相关者的数量较多,网络规模达到最大。此时,具有高中心性的利益相关者较多,在不同类型的社会创新项目中,社会支持资源、制度资源、业务资源和物质资源均不同程度地影响社会创新的效果。具体来说,企业主导的社会创新中,对社会支持资源、制度资源和业务资源较为重视。"虎哥回收"项目在余杭区政府、环保组织的帮助下进驻社区,得到社区居民的广泛支持,并通过下游企业对垃圾的回收再利用获得经济效益,因此形成了高密度的网络。"智慧绿房"项目中,绿色浙江联合设备供应商,扎根社区,对垃圾分类进行广泛的宣传,加上媒体、基金会等的传播,社会效应较为显著。庆和社区垃圾分类项目中,中国天楹、社区、区城管局和街道的中心性较高,中国天楹负责运作,政府提供支持的同时还负责对项目运作情况进行监管,社区积极参与到垃圾分类活动中,形成了政府、企业、社会组织合作的网络,但由于部分业务资源由中国天楹和区城管局掌握,因此整体网络密度较低,形成两个网络子群。

在这一阶段,需要提高各利益相关者对社会创新项目的认可和接纳程度,尤其是对项目实施有重大影响的利益相关者。在实施初期,需要政府、社区等积极参与到社会创新中来,并通过与利益相关者的沟通,对项目方案加以修正和完善。在后期扩散与传播中,社会力量也起到了不可忽视的作用,如媒体、志愿者、社会组织的加入,扩大了社会创新项目的影响。

7.5 本章结论

本章以利益相关者网络为研究视角,以利益相关者"资源—网络—网络结构"为主线,对社会创新过程进行研究,并结合杭州市垃圾分类回收的社会创新典型案例进行分析和验证，得出以下主要结论：

（1）社会创新过程主要分为创意生成、创意评估、设计与开发、实施四个阶段。创意生成阶段需要对社会问题或社会需求保持高度敏感，并把握社会机会，剖析社会问题，产生初步创意；创意评估阶段需要进行合规性评估、社会性评估和商业性评估；设计与开发阶段要注重对整体业务流程的开发；实施需要提高各利益相关者对社会创新项目的认可程度。

（2）资源是社会创新过程中最重要的因素，资源的获得情况决定了社会创新的效果。社会创新的利益相关者网络中可以获取的资源分为四类：制度资源、社会支持资源、业务资源和物质资源。其中，在创意生成阶段，社会支持资源与制度资源是核心资源，创意评估阶段主要涉及制度资源、社会支持资源和业务资源，设计与开发阶段的关键资源是业务资源与物质资源，社会支持资源、制度资源、业务资源和物质资源对实施阶段均有重要影响。

（3）不同主体主导的社会创新对网络中资源的偏好与依赖程度各有不同，从而形成了利益相关者网络的差异性。企业主导的社会创新更注重从网络中获取制度资源与社会支持资源，社会组织主导的社会创新更注重从网络中获取物质资源与业务资源，政府主导的社会创新则更注重对业务资源的获取。当主体掌握了不同阶段所需的关键资源时，其就在网络中占据中心位置，主导并控制项目的发展；当主体对某种资源的依赖程度较高而必须从外部网络获取时，外部利益相关者的中心性会提高，甚至会形成新的网络子群；当主体需要从外部多个利益相关者处获取资源时，网络密度会增加，以满足不同利益相关者的诉求以实现合作。但需要注意的是，根据资源依赖理论，组织在生存中为了避免对环境中其他组织资源的依赖，有两条途径可供选择：一是尽量将对其他组织的资源依赖最小化；二是尽量把其他组织对自身的依赖最大化（斯晓夫等，2019）。

第 8 章

社会创新利益相关者的网络治理机制

本章将利益相关者理论与治理理论引入社会创新中，基于利益相关者的交易关系、信任关系和信息关系，提出相应的社会创新网络治理机制。本章采用多案例分析的方法，分别以 Z 企业的金秋家园长者服务中心、W企业的随园之家良渚文化村居家养老服务中心和 J 企业的 B 居家养老服务中心为研究对象，分析这 3 个社会创新案例中利益相关者间的关系强度，并针对每个案例提出治理机制。最后，通过跨案例分析，对不同类型的社会创新案例进行异同点分析，提出相应的治理建议。

8.1 理论框架与研究设计

8.1.1 理论框架

网络组织治理的关键是网络内结点之间不同关系的治理，从利益相关者理论看，社会创新网络的结点即不同利益相关者，因此治理关键在于识别网络中各利益相关者之间的关系类型及其相应的治理机制。

目前网络治理方面的文献所涉及的关系包括两个层面：第一个层面强调关系和交易的互动，第二个层面强调网络内不同组织的资源流动。第一个层面主要涉及企业间的相互交易及在这些交易中形成的相互合作的交流方式，第二个层面主要是网络中不同组织的资源流动。在企业社会创新网络中，成员之间的关系种类繁多，可能是基于市场的关系，也可能是基于非市场之间的关系，由此产生了基于交易的市场关系网络、基于信任的社会关系网络及基于信息的信息共享网络。本章从交易关系、信任关系和信息关系这 3 个方面展开对治理机制的研究。

（1）交易关系治理。社会创新网络内的各利益相关者会通过交易方式产生关系。市场环境的不确定性、信息的不匹配性及机会主义等行为都会带来交易成本的上升。交易治理是组织的主导者为了降低组织的关系风险而采取的一系列正式的组织治理行为。交易治理是正式的治理机制，包括正式的激励计划及契约签订。组织可以根据自己与其他利益相关者的关系来选择适合自己的交易治理行为。在社会创新网络治理中，交易治理是为了降低网络内的风险而采取的正式和非正式的治理方式，主要通过签订具体的合同来监督交易双方的行为（彭正银，2002）。

交易关系治理是通过设计出各种机制，对网络中的交易进行控制从而降低风险的行为。网络中的结点作为独立的个体，可能会为了追求自身的利益做出对网络中的其他结点不利的行为，从而降低整个网络的运行效率。交易关系治理的目的就是对网络中的那些可能导致机会主义的交易行为进行控制，强调运用监督控制来实现对网络的治理。社会创新主要是解决社会问题，多是社会公共事业，与经济活动存在本质区别。基于这个特点，社会创新网络中涉及的政府和社会组织主体一般关注社会问题涉及的群体，这些群体之间的交易主要是建立在非正式的文化制度中的，这种非正式的文化制度由于没有正式的契约约束，可能会导致机会主义行为的产生，因而对网络中这种非正式的交易治理的关键在于对这些交易行为的监督，并设计出合理高效的监督机制来对交易治理进行控制，从而提升网络的整体效率。

（2）信任关系治理。利益相关者之间的信任关系可以带来社会创新活动的有序开展。信任关系主要是依靠非正式的规范来实现的，它弥补了交易关系治理中契约治理的不足。信任对于中国情境下的组织关系尤为重要，是关系治理重要的控制因素和保证社会创新网络高效运转的非正式制度安排。

信任关系治理主要强调通过主体间的信任程度来进行控制。在众多利益相关者参与形成的社会创新网络中，关系性质决定了网络中成员之间联系的紧密程度，进一步决定了网络效应的高低。信任关系治理的目的在于提高网络中的信任程度，从而进一步降低网络的合约及监督成本。对信任关系的治理可以通过表达善意、建立信任关系及潜在的处罚机制来实现，建立信任关系是关系治理的关键所在。Dyer et al.（1998）指出，组织间发展信任关系可以使竞争对手难以模仿，这是由于信任关系具有高度复杂的社会性。建立良好的信任治理机制有利于营造出一个相互信任的合作氛围，减少网络监督成本和机会主义行为的产生。对不同的利益相关者来说，提高信任度的方法是不同的，但整体而言，保证机构有良好的意图是很重要的（夏露萍，2014）。

（3）信息关系治理。无论是交易关系还是信任关系，都是建立在信息关系基础上的，信息影响着利益相关者的行为选择。网络内的组织之间通过互动实现信息共享，从而达成共识。通过信息关系治理，可以提高网络成员之间信息共享的程度，促进网络关系质量的提升。

网络内的信息共享程度对网络的整体发展具有一定的作用，信息的不对称会带来网络内结点之间认知的差异。在信息关系治理中，组织间长期有效的互动可以增强网络内的信息共享程度，一定程度上消除信息的不对称性。在社会创新网络中，众多利益相关者的参与，更易导致网络中信息的不对称。因此，建立良好的沟通机制可以加深网络内各利益相关者之间的互动程度，加深网络内的信息共享程度，减少因为信息不对称带来的风险。

交易关系治理主要通过契约来约束监督交易双方的行为，信任关系治理和信息关系治理作为一种非正式的治理机制，强调用组织间的一些隐性制度和文化等来实现治理目标。但是，不管是交易关系治理还是信任关系治理或是信息关系治理，都是对网络结点间的关系进行治理。在社会创新的过程中，由于其主导主体不同，社会创新网络内各利益相关者之间的关系强度会有所差异，交易关系治理、信任关系治理及信息关系治理的机制也会有所不同。

交易关系治理的目标是防止网络内机会主义的产生，主要通过签订契约的形式来对其他利益相关者的行为进行监督，从而达到治理目标；信任关系治理的目标是增强主体间的信任，防止关系风险的产生，主要通过强化信任的形式来实现；信息关系治理的目标是促进网络中信息共享程度的最大化，主要通过加强网络内各利益相关者之间的沟通频率来实现。根据上述分析构建的理论框架如图 8-1 所示。

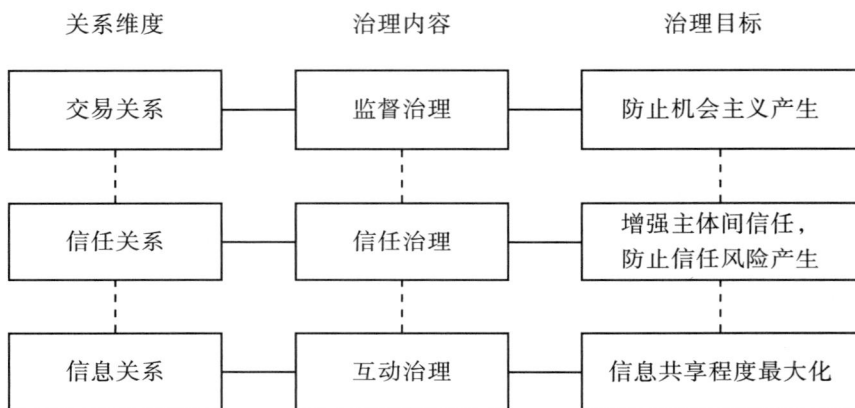

图 8-1　社会创新网络的治理机制

8.1.2 研究方法与数据收集

本章主要采用案例结合社会网络（Ucinet）的分析方法进行研究，将金秋家园长者服务中心、随园之家良渚文化村和 B 中心（应要求采取匿名方式）等 3 个居家养老社区作为研究案例。案例资料的收集主要来自 3 个方面：第一，访问该企业的网站，阅读以这些企业作为案例的书籍和文献；第二，留意和收集这些企业的新闻媒体报道及企业相关负责人发表的讲话；第三，实地调研，与相关人员进行半结构化访谈以获得一手资料。表 8-1 列出了各访谈涉及的基本信息，包括访谈时间、地点，访谈对象及访谈对象的职位，为确保访谈对象的隐私，本研究中所有的访谈者均以字母表示。

表 8-1 访谈的基本信息

访谈时间	访谈地点	访谈对象	访谈对象职位
2017 年 7 月 15 日	Z 企业	L 经理	Z 企业社会创新项目负责人
2017 年 8 月 20 日	电话沟通，无地点要求	L 经理	Z 企业社会创新项目负责人
2017 年 7 月 13 日	W 企业	W 经理	W 企业社会创新项目负责人
2017 年 8 月 25 日	电话沟通，无地点要求	W 经理	W 企业社会创新项目负责人
2017 年 7 月 20 日	J 企业	H 经理	J 企业社会创新项目负责人
2017 年 8 月 23 日	电话沟通，无地点要求	H 经理	J 企业社会创新项目负责人

8.2 案例一：Z 企业的金秋家园

Z 企业是一家主要从事养老工作的公司，企业挂靠于杭州市西湖区民政局，服务人员 100 多人，服务内容包括为老年人提供生活照顾、家政服务、紧急救助、康复保健、精神慰藉、心理咨询、洗衣做饭、家电维修等。杭州老城区中的古荡街道的 60 岁以上老人将近有 1 万人，80 岁以上老人两千多人，因此，Z 企业在古荡街道内成立了一家金秋家园长者服务中心。该中心的总建筑面积约为 1200 平方米，共投入了 370 余万元，主要为附近的老人提供就餐、康复、保健、娱乐等多种服务。随着中心的不断发展，企业为更好地服务老年人，引进了多家企业和社会组织，以提供更专业的服务。

8.2.1 利益相关者识别

以下分别从服务供给、资金供给、服务监督和行业培训 4 个角度来识别 Z 企业金秋家园长者服务中心项目的利益相关者，具体如表 8-2 所示。

在金秋家园长者服务中心项目的众多利益相关者中，政府主要提供政策和资金上的支持：市老龄办主要提供政策上的支持，负责与老龄工作相关的地方性法规和规章的颁布；区民政局老龄办主要提供服务支持，负责辖区内的老龄工作和相关的管理工作；财政部门提供资金供给，保证社区正常运转的同时提供老年人餐补和各种就医补贴；工商部门主要对与该中心合作的企业进行行业监督。社会组织主要提供各种服务供给：社区居家养老协会主要负责行业规范的制订和监督执行，同时负责对该中心的部分人员进行监督；益优互助中心主要进行手艺教学，丰富老人的平时生活；大爱老年人事务中心提供一些老人早期失智筛查和康复服务。合作企业提供一些服务供给，主要针对老年人的饮食和就医：杭帮菜博物馆餐饮有限公司与社区合作建立老人食堂，为不能独立做饭的老人解决就餐问题；与科沃斯公司合作，引进智能机器人"旺宝"和"小易"，它们可以聊天、唱歌和讲故事，让它们每天在固定的时间与老人进行沟通，一定程度上弥补了老人儿女不在身边的缺憾；与 W 企业的随缘之家中医诊所进行合作，为社区的老人提供中医推拿、针灸等服务。该中心还在已退休老人中选取部分老人组成老年人监督团，负责对该中心的服务进行监督。其他还有志愿者、社会媒体等。

表 8-2　金秋家园长者服务中心项目的利益相关者识别

利益相关者类别	利益相关者名称	利益相关者描述
政府	市老龄办	主要负责与全市老龄工作相关的地方性法规和规定的起草和颁布，监督各项文件的落实情况
	区民政局老龄办	是社区内老龄工作的管理部门，对老龄服务工作进行管理
	财政部门	负责财政拨款及提供补贴，同时监督老龄工作的展开情况
	工商部门	对参与社区居家养老服务的企业进行监督
金秋家园服务中心	金秋家园服务中心	提供具体的老年服务

利益相关者类别	利益相关者名称	利益相关者描述
社会组织	社区居家养老协会	负责行业规范的制订及必要的行业监督
	益优互助中心	向服务对象提供手艺传授并有偿回收产成品
	大爱老年人事务中心	为老年人提供早期失智筛查、早期失智康复等服务
合作企业	杭帮菜博物馆餐饮有限公司	建立老年食堂，解决老年人就餐问题
	科沃斯公司	提供机器人服务，解决老人日常沟通需求
	W 企业随园之家中医诊所	为老人提供针灸、推拿、按摩等服务
志愿者	志愿者团队	提供志愿服务
老年人监督团	老年人监督团	监督中心的各项工作
政府购买对象	政府购买对象	80 周岁以上的老人可以免费用餐
非政府购买对象	非政府购买对象	60 周岁以上的老人可以按年龄档次享受充值 100 元分别送 35 元、45 元、55 元的优惠
社会媒体	社会媒体	提供媒体宣传

8.2.2 信任关系的网络分析

根据调研和问卷发放，我们收集到涉及金秋家园长者服务中心项目的各利益相关者之间信任关系的相关信息，将信任关系定量化后进行 0—3 赋值能够更好地反映出网络中的关系结构。本章在进行可视化网络图绘制和分析之前，先将信任关系进行二值化处理，以"1"为分界点，将"0"和"1"的关系视为弱关系，赋权为 0，将"2"和"3"的关系视为强关系，赋权为 1，在此基础上，利用 Ucinet 软件中的 netdraw 功能，绘制出信任关系的可视化网络图（见图 8-2），网络中的各个结点表示众多的利益相关者，结点的大小与它们的点度中心性相关。

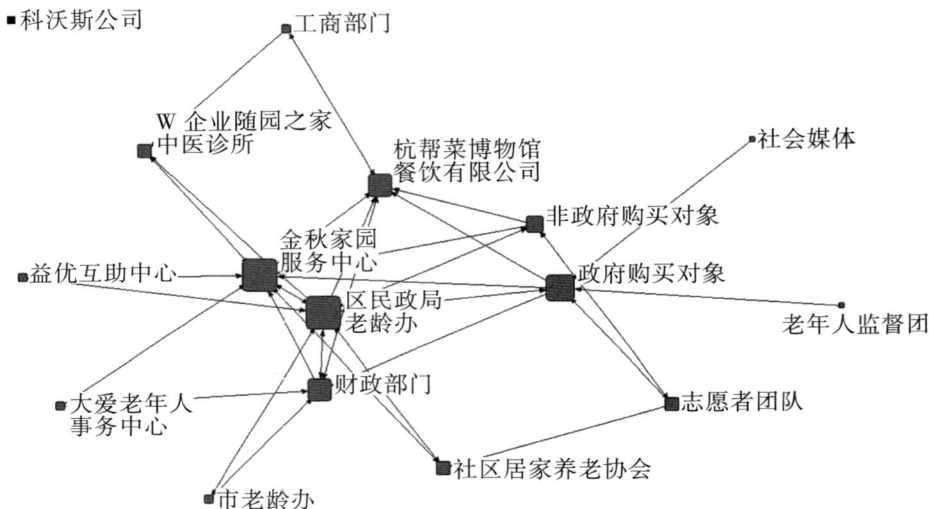

图 8-2 金秋家园长者服务中心项目的信任关系网络简化图

信任网络是有向网络，入度中心性反映的是各利益相关者在网络中的被信任程度，出度中心性则反映的是各利益相关者在网络中信任其他利益相关者的程度，根据 Ucinet 软件进行运行计算，得出的入度中心性、出度中心性和中间中心性如表 8-3 所示。由于本章主要分析的是信任网络中各利益相关者的被信任程度，故仅对信任的入度中心性进行分析。根据表 8-3 可知，区民政局老龄办拥有最高的入度中心性，达到 0.467，社会组织和合作企业中拥有最高的入度中心性的分别为社区居家养老协会（0.200）和杭帮菜博物馆餐饮有限公司（0.400），说明政府拥有较高的信任度，合作企业和社会组织的信任度低于政府。

本研究根据 Ucinet 软件计算出金秋家园长者服务中心项目的信任网络

密度为 0.3792，信任密度为中等，可见网络内的各利益相关者之间的信任关系比较强。

表 8-3 金秋家园长者服务中心项目的信任关系网络中心性

利益相关者类别	利益相关者名称	入度中心性	出度中心性	中间中心性
政府	市老龄办	0.067	0.133	0.000
	区民政局老龄办	0.467	0.533	63.000
	财政部门	0.333	0.200	17.500
	工商部门	0.067	0.133	1.000
金秋家园服务中心	金秋家园服务中心	0.333	0.400	53.333
社会组织	社区居家养老协会	0.200	0.133	2.000
	益优互助中心	0.067	0.133	0.000
	大爱老年人事务中心	0.067	0.133	0.667
合作企业	杭帮菜博物馆餐饮有限公司	0.400	0.133	17.667
	科沃斯公司	0	0	0.000
	W 企业随园之家中医诊所	0.200	0.067	6.500
志愿者	志愿者团队	0.067	0.133	0.833
老年人监督团	老年人监督团	0	0.067	0.000
政府购买对象	政府购买对象	0.267	0.267	28.000
非政府购买对象	非政府购买对象	0.133	0.267	16.000
社会媒体	社会媒体	0	0.067	0.000

8.2.3 互动关系的网络分析

根据调研和问卷发放，收集到涉及金秋家园长者服务中心的各利益相关者之间互动关系的相关信息，并对互动关系采用0—3赋值，进行二值化处理后，利用 Ucinet 软件中的 netdraw 功能绘制出互动关系的网络简化图（见图 8—3），网络中的各个结点表示各个利益相关者，结点的大小表示各利益相关者的点度中心性的大小。

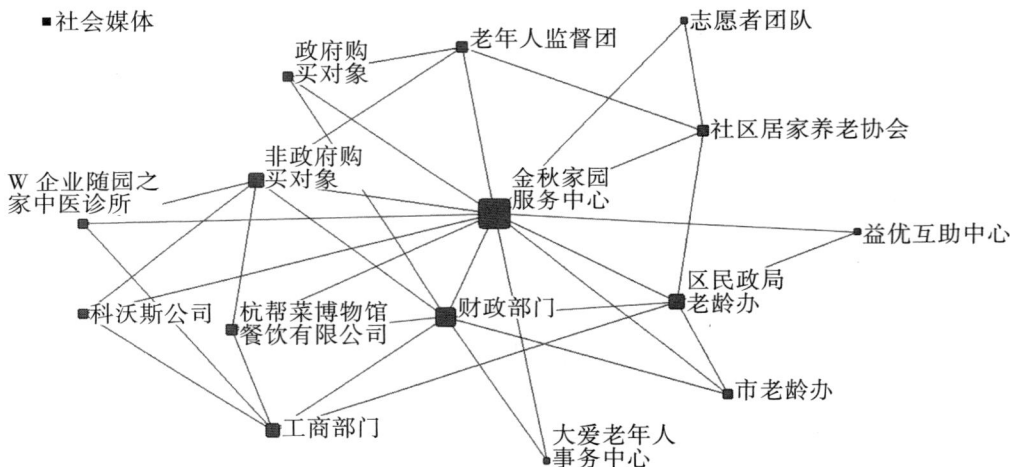

图 8-3　金秋家园长者服务中心项目的互动关系网络简化图

利益相关者之间的互动不存在入度中心性和出度中心性，因此对互动关系的中心性分析主要包括对点度中心性和中间中心性的分析。本研究通过 Ucinet 软件计算得出的互动关系的中心性如表 8—4 所示。

根据表 8—4 可知，在互动关系的网络中心性中，金秋家园长者服务中心和财政部门的点度中心性相对较高，分别为 0.867 和 0.533，同时它们的中间中心性在网络中也是较高的，分别是 15.167 和 4.333。金秋家园长者服务中心的中心性高是因为它承担了主要的工作，与其他利益相关者之间拥有很多的互动联系；财政部门的中心性高是因为它承担了大部分的资金供给，与众多的利益相关者之间有资金往来。

本研究根据 Ucinet 软件计算出金秋家园长者服务中心项目的互动关系网络密度是 0.4170，这表明网络中的各利益相关者之间的互动关系较紧密。

表 8-4　金秋家园长者服务中心项目的互动关系网络中心性

利益相关者类别	利益相关者名称	点度中心性	中间中心性
政府	市老龄办	0.200	0
	区民政局老龄办	0.400	1.500
	财政部门	0.533	4.333
	工商部门	0.333	2.333
金秋家园服务中心	金秋家园服务中心	0.867	15.167
社会组织	社区居家养老协会	0.267	1.000
	益优互助中心	0.133	0
	大爱老年人事务中心	0.133	0
合作企业	杭帮菜博物馆餐饮有限公司	0.267	0.667
	科沃斯公司	0.200	0.667
	W 企业随园之家中医诊所	0.200	0.667
志愿者	志愿者团队	0.133	0
老年人监督团	老年人监督团	0.267	0
政府购买对象	政府购买对象	0.200	0.333
非政府购买对象	非政府购买对象	0.400	4.333
社会媒体	社会媒体	0	0

8.2.4 监督关系的网络分析

根据调研和问卷发放，我们收集到涉及金秋家园长者服务中心项目的各利益相关者之间监督关系的相关信息，并对监督关系采用0—3赋值进行二值化处理后，利用Ucinet软件中的netdraw功能绘制出监督关系的网络化简图（见图8-4），网络中的各个结点表示网络中的各个利益相关者，结点的大小表示各利益相关者的点度中心性的大小。

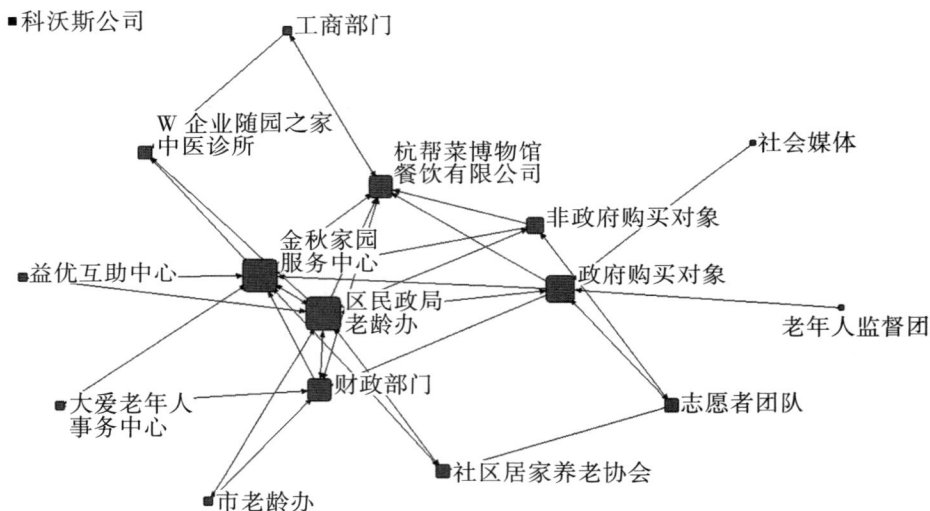

图8-4　金秋家园长者服务中心项目的监督关系网络简化图

在监督关系中，网络的入度中心性反映了网络中的利益相关者受到其他利益相关者监督的情况，出度中心性反映了网络中的利益相关者对其他利益相关者的监督情况。本研究根据Ucinet软件计算得出的各利益相关者的中心性如表8-5所示。

表 8-5　金秋家园长者服务中心项目的监督关系网络中心性

利益相关者 类别	利益相关者名称	入度中 心性	出度中 心性	中间中 心性
政府	市老龄办	0.067	0.067	0
	区民政局老龄办	0.133	0.267	19
政府	财政部门	0	0.200	0
	工商部门	0	0.200	0
金秋家园服务 中心	金秋家园服务中心	0.067	0.200	0
社会组织	社区居家养老协会	0.067	0.200	6.000
	益优互助中心	0.067	0	0
	大爱老年人事务中心	0.133	0	0
合作企业	杭帮菜博物馆餐饮有 限公司	0.333	0	0
	科沃斯公司	0.267	0	0
	W 企业随园之家中医 诊所	0.267	0	0
志愿者	志愿者团队	0.267	0	0
老年人监督团	老年人监督团	0.067	0.200	2.000
政府购买对象	政府购买对象	0.067	0.267	7.500
非政府购买 对象	非政府购买对象	0.067	0.267	4.500
社会媒体	社会媒体	0	0.133	0

在对监督关系的网络中心性进行分析时，主要分析各利益相关者相互监督的程度，因此包括对监督关系的入度中心性和出度中心性的分析。根据表 8-5 可知，在金秋家园长者服务中心项目的监督关系中，合作企业的入度中心性都相对较高，其中杭帮菜博物馆餐饮有限公司的入度中心性为

0.333，是整个网络中最高的。相对而言，政府、金秋家园服务中心、社会组织和其他组织的入度中心性都偏低，这表明它们所受的监督强度小。政府的出度中心性相对于其他组织较高，表明其对其他组织的监督较多。相对而言，合作企业的出度中心性基本没有。

本研究根据 Ucinet 软件计算出监督关系的网络密度是 0.1125，是金秋家园长者服务中心项目的网络关系中网络密度的最低值，这表明监督关系网络内的利益相关者之间基本没有联系。

8.2.5 研究发现

将金秋家园长者服务中心项目设计的利益相关者的信任、互动和监督关系的中心性放入同一个柱状图中进行分析，可以很直观地表现出这些利益相关者之间的关系强弱（见图 8-5）。

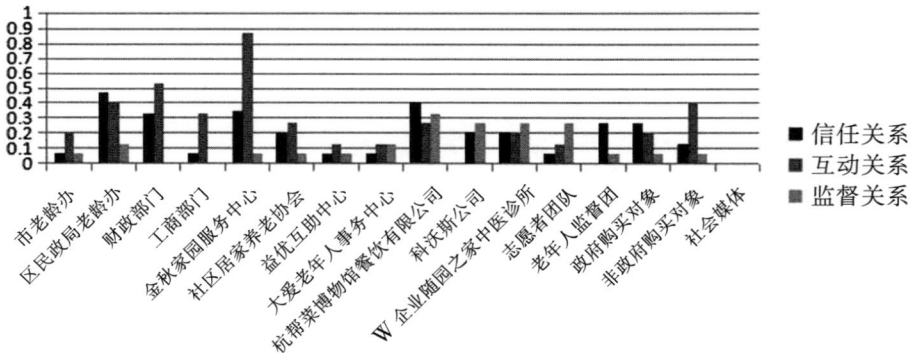

图 8-5　金秋家园长者服务中心项目的信任、互动、监督关系的中心性对比图

（1）金秋家园服务中心拥有最高的互动关系中心性，但信任关系的中心性和监督关系的中心性都不高。金秋家园服务中心作为网络中的主要服务提供者，与网络内的其他利益相关者之间保持很好的沟通关系，但低的信任关系中心性与高的互动度不匹配，这说明金秋家园长者服务中心的认可度低。在低信任度的情况下，低的监督关系中心性说明企业没有采取合适的措施来对其他利益相关者进行监督，这应该引起注意。

（2）政府各部门的参与度不一致。从图 8-5 可以看出，区民政局老龄办和财政部门在网络中拥有较高的互动度和被信任程度，市老龄办和工商部门的互动度和被信任程度低，这说明在社区居家养老事业中政府相关部门的参与度不足，在老年问题的解决过程中政府相关部门之间的沟通偏少。

（3）社会组织和合作企业的参与度不高。从图 8-5 可以看出，在金秋家园长者服务中心项目的各关系的中心性对比中，社会组织和合作企业作为服务的提供者，拥有较低的信任度、互动度和较高的监督度，这说明在项目运转过程中，社会组织和合作企业接受的监督程度最高，但低的信任度和互动度则表明它们在网络中的沟通频率很低，仅与服务中心进行简单的联系，这样很难了解到服务接受者的真正需求。

总之，在金秋家园长者服务中心项目的关系网络中，互动关系的网络密度最高，其次是信任关系，监督关系的网络密度最低。网络内各利益相关者之间的交易行为主要是通过非正式的方式来进行的，而网络内的各利益相关者作为独立的个体，在养老问题的解决过程中会出现各种机会主义行为。企业在这种情况下，要针对监督不足的问题来对社会创新项目进行治理，以达到消除机会主义行为的目的。具体而言，就是企业在社会创新项目进行的过程中要完善社会创新网络内的监督机制，设立合适的监督指标（有效投诉的结案率和老人的满意度等）来保证整体网络的运行，同时也要设立服务反馈系统，加大对各种不端行为的惩罚力度。

8.3 案例二：W 企业的随缘之家

W 企业成立于 1984 年，1988 年进入房地产行业，经过 30 余年的发展，已成为国内领先的房地产企业，主要业务集中在房地产销售和小区物业服务的提供上。随着规模的不断扩大，企业开始进军养老行业，致力于打造养老服务网络。W 企业自进入杭州市场以后就有开发养老地产的想法并一直为此努力，随着企业自身养老地产项目的进行，养老地产开始转向养老服务。W企业旗下的随园嘉树、随园护理院和随园之家可为长者提供不同类型的服务。2009年，W企业的第一个养老项目随园嘉树立项成功，并于2013年在余杭良渚开盘。随园嘉树是随园养老的大型社区系列项目，为老人提供一系列的养老服务。随园护理院主要为老人提供术后康复服务，凭借专业的医疗护理康复团队，为术后康复和失能照护两类老人提供日常护理、康复治疗等养老服务。随园之家是随园养老的社区居家养老服务中心系列项目，让老人在不离开社区的同时还能享受到服务。随园养老与政府合作，依托社区日照店推出的居家养老服务专属项目，为社区老人提供居家照护（家政＋护理）、健康服务、康复理疗、老年旅游、老年餐饮和文化娱乐等便民服务。W企业的养老服务历时8年的发展，从邻里式老人活动社区——随园嘉树，家庭式老人康复中心——随园护理院，再到家门口的社区居家养老服务中心——随园之家，随园养老已形成社区、机构和居家养老三大层级的养老服务体系。

依照"居家养老式"的理念，在随园之家文鼎苑社区居家养老服务中心于2016年开业后，随缘之家良渚文化村居家养老服务中心于2017年3月开业，其依托社区现有的日照店和随园医疗、康复、健康管理、照护等团队资源，就社区内老人就餐难、就医难、出院康复护理难、日常生活照料难、紧急情况无人照料等问题，推出了系统化的解决方案，让居住在家的老人能够享受到便利的家门口养老服务。随园之家良渚文化村居家养老服务中心主要为老人提供健康检测、慢病管理、康复理疗、文娱活动、健康讲座、出行陪护和陪诊等服务。

8.3.1 利益相关者识别

本研究分别从服务供给、资金供给、服务监督和行业培训4个角度来识别随园之家良渚文化村居家养老服务中心的利益相关者，具体的利益相关者如表8-6所示。政府主要进行政策引导，给予政策支持；良渚文化社区提供场地支持；工商部门对参与中心运转的企业进行监督。W企业主要对该中心提供资金支持和指导，随园之家护理院为该中心提供技术支持，同时也对该中心的工作人员进行培训。社区内的社团组织主要提供精神方面的服务，A 医院定期为老人提供身体检查，志愿者团队提供服务支持。

表 8-6　随园之家良渚文化村居家养老服务中心项目的利益相关者识别

利益相关者类别	利益相关者名称	利益相关者描述
政府	区民政局老龄办	所管辖区域内社区居家养老服务工作的主要负责部门，负责社区内居家养老事宜的规划、管理、指导和实施等工作
	良渚文化社区	为中心提供场地支持
	工商部门	对参与社区居家养老服务的企业进行监督
养老服务中心	随园之家良渚服务中心	提供具体的养老服务
W 企业	W 企业下属部门 1	对中心的运转提供指导和资金支持
	W 企业下属部门 2	对中心的运转进行监督
	随园之家护理院	为中心老人提供理疗和康复服务
社会组织	社区居家养老协会	负责制订和监督社区居家养老行业规范
社团组织	木兰英姿	由社区内爱好文体活动的人员自发组成，为中心提供多种文娱活动
	花木兰志愿者便民服务队	为老人提供便民服务
工作人员	社区工作人员	与中心对接工作，并监督中心的行为
医院	A 医院	为老人进行口腔和眼科检查
志愿者团队	志愿者团队	提供志愿服务

8.3.2 信任关系的网络分析

根据现场走访调研和问卷发放，我们确定了随园之家良渚文化村居家养老服务中心项目的众多利益相关者之间的信任关系强度，并对信任关系采用0—3赋值，进行二值化处理后将结果输入 netdraw 中运行得到随园之家良渚文化村居家养老服务中心项目的信任关系可视化网络图，网络中的结点表示众多的利益相关者，结点的大小表示它们的点度中心性的大小，具体如图8-6所示。

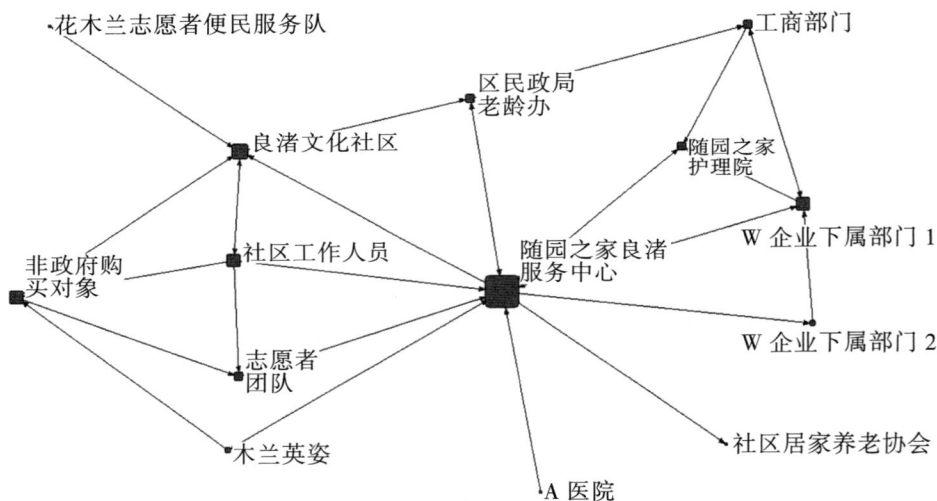

图8-6 随园之家良渚文化村居家养老服务中心项目的信任关系可视化网络图

根据信任关系矩阵，本研究通过 Ucinet 软件计算出随园之家良渚文化村居家养老服务中心的信任关系的入度中心性、出度中心性和中间中心性，如表8-7所示。本部分仅对入度中心性进行分析。在随园之家良渚文化村居家养老服务中心项目的信任关系网络中，随园之家良渚服务中心拥有最高的入度中心性，达到0.538，这是由于在 W 企业的品牌效应的带动下，该项目受到很高评价。同时，随园之家良渚服务中心的中间中心性也最高，这表明其在网络中拥有很高的控制力。同时，W 企业的中心性也较高。

表 8-7　随园之家良渚文化村居家养老服务中心项目的信任关系中心性

利益相关者类别	利益相关者名称	入度中心性	出度中心性	中间中心性
政府	区民政局老龄办	0.153	0.230	12.833
	良渚文化社区	0.385	0.230	39.333
	工商部门	0.154	0.154	2.333
养老服务中心	随园之家良渚服务中心	0.538	0.538	61.833
W 企业	W 企业下属部门 1	0.230	0.230	18.833
	W 企业下属部门 2	0.077	0.077	0
	随园之家护理院	0.230	0.077	5.000
社会组织和社团组织	社区居家养老协会	0.077	0	0
	木兰英姿	0.077	0.154	10.500
	花木兰志愿者便民服务队	0.077	0.077	0
工作人员	社区工作人员	0.077	0.308	13.833
医院	A 医院	0	0.077	0
非政府购买对象	非政府购买对象	0.154	0.154	5.500
志愿者团队	志愿者团队	0.154	0.077	6.000

　　根据软件运行结果可知，随园之家良渚文化村居家养老服务中心的网络密度为 0.4890，信任的密度较高。

8.3.3 互动关系的网络分析

我们根据已有资料得到互动关系矩阵，并对互动关系采用 0—3 赋值，进行二值化处理后将结果输入 netdraw 中运行得到随园之家良渚文化村居家养老服务中心项目的互动关系的可视化网络图，网络中的结点表示利益相关者，结点的大小表示它们的点度中心性的大小，具体如图 8-7 所示。

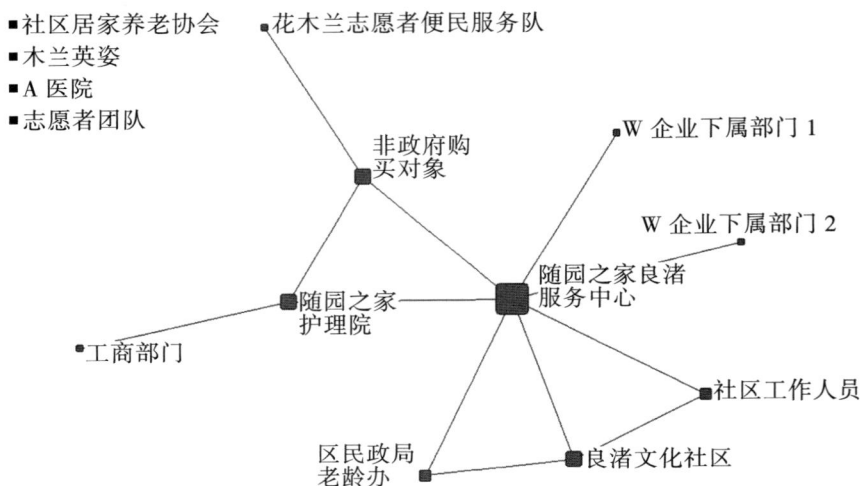

■ 社区居家养老协会
■ 木兰英姿
■ A 医院
■ 志愿者团队

花木兰志愿者便民服务队

非政府购买对象

W 企业下属部门 1

W 企业下属部门 2

随园之家良渚服务中心

随园之家护理院

工商部门

社区工作人员

区民政局老龄办

良渚文化社区

图 8-7 随园之家良渚文化村居家养老服务中心项目的互动关系可视化网络图

根据互动关系矩阵，本研究通过 Ucinet 软件计算出随园之家良渚文化村居家养老服务中心项目的互动关系的点度中心性和中间中心性，具体如表 8-8 所示。拥有最高点度中心性的是随园之家良渚服务中心，同时它也拥有最高的中间中心性，这说明其承担了养老责任，在网络中充当联络人的身份；网络内的其他利益相关者之间的互动程度都很低，这表明，在 W 企业的社会创新项目中，W 企业作为项目的主要负责者控制了网络中的多数信息和资源，网络内的共享程度不高。

根据 Ucinet 软件计算得出的随园之家良渚文化村居家养老服务中心项目的网络密度为 0.1978，可见网络内的沟通主要由随园之家良渚服务中心来进行，其他利益相关者之间的联系很少，甚至没有联系。

表 8-8 随园之家良渚文化村居家养老服务中心项目的互动关系中心性

利益相关者类别	利益相关者名称	点度中心性	中间中心性
政府	区民政局老龄办	0.15	0
	良渚文化社区	0.23	0.50
	工商部门	0.08	0
养老服务中心	随园之家良渚服务中心	0.40	8.50
W 企业	W 企业下属部门 1	0.08	0
	W 企业下属部门 2	0.08	0
	随园之家护理院	0.23	1.00
社会组织和社团组织	社区居家养老协会	0	0
	木兰英姿	0	0
	花木兰志愿者便民服务队	0	0
工作人员	社区工作人员	0.15	0
医院	A 医院	0.08	0
非政府购买对象	非政府购买对象	0.23	0
志愿者团队	志愿者团队	0	0

8.3.4 监督关系的网络分析

本研究根据已有的资料得到监督关系矩阵，并对监督关系采用 0—3 赋值，进行二值化处理后将结果输入 netdraw 中运行得到随园之家良渚文化村居家养老服务中心项目的监督关系可视化网络图，网络中的结点表示各利益相关者，结点的大小表示它们的点度中心性的大小，具体如图 8-8 所示。

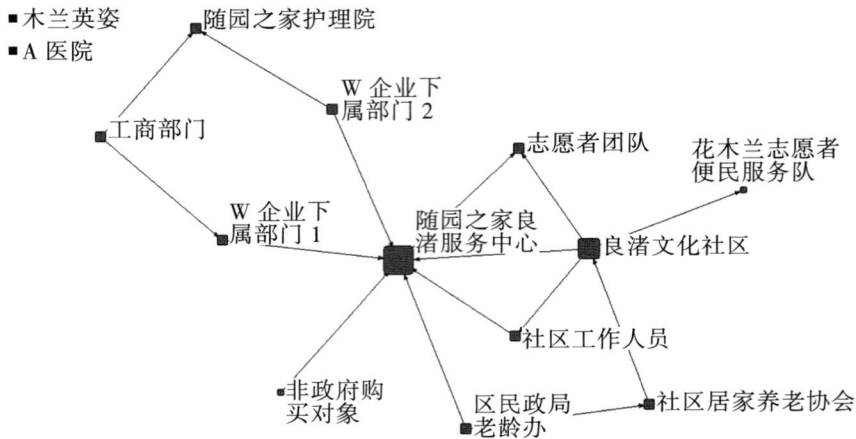

图 8-8　随园之家良渚文化村居家养老服务中心项目的监督关系可视化网络图

根据监督关系矩阵，本研究通过 Ucinet 软件计算得出随园之家良渚文化村居家养老服务中心项目的监督关系中心性，如表 8-9 所示。

表 8-9　随园之家良渚文化村居家养老服务中心项目的监督关系中心性

利益相关者类别	利益相关者名称	入度中心性	出度中心性	中间中心性
政府	区民政局老龄办	0	0.15	0
	良渚文化社区	0.08	0.31	6.00
	工商部门	0	0.15	0
养老服务中心	随园之家良渚服务中心	0.31	0.08	4.00
W 企业	W 企业下属部门 1	0.08	0	0
	W 企业下属部门 2	0	0.15	0
	随园之家护理院	0.15	0	0
社会组织和社团组织	社区居家养老协会	0.08	0.08	3.00
	木兰英姿	0	0	0
	花木兰志愿者便民服务队	0.08	0	0

续 表

利益相关者类别	利益相关者名称	入度中心性	出度中心性	中间中心性
工作人员	社区工作人员	0.15	0.08	2.00
医院	A 医院	0	0	0
非政府购买对象	非政府购买对象	0	0.08	0
志愿者团队	志愿者团队	0.15	0	0

根据表 8-9 可知，在随园之家良渚文化村居家养老服务中心项目的监督关系中，随园之家良渚服务中心的入度中心性最高。该中心作为服务的主要提供者，在网络中受到高的监督是合理的。但该中心的出度中心性低，说明该中心对网络中其他利益相关者的监督不强；在出度中心性中，良渚文化社区最高，这是由于良渚文化社区作为社区内老年工作的主要负责者，需要对社区内老年工作的提供者进行监督，以保证社区内老人的生活。

本研究根据 Ucinet 软件计算得出随园之家良渚文化村居家养老服务中心项目的监督关系的网络密度为 0.2875，小于信任关系的网络密度，大于互动关系的网络密度，这说明各利益相关者之间存在一定的监督关系。

8.3.5 研究发现

将随园之家良渚文化村居家养老服务中心项目的信任、互动和监督关系置于一个柱状图中对比，可以很好地反映出网络内利益相关者之间的关系状态（见图 8-9）。

（1）随园之家良渚文化村居家养老服务中心项目的信任、互动和监督关系不匹配。由图 8-9 可以看出，随缘之家良渚文化村居家养老服务中心项目拥有很高的信任关系中心性，但其互动关系中心性和监督关系中心性都偏低。拥有高的信任度是因为随园之家良渚文化村居家养老服务中心项目作为 W 企业旗下的养老项目之一，拥有 W 企业随园嘉树和随园护理院两大养老项目中专业的护理和医疗人员，解决了其主要的养老问题；另外，W 企业作为国内知名的房产企业，其高知名度也为随园之家良渚文化村居家养老服务中心的运转提供了一定的担保。

（2）社会组织和志愿者团队的参与度低。社会组织和社团组织（社区居家养老协会、木兰英姿、花木兰志愿者便民服务队）及志愿者团队的互动度和信任度都很低，特别是互动度在网络上全为 0。作为社会组织和社团组织及志愿者团队，专业化服务缺乏导致信任度低较为合理，但低的互动度却不合理，它们应该与网络中的其他利益相关者之间建立很好的联系，这样才能保证它们拥有更多的资源和信息来满足老年人的各种需求。

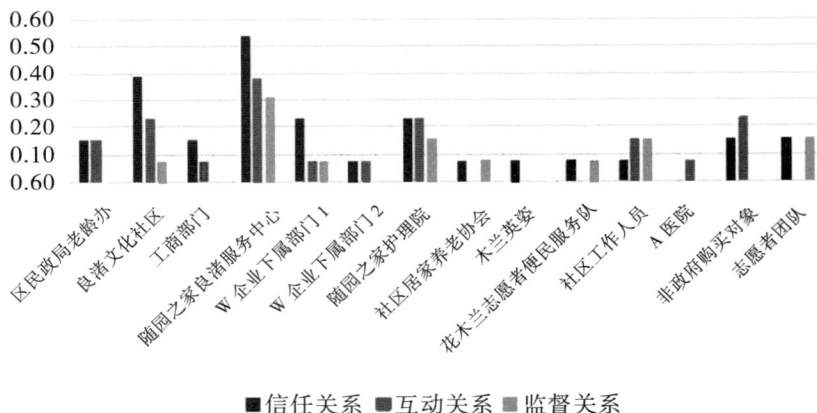

图 8-9　随园之家良渚文化村居家养老服务中心项目的信任、互动、监督
关系的中心性对比图

根据前文内容，随园之家良渚文化村居家养老服务中心项目的网络关系中信任关系的网络密度最大，其次是监督关系，最后是互动关系，可见网络内各利益相关者之间的互动主要是通过沟通方式来进行的，沟通顺畅能带来网络中信息共享程度的加深、网络运行效率的提高。在本案例中，企业拥有各种推动养老事业开展的资源，但却造成了企业与其他社会组织之间的互动关系减弱。因此，随园之家良渚服务中心要加强对网络沟通机制的建设，提高网络中的互动频率，整合政府、企业和社会组织三方的资源，

共同推动养老事业的开展。

8.4 案例三: J 企业的 B 居家养老服务中心

J 企业是挂靠在杭州市西湖区民政局下的以养老服务为主业务的民办非企业单位，业务主要包括为老年人提供生活照顾、家政、紧急救助、康复保健、精神慰藉、心理咨询、洗衣做饭、家电维修等多项服务，目前主要承接了杭州市西湖区的北山街道、蒋村街道、古荡街道和留下街道 4 个街道的居家养老服务。

B 居家养老服务中心项目是 J 企业在杭州市西湖区北山街道设立的一个社会创新项目，该中心自 2014 年成立后为北山街道近 5000 名老人提供了居家养老服务，主要为社区内的老人提供日常生活照料、就医及家政服务。为了促进 B 居家养老服务中心的发展，J 企业积极和其他企业及社会组织进行合作，不断提高服务水平。

8.4.1 利益相关者识别

本研究分别从服务供给、资金供给、服务监督和行业培训 4 个角度来识别 B 居家养老服务中心的利益相关者，具体的利益相关者如表 8-10。政府主要提供政策和资金支持：区民政局老龄办主要负责辖区内老龄事务方面的工作；财政部门为社区内符合要求的老人提供就餐和就医补贴；工商部门主要对与该中心合作的企业进行行业监督。B 居家养老服务中心提供具体的养老服务。合作企业主要提供服务供给：阿里修为中心内的老人提供家庭维修服务；家政公司为该中心老人提供日常生活照料服务；W 企业随园之家中医诊所提供术后康复、针灸理疗服务。社会组织为该中心提供服务供给、服务监督和行业培训；社区居家养老协会监督该中心工作的执行情况，并对该中心内的工作人员进行培训；金夕居家养老中心一方面对该中心的运转提供支持，另一方面监督该中心的行为；区养老服务评估研究中心主要对该中心的服务质量进行监督；大爱老年事务中心提供一些老人早期失智筛查和康复服务。浙大口腔医院提供一些基础医疗服务。

表 8-10　B 居家养老服务中心项目的利益相关者识别

利益相关者类别	利益相关者名称	利益相关者描述
政府	区民政局老龄办	所管辖区域内社区居家养老服务工作的主要负责部门，负责社区内居家养老事务的规划、管理、指导和实施等工作
	财政部门	负责财政拨款及政府购买工作费用，同时监督老龄工作的展开情况
	工商部门	对参与社区居家养老服务的企业进行监督
养老服务中心	B 居家养老服务中心	提供具体的养老服务
合作企业	阿里修	为老人提供家庭维修服务
	家政公司	为老人提供日常清洁服务
	W 企业随园之家中医诊所	为老人提供针灸、理疗、按摩等服务
社会组织	金夕居家养老中心	为该中心的发展提供指导和支持，并监督该中心的运行
	社区居家养老协会	监督该中心的工作，培训该中心的员工
	区养老服务评估研究中心	对提供的服务质量进行监督和考评
	大爱老年事务中心	为老年人提供早期失智筛查、早期失智康复等服务
医院	浙大口腔医院	为中心内老人提供基础医疗服务
政府购买对象	政府购买对象	80 周岁以上的老人可以享受一些免费服务
非政府购买对象	非政府购买对象	有偿购买的老人
志愿者团队	志愿者团队	提供志愿服务

8.4.2 信任关系的网络分析

本研究根据已有的调研资料确定该中心项目的各利益相关者之间的信任关系矩阵，并对信任关系采用 0—3 赋值，进行二值化处理后将结果输入 netdraw 中运行得到信任关系可视化网络图，网络中的结点表示各利益相关者，结点的大小表示它们的点度中心性的大小，具体如图 8-10 所示。

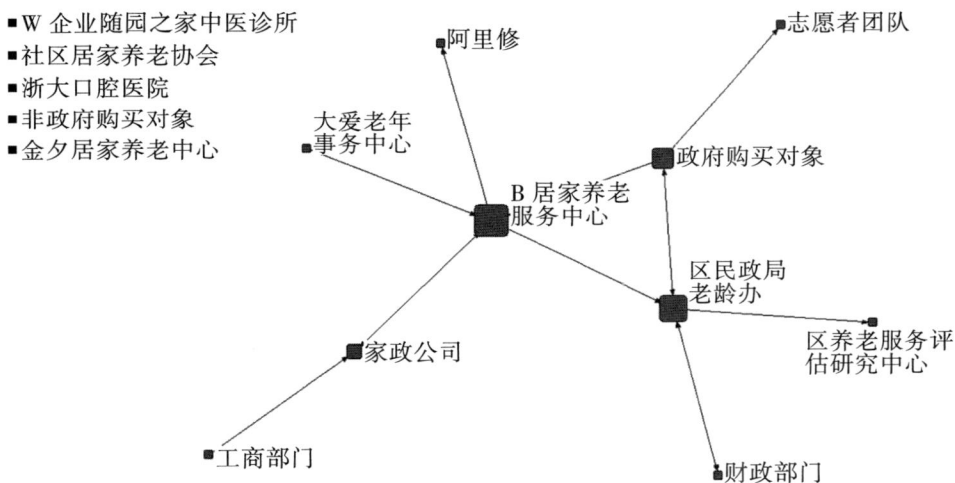

图 8-10　B 居家养老服务中心项目的信任关系可视化网络图

本研究将 B 居家养老服务中心的信任关系矩阵导入 Ucinet 软件中，得出 B 居家养老服务中心项目的信任关系的入度中心性、出度中心性和中间中心性，具体如表 8-11 所示。

本部分主要分析信任关系网络中各利益相关者的被信任程度，因此仅对入度中心度进行分析。根据表 8-11 可知，区民政局老龄办的信任度最高，社会组织的信任度低。社会组织在发展中存在资金和技术方面的问题，需要政府的支持才能运转，因此在养老工作上扮演着政府和其他机构的中间人的角色，这降低了被信任程度。

本研究根据软件计算得出 B 居家养老服务中心项目的信任关系的网络密度为 0.1769，很低，可见网络内成员间的联系不紧密。

表 8-11　B 居家养老服务中心的信任关系中心性

利益相关者 类别	利益相关者名称	入度中心性	出度中心性	中间中心性
政府	区民政局老龄办	0.29	0.21	26.00
	财政部门	0.07	0.07	0
	工商部门	0.00	0.07	0
养老服务中心	B 居家养老服务中心	0.29	0.36	51.00
合作企业	阿里修	0.07	0.00	0
	家政公司	0.21	0.07	10.00
	W 企业随园之家中医诊所	0	0	0
社会组织	金夕居家养老服务中心	0.14	0.43	23.00
	社区居家养老协会	0.07	0.07	0
	区养老服务评估研究中心	0.14	0	0
	大爱老年事务中心	0.07	0.07	0
医院	浙大口腔医院	0	0	0
政府购买对象	政府购买对象	0.14	0.21	23.00
非政府购买对象	非政府购买对象	0	0	0
志愿者团队	志愿者团队	0.14	0.07	2.00

8.4.3 互动关系的网络分析

根据已有的调研资料，本研究确定了该中心项目的利益相关者之间的互动关系矩阵，并对互动关系采用 0—3 赋值，进行二值化处理后将结果输入 netdraw 中运行得到互动关系可视化网络图，网络中的结点表示各利益相关者，结点大小表示它们的点度中心性的大小，具体如图 8-11 所示。

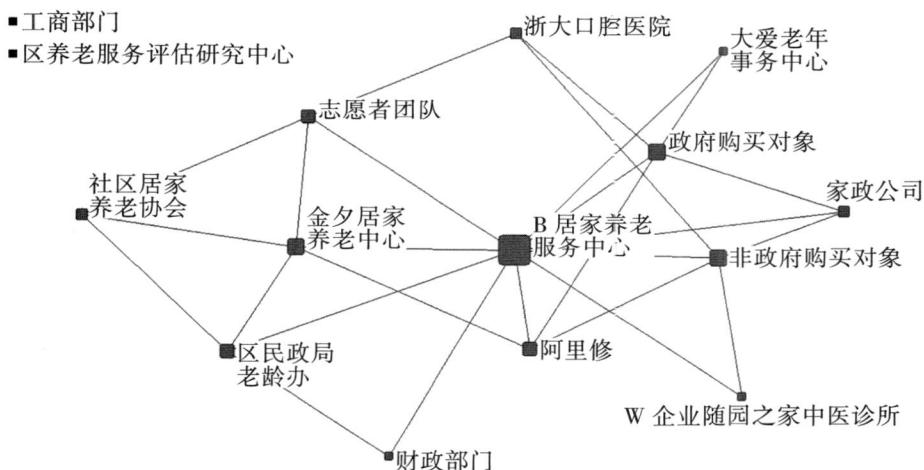

图 8-11　B 居家养老服务中心项目的互动关系可视化网络图

根据 B 居家养老服务中心项目的互动关系矩阵，本研究利用 Ucinet 软件，计算得出 B 居家养老服务中心项目的互动关系的点度中心性和中间中心性，具体如表 8-12 所示。

表 8-12　B 居家养老服务中心项目的互动关系中心性

利益相关者类别	利益相关者名称	点度中心性	中间中心性
政府	区民政局老龄办	0.29	1.33
	财政部门	0.14	0
	工商部门	0	0
养老服务中心	B 居家养老服务中心	0.71	15.33

续　表

利益相关者类别	利益相关者名称	点度中心性	中间中心性
合作企业	阿里修	0.29	1.33
	家政公司	0.21	0.33
	W 企业随园之家中医诊所	0.14	0
社会组织	金夕居家养老服务中心	0.36	3.833
	社区居家养老协会	0.21	0.33
	区养老服务评估研究中心	0	0
	大爱老年事务中心	0.14	0
医院	浙大口腔医院	0.21	0.33
政府购买对象	政府购买对象	0.36	2.33
非政府购买对象	非政府购买对象	0.43	2.50
志愿者团队	志愿者团队	0.36	2.33

　　B 居家养老服务中心拥有很高的中心性，并且金夕居家养老服务中心的中心性也较高。B 居家养老服务中心承担了主要的养老工作，而金夕居家养老服务中心承接了 B 居家养老服务中心所在街道的养老服务工作，将自己拥有的资源注入 B 居家养老服务中心，这说明在 J 企业的社会创新项目中，B 居家养老服务中心承担主要的养老工作，网络中的互动关系主要通过该中心和部分社会组织来维系。

　　本研究根据软件运行计算得出 B 居家养老服务中心项目的互动关系的网络密度是 0.3762，高于信任关系的网络密度，这说明 B 居家养老服务中心项目中的互动关系多于信任关系。

8.4.4 监督关系的网络分析

本研究根据调研和访谈资料得到 B 居家养老服务中心项目的监督关系矩阵，并对监督关系采用 0—3 赋值，进行二值化处理后将结果输入 netdraw 中运行得到监督关系可视化网络图，网络中的结点表示各利益相关者，结点的大小表示它们的点度中心性的大小（见图 8-12）。

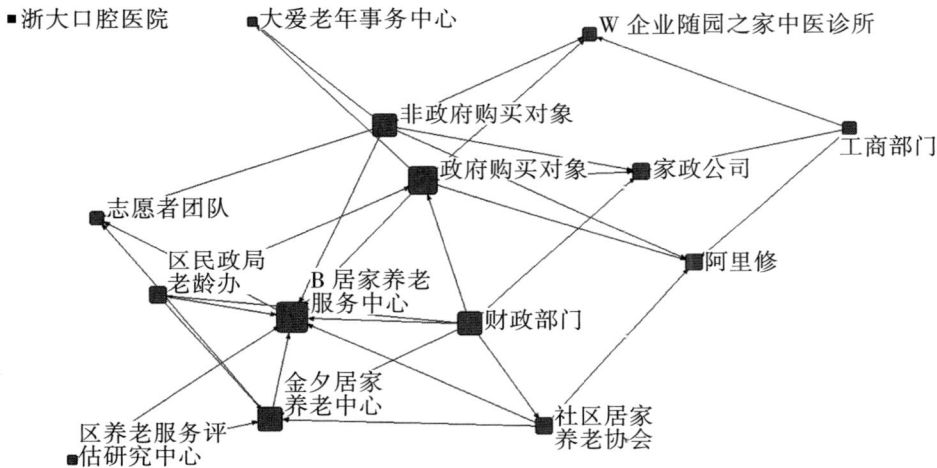

图 8-12　B 居家养老服务中心项目的监督关系可视化网络图

本研究将 B 居家养老服务中心项目的监督关系矩阵导入 Ucinet 软件中，计算得出的中心性情况如表 8-13 所示。B 居家养老服务中心的入度中心性高，出度中心性却很低，这表明在网络中，B 居家养老服务中心受其他利益相关者的监督程度很高，而监督其他利益相关者的程度低。同时也发现，在网络中提供服务的企业受监督程度高，监督他人的程度低。财政部门和非政府购买对象拥有很高的出度中心性，这是由于在养老服务的提供过程中，财政部门和非政府购买对象承担了服务费用，因此要对服务成果进行监督。

本研究根据软件计算得出 B 居家养老服务中心项目的监督关系的网络密度为 0.4257，高于信任关系和互动关系的网络密度，这说明各利益相关者之间的监督关系网络最为紧密。

表 8-13　B 居家养老服务中心项目的监督关系中心性

利益相关者类别	利益相关者名称	入度中心性	出度中心性	中间中心性
政府	区民政局老龄办	0.07	0.21	0.50
	财政部门	0.07	0.43	0
	工商部门	0	0.21	0
养老服务中心	B 居家养老服务中心	0.50	0.07	0
合作企业	阿里修	0.29	0	3.00
	家政公司	0.29	0	3.00
	W 企业随园之家中医诊所	0.21	0	3.00
社会组织	金夕居家养老服务中心	0.29	0.14	2.00
	社区居家养老协会	0.07	0.21	1.00
	区养老服务评估研究中心	0.07	0.14	0.50
	大爱老年事务中心	0.14	0	0
医院	浙大口腔医院	0	0	0
政府购买对象	政府购买对象	0.14	0.36	6.50
非政府购买对象	非政府购买对象	0.14	0.43	2.00
志愿者团队	志愿者团队	0.21	0	0

8.4.5 研究发现

将 B 居家养老服务中心项目的信任关系、互动关系和监督关系置于一个柱状图中对比，可以很好地反映出网络内利益相关者之间的监督状态（见图 8-13）。

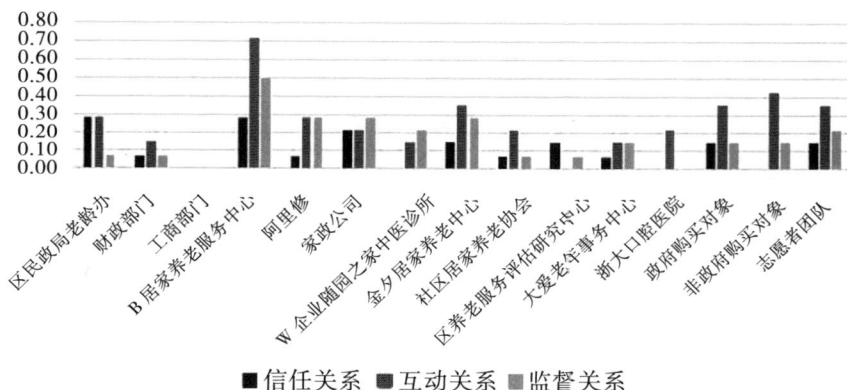

图 8-13　B 居家养老服务中心项目的信任关系、互动关系、监督关系的中心性对比图

B 居家养老服务中心项目的网络关系中互动关系的网络密度最大，其次是监督关系，最后是信任关系。这说明 B 居家养老服务中心项目的各利益相关者之间的联系十分紧密，但在信任关系网络中，各利益相关者之间的联系松散，信任只存在于极少数的利益相关者之间。有研究认为，信任分为以计算信任为基础的低度信任、以认知信任为基础的中度信任及以认同信任为基础的高度信任（吉迎东等，2014）。因此，要增强网络中的信任机制，在网络建立初期主要是加强计算信任，防止各利益相关者的机会主义行为；在网络建立后期，要加强认知信任和认同信任，营造网络的信任文化。

8.5 跨案例分析

本节主要是对三家企业的养老社会创新项目的异同点进行分析，形成两个基本观点，并根据对社会创新项目中利益相关者关系分析可能存在的问题，给出具体的治理建议。

8.5.1 两个基本观点

（1）社会创新多主体的特点决定了社会创新要综合运用政府、企业和社会组织的力量来解决问题，这意味着企业社会创新项目的开展需要众多的利益相关者的参与，以提供资源和服务。在 Z 企业的社会创新项目中，由于 Z 企业是由政府间接控制的，所以 Z 企业的社会创新项目主要是通过政府来推动的。政府作为企业的主要控制者，是资源的主要提供者，为企业社会创新的运作提供了资金和政策方面的支持。同时，合作企业和社会组织作为社会创新项目的主要参与者，为社会创新项目的顺利开展也发挥了重要作用。合作企业主要提供一些技术上的支持，例如在社会创新过程中引进了科沃斯集团的智能机器人充实老人的日常生活；社会组织主要提供了精神上的支持，如引进益优互助中心，让该中心人员教授传统手工手艺，丰富老人的晚年精神生活。

在 W 企业的社会创新项目中，企业作为主要推动者，在项目的开展过程中发挥了重要作用——运用企业自身在其发展过程中的各种物质、人力及社会资源，为社会创新项目的顺利开展提供多重支持和保障。政府和社会组织作为社会创新项目的重要参与者，为社会创新项目的顺利开展也提供了支持，其中政府主要提供政策上的支持和指导，社会组织主要提供一些服务上的支持，如引进了多个文艺团体，通过各种文娱表演活动的开展来丰富社会创新项目。

在 J 企业的社会创新项目中，由于 J 企业主要是由某一社会组织控制的，在项目的发展中社会组织发挥了很大的作用。社会组织作为服务提供者和服务接受者之间的桥梁和纽带，增强了社会创新网络中各利益相关者之间的联系。政府和合作企业作为主要参与者，发挥了各自的作用，其中政府提供政策上的支持和指导，合作企业主要提供一些日常照料服务，如引进阿里修和家政公司，不断完善社会创新工作。

（2）由于利益相关者之间存在不同的关系，在不同社会创新项目中呈现的关系也不同，加强关系的网络治理是一项富有挑战性的工作。在 Z 企业的社会创新项目中，政府作为社会创新项目的资源提供者和活动负责者，在社会创新过程中拥有很高的话语权，其他利益相关者由于自身权力受限，难以对政府的工作展开有效的监督，导致社会创新网络内利益相关者之间的监督关系很弱，不利于整体社会创新项目的开展。

在 W 企业的社会创新项目中，企业在长期的发展过程中逐渐形成自己的人力、物力、财力资源及各种无形的社会关系优势，能够依靠自身的力量开展工作，但导致其他利益相关者的参与程度低。网络内的互动主要存在于企业内部之间，企业外部的其他利益相关者之间的互动频率低，网络内的资源和信息主要在企业内部流通和传输，限制了企业的外部发展机会。

在 J 企业的社会创新项目中，社会组织的财力有限，需要借助其他利益相关者的力量，很多情况下其是社会创新项目服务提供者和服务接受者之间的纽带，尽管提高了社会创新项目中各利益相关者之间的互动程度，但社会组织的中介人身份使得其他利益相关者对其主导的社会创新项目的信任度降低。

总之，在政府主导的社会创新项目中，有效监督缺乏，应加强监督机制的建立；在企业主导的社会创新项目中，有效互动缺乏，应加强网络内沟通机制的建立；在社会组织主导的社会创新项目中，信任关系缺乏，应加强网络内信任机制的建立。

8.5.2 两种驱动的治理机制选择

本研究根据社会创新的主导力量是否来自企业内部将企业社会创新分为两类，分别是外力驱动型的企业社会创新和内力驱动型的企业社会创新。所谓外力驱动型的企业社会创新是指企业的社会创新项目主要是通过外部力量（政府和社会组织）来推动的，而内力驱动型的社会创新是指企业的社会创新活动主要依靠企业自身。

（1）外力驱动型的治理机制。外力驱动型的企业社会创新主要分为两个方面，一是政府主导的企业社会创新，二是社会组织主导的企业社会创新。

在政府主导的企业社会创新项目中，政府承担了社会创新项目的主要工作，是社会创新项目的主要负责人，此时政府居于整个社会创新网络的核心位置，与网络内的其他利益相关者之间保持很好的互动，利益相关者之间的信任关系和互动关系紧密，但监督程度很低。这是由于政府拥有巨大的人力、物力和财力资源，在社会创新的过程中可以和其他利益相关者进行合作，并通过自身优势取得他们的信任。但是，政府的权威性，使其对整个项目拥有很高的话语权，不利于其他利益相关者进行很好的监督。

因此，企业要加强建立和健全网络内的监督体制。首先，要设立各种监督指标，强化行业协会的监督地位。就本研究而言，鉴于社区居家养老协会作为养老行业规范的制订者和养老工作的监督者，企业要充分发挥行业协会的作用，与其合作设立各种监督指标，包括服务时间准确率、服务项目完成率、老人满意率、有效投诉结案率及服务档案完善程度来提高服务质量。其次，要建立反馈系统，定期对养老工作进行追踪调查。养老工作作为一项长期而复杂的活动，政府部门有可能因为"面子工程"，一味地追求速度而不重视养老质量，因此市老龄办要对养老工作定期进行追踪和反馈。最后，要加大对不端行为的惩罚力度，在源头上杜绝诸多问题的出现，减少监督成本。

在社会组织主导的企业社会创新项目中，社会组织作为企业的外部力量，承担了社会创新项目的主要工作，位于整个社会创新网络的核心位置，与网络内的其他利益相关者之间保持很好的互动关系，且网络内的互动和监督程度高，但信任程度低。这是由于社会组织虽然在发展的过程中积累了一定的人力资源，但物质资源一直是制约其发展的重要因素，常常充当着服务提供者和服务接受者之间的第三方作用。

企业要加强对网络的信任机制的建立。在网络初创期，网络内的各利益相关者之间的联系不紧密，彼此互不熟悉，计算信任占主导，网络内的成员之间通过签订契约，明确奖惩，来确保网络内信任机制的建立。在网络发展期，各利益相关者之间有了一定的了解，网络内信息不对称的程度降低。但由于网络内成员之间的了解程度有限，这种信任机制不能自发产生和强化，需要网络内一些非正式的规范来约束网络内各成员之间的行为，促进网络内认知信任机制的建立。在网络成熟期，网络内的各利益相关者之间的交流和互动会进一步增强，彼此不仅充分了解，同时也能更加认同整个网络的目标。处于认同信任阶段的网络内的信任程度最高，此时经济利益等因素在网络中不再发挥主要作用，网络中长期形成的规范和准则则会起主导作用，利益相关者之间会相互监督，以确保在网络中维持以认同信任为基础的高度信任。

（2）内力驱动型的治理机制。在内力驱动型的企业社会创新项目中，企业作为社会创新项目的领导者，处于整个社会创新网络中的核心位置。此时，网络内各利益相关者之间的信任和监督程度高，但互动程度低。这是由于企业在其自身发展过程中积累了大量的物质、人力和社会资源，社会创新活动可以依靠这些资源来独立进行。

由于资源在企业内部流通，其他利益相关者的资源共享程度低，加强沟通十分必要。首先，企业要加强与政府部门之间的互动。政府作为养老问题的政策制定者和政策实施者，可以在整体上把握整个养老行业的动态和发展状况，企业与政府在养老问题上加强沟通，可以了解最新的优惠政策和行业发展状况，得到政府的大力支持，取得合法性地位。其次，加强与社会组织之间的交流和互动，充分利用社会资源，动员社会力量。老人在追求生理需求的同时更多地追求精神上的享受。在随园之家良渚文化村居家养老服务中心，W 企业主要提供老人的就餐、就医和术后康复服务，社区内的社团组织则定期组织各种类型的文娱活动，丰富老人的晚年生活，因此企业在养老问题的解决过程中要加强与各种社会组织的合作，在解决老人生理需求的同时更好地丰富老人的精神生活。

第 9 章

社会创新利益相关者的网络治理模式

　　本章首先根据利益相关者网络的结构特征和治理主体属性，将社会创新的利益相关者网络治理模式划分为三大模式及七个子模式，并重点聚焦三大模式（领导式、双中心式和共享式治理模式），其次选择上海、浙江、贵州、深圳的七个社会创新项目进行案例分析。最后，从治理主体、治理逻辑，特别是从权威性、合法性和营利性入手对不同的网络治理模式进行比较，提出促进社会创新良性发展的建议。

9.1 分析框架

　　社会创新强调解决社会问题方式上的创新性、多元主体上的合作性及治理逻辑上的复合性，这给组织治理带来了新的课题和挑战（Reypens et al.，2016）。在社会创新治理方面，现有研究偏重一元主体治理，如以企业为主体的"在线慈善商店"项目（余晓敏等，2017）、"老爸评测"项目（苗青等，2018）等，以社会为主体的中国台湾人安基金会"大陆单亲妈妈"项目（李健等，2018），以政府为主体的"精准扶贫"项目（李华晶等，2018）。当前，也有学者开始关注社会创新多元主体治理，如"政府＋社会"的米兰南部农业公园项目（钱晓波等，2016）和顺德社会创新中心项目（陈天祥等，2018）、"企业＋社会"的萝卜车项目（盛亚等，2017）。然而，随着亟待解决的社会问题愈来愈复杂和多样化，任何单一组织都不可能拥有解决社会问题所有必要的资源技能、知识和信誉。合作创新网络是应对当前复杂社会挑战的合适的创新解决方案，因为在合作创新网络中，不同的利益相关者相互作用创造的多种价值超越了个别组织的界限（Charlotte et al.，2016）。社会创新概念的提出，本质上来源于社会资本在创新资源配置和激励中的作用的凸起。而社会资本的形成及其能够作为一种不同于政府、市场的配置创新资源的手段和力量，则来源于一种富有效率的合作性创新网络的形成及其作用（冯鹏志，2001）。

　　利益相关者网络是以资源获取为目的，以利益相关者个体属性为基础，由个体间关系嵌入及其行为所构成的具有一定结构特征的网络形态，网络结构和个体属性是利益相关者网络的两大重要特征（盛亚等，2018；李春友等，2018）。在社会创新情境下，现有研究从利益相关者网络结构和治理主体出发，卓有见地地提出了利益相关者网络治理模式。如依据不同的网络结构，学者提出了领导组织式和分享式治理模式（彭正银等，2013），以及领导式、共享式和多中心式治理模式（盛亚等，2018）。如根据不同的治理主体，学者提出政府、社会和企业治理模式（张强等，2013），政府、营利组织和非营利组织治理模式（Phills et al.，2008）。

　　在社会创新情境下，利益相关者网络治理主体主要包含政府、社会组织和介入社会创新的企业，不同的治理主体与网络结构交互耦合构成了不同的利益相关者网络治理模式，如图9-1所示。在图9-1的基础上，本研究按照网络结构特征，将利益相关者网络治理模式分为领导式治理模式、双中心式治理模式和共享式治理模式。领导式治理是指利益相关者网络中有一个主体凭其资源、权力、能力等处于绝对网络中心位置，拥有对整个利益相关者网络的治理权力，其他利益相关者因对该主体的高度依赖而成为治理对象。双中心式治理是指有两个主体处于相似的网络核心位置，他们共同分担利益相关者网络的治理责任。共享式治理一般存在于高密度网络中，网络内的每个主体位置相似且彼此高度依赖，共担治理责任。在此基础上，本研究依据社会创新的三大治理主体，又将领导式治理模式细分为政府领导式治理模式、社会领导式治理模式、企业领导式治理模式，将双中心式治理模式细分为政社双中心式治理模式、企政双中心式治理模式、企社双中心式治理模式。

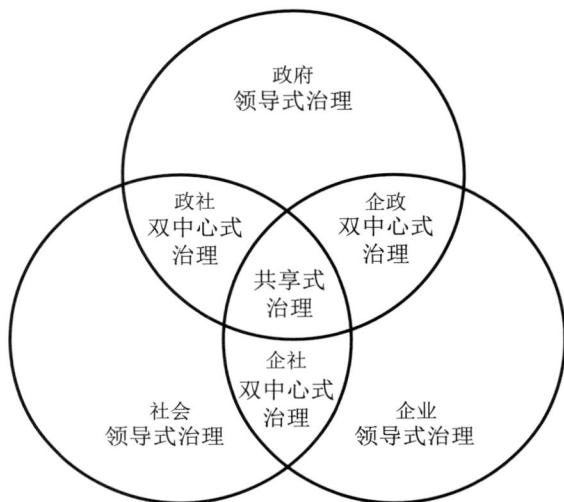

图 9-1　基于不同社会创新主体的网络治理模式

权威性、营利性和合法性是后文中分析治理模式的重要指标。权威性是指社会创新项目让人信服和服从的程度；营利性是指社会创新项目获取经济利益的能力；合法性是指在稳定的社会规范、价值判断、共有信念中，社会创新项目被受众、群众、社会团体等认为是恰当的和合适的程度。政府、企业和社会组织区别于其他利益相关者，在为满足社会需求、解决社会问题中发挥着关键作用，因为它们在社会创新中具有各自独特的属性。

传统意义上的社会问题解决天然地落在政府身上，政府具有社会创新的权威性和合法性。社会组织的非营利性也赋予了该组织进行社会创新的合法性，但这两个组织在面临诸多复杂的社会问题时 [1]，常常表现出力不从心，问题解决的效果不好和效率低下时有发生，因而国际上越来越多的企业开始介入社会创新，呈现出生机勃勃的景象（盛亚等，2017）。根据资

---

[1] 汶川地震带来的公众反应在中国前所未有，但现实却不尽如人意。许多报告显示，多家非政府组织被迫离开灾区，因为地方政府和当地民众对这些非政府组织充满疑虑（夏露萍，2014）。

源依赖理论，政府与社会组织依赖着企业有效率的创意与工作程序，企业依赖政府和社会组织的权威性和合法性用以取信于民众，以试图从中取得经济利益。充分利用政府的权威性、社会组织的合法性和企业的营利性特征，采取有效的网络治理模式，是企业社会创新的成功法则。

企业作为社会创新主体面临的一个较为突出的问题是，其权威性和合法性难以得到民众的认可，虽然企业在实现社会目标的同时也实现盈利无可厚非，何况盈利是企业可持续性进行社会创新的必要条件，但企业的商业形象易造成民众的不信任。因此，企业与政府和社会组织合作，是提高企业解决社会问题的权威性和合法性的重要选择和必然趋势。事实上，不是所有的企业在解决社会问题的同时还能大量盈利，甚至在某些方面，会造成企业利润的下降。从成本收益的经济学角度分析，长远来看，降低利益相关者的容忍度和企业捷径欲望系数，对企业社会责任水平的提升至关重要，只有当其他利益相关者和企业双方的社会责任意识都很高，其他利益相关者对企业才有很强的制衡力量；同时，当企业捷径欲望很低并且自律意识很高的时候，双方才会最终实现效用最大化的共赢局面（胡建锋，2012）。

利益相关者的权利是网络治理基础。在独立的、没有替代资源的交易关系中，个体所拥有资源的相对价值可以决定他们的相对权力（Emerson，1964），即利益（相对价值）决定了权力，实现利益和权力的平衡是网络治理有效性的基本手段（盛亚等，2012）。利益相关者之间的权利基础有三种：组织资源、结构位势和制度压力。组织资源奠定了网络参与者在网络中的权力关系级差，资源的重要性、稀缺程度、不可替代程度都决定着不同参与者之间的依赖性。结构位势指权利与定位中心有关，参与者到达网络中心的路径越短，则接近中心度越高。对网络组织的参与者来说，首先它嵌入在与其他成员构成的关系网络中，其次整个网络又在更大的层面上嵌入在社会结构中，来自组织间的行为惯例，以及社会结构的法律法规、文化期待、观念制度等都可能影响参与者的行为和决策，这些制度压力形成的内外部力量通常融合在一起构成颇具约束力的"网络规范"（王琴，2012）。

网络资源配置模式是组织存在的一种结构与形态：宏观上是与市场和层级并列的一种资源配置方式；微观上包括企业内部网络化的组织及企业之间通过合作、联盟、连锁等形成的组织网络。从本质上说，网络不是自发形成的关系，而是建立在有意识的协调努力基础之上的，如果没有这种协调努力，网络就将解体。因此，协调是网络治理的基本目标，网络治理的另一重要目标是维护网络的整体功效、运作机能及参与者间的交易与利益的均衡（李维安等，2014）。

9.2 企业领导式治理模式：多案例研究

本章选择 3 个企业——九仓再生、欣耕工坊、杭州在水一方养老服务集团（以下简称"在水一方"）作为研究案例。3 个案例的创新主体都有企业、政府和社会组织，但均以企业为主导，治理模式属于企业领导式治理模式。本研究通过实地访谈、问卷调查和资料查询等调研方式收集数据资料，企业基本信息如表 9-1 所示。

表 9-1 案例企业的基本信息

社会问题	创新主体	利益相关者	盈利方式	特点
可再生资源回收、环保	九仓再生、政府、社区	社区居民、学校、供货商、后端处理商、盛唐、浙大环保等	回收资源买卖差价；中转站/便利店/广告盈利	便利店低价策略，满足居民经济利益诉求；政府作用最大化；努力塑造正面形象
残疾人就业、环保	欣耕工坊、政府、残疾人组织	残疾人的经济诉求强烈，与顾客易产生利益矛盾	残疾人做手工制品，产品售卖盈利	与残疾人建立良好的信任关系，但盈利能力有待加强
养老	在水一方、政府、社区	与老年人及其家人易产生矛盾	养老机构收入；居家养老服务收入	与政府合作推出新型养老模式；与社区合作，免费领取绿色安防手机

9.2.1 九仓再生的"虎哥回收"项目

可再生资源回收一直是个难题，甚至简单的可回收和不可回收的垃圾分类都很少有人能做到，一些大件的废弃家具或电器，不仅使小区垃圾房难以清理，也是一种资源浪费。"虎哥回收"平台创办初始就有完整的下线处理后端及有经验的技术人员，并与浙大环境博士和盛唐企业合作。"虎哥回收"平台工作人员在多个小区设立中转站及便利店：中转站用于收集小区居民的日常可回收垃圾，每一个小区居民来此递交可回收垃圾，就可以根据垃圾的不同分类获得不同数额的虚拟币，再到便利店兑换商品；便利店的商品都是"虎哥回收"平台工作人员专门为小区居民设计的日常生活用品，比普通商城的同种商品的价格低。"虎哥回收"平台还拥有自己的流动回收车辆，由公司总部调配各渠道接收的回收信息回收大件家具、电视、空调等。

政府和社区为"虎哥回收"平台工作人员在社区设立中转站时提供了很大便利与帮助。政府和社区的权威性、合法性促成在合适地点建立虎哥中转站。"虎哥回收"项目工作人员一直致力于在居民等客户群体中建立良好的社会形象，借助政府力量在学校内开展环保亲子活动——带领学生参观环保设施，鼓励从小培养孩子的环保意识。正面的企业形象扩大了企业的知名度，塑造了品牌，使"虎哥回收"平台在社会中的各项活动能更顺利展开，为企业发展和政府的大力扶助铺路。

"虎哥回收"平台在维系网络有效运转中发挥作用，沟通各方并满足需求，从而形成了以"虎哥回收"平台为主导，包括城市社区居民、便利店商品供货商、后端处理商、浙大环保、盛唐、学校等的利益相关者网络（见图 9-2）。其中，社区居民既是企业解决社会问题的直接对象，又是企业的经济利益来源。他们通常比较松散，作为可再生资源的被回收方，"虎哥回收"平台通过满足各方的经济利益，减少了利益纠纷。

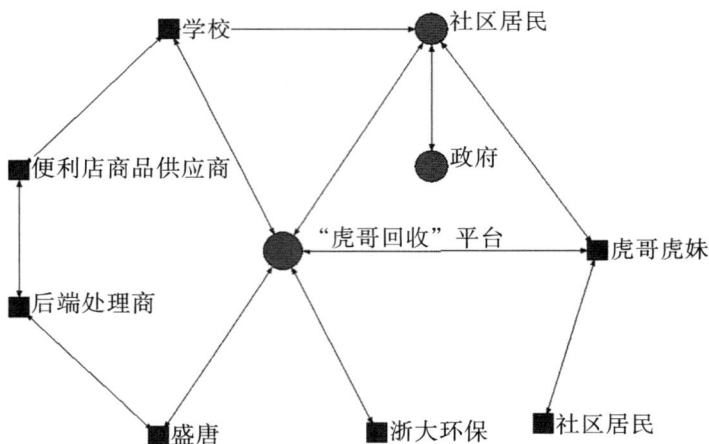

图 9-2 "虎哥回收"平台项目的利益相关者网络图

9.2.2 欣耕工坊

虽然我国对残疾人就业企业有税收减免等政策支持，但我国残疾人就业形势并不乐观。欣耕工坊成立于 2007 年，旨在"助人自助"，通过培训社会弱势群体制作手工工艺品，搭建销售平台，为残疾人群提供就业机会和增加收入。欣耕工坊的产品以环保生态用品和手工艺品为主，如咖啡渣种植包、手工皂、老粗布布艺产品等。欣耕工坊的主要社区服务项目有河南艾滋病村手工作坊、自渔自乐残疾人手工作坊、社区综合助残服务等。欣耕工坊的团队理念是扶贫不在于给予金钱，而在于为贫困中的人们创造平等的机会，带来心灵的满足与尊重。欣耕工坊的盈利点是各弱势群体制作的手工作品的售卖。

欣耕工坊与政府和残疾人组织建立了良好的合作关系，借助政府力量和残疾人组织在弱势群体中建立了一定的权威，合法性得到大大提高（见图 9-3）。欣耕工坊对弱势群体的关心，不仅体现在给予就业机会，提供经济上的帮助，更体现在对残疾人的心理健康和正常社交情况的关心，如经常组织志愿者开展各项活动，帮助残疾人等弱势群体融入社会和集体。欣耕工坊在产品材料选择和制作上，十分讲究环保，宣扬可再生资源的充分利用。

　　欣耕工坊努力通过盈利保证企业的可持续发展。欣耕工坊积极发展更多的顾客利益相关者，如欣耕工坊在淘宝网上有自己的店铺（但销量不佳），并借助政府的力量使淘宝网可以半公益地宣传店铺，以自然和原生态为卖点吸引顾客；也准备用同样的方法与微博或其他有影响力的平台建立合作关系，开展宣传，增强品牌知名度，创造更多的收益。研究发现，加强对弱势群体——残疾人的管理，是欣耕工坊面临的一个挑战。

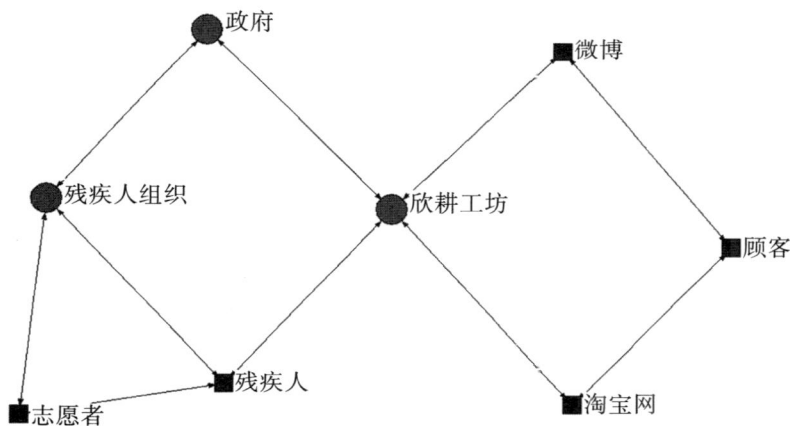

图 9-3　欣耕工坊的利益相关者网络图

9.2.3 在水一方

　　目前我国的养老模式基本分为 3 种：家庭养老、居家养老和机构养老。家庭养老即老年人居住于家中，由有血缘关系的家人赡养，这是中国传统的养老方式，但有部分子女没有时间照顾老人或因缺乏经济能力无法负担老人的赡养费。居家养老是专门为那些有一定自理能力又不想离家的老人提供的养老服务，是一种新型的养老模式。在水一方创始于 2004 年，以养老服务为主营方向，集居家服务、机构养老服务、培训、评估于一体。在水一方不仅考虑到老人的生活物质需求，还充分考虑到老人的精神层面需求，旗下所设养老机构有丰富的设施和活动，确保老年生活的丰富充实。

在水一方合理利用自身优势，成立专业队伍，打造以"呼叫救助、居家照料、健康服务、档案管理"为中心的智能居家养老服务网络，为老人提供综合性的智慧养老服务。

智能居家养老服务方式是在水一方与政府合作推出的新型养老方式，将养老服务网络信息化，既是企业的一项社会创新，也是政府积极推进的工作。借助政府力量，提升了这项社会创新的权威性和合法性。同时，在水一方与社区合作，大大推进了呼叫救助服务工作：在水一方提供免费领取的绿色安防手机，只需一键呼出，老人就可呼叫在水一方提供居家养老服务，包括家政、陪护、陪同老人去医院等服务。其他利益相关者，如接受在水一方养老服务的老人是企业直接的经济收益来源，与作为社会群体和顾客的老人的养老诉求直接关联。在水一方还在有影响力的报纸、新闻频道上发表有关企业正面形象的报道，进一步扩大了企业的影响力，在需要养老服务的社会群体中塑造了良好的社会形象。如图9-4所示。

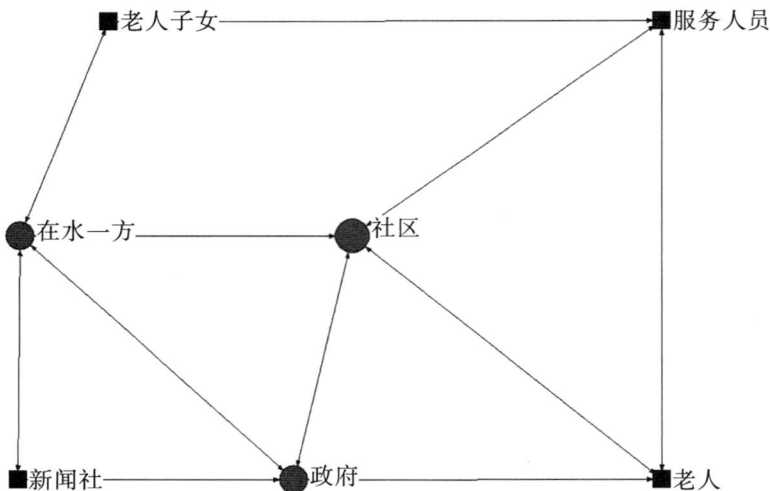

图9-4 在水一方的利益相关者网络图

9.2.4 企业领导式治理模式特征

从上述 3 个企业的社会创新案例中可以发现，其利益相关者网络都是以"企业—政府—社会组织"为主体（包括其他利益相关者）的，且主导者都是以盈利为目的的企业，因此在网络治理上有一些共同点，如都特别重视企业与政府、社会组织的合作，以利用好 3 个创新主体的各自资源和特征。但由于 3 个不同的企业社会创新涉及的利益相关者存在资源和权利诉求的较大差异，在具体的治理策略选择上有所不同，治理效果也不一样（见表 9-2）。

表 9-2 企业社会创新的网络治理模式比较

主导企业	网络治理共性	网络治理特性
"虎哥回收"平台	与政府密切合作,借力打力,减少与社会群体产生矛盾的机会，实现更有效率的沟通;宏观上采用领导式治理模式	居民在利益上的诉求相对较少，较易满足，因此在三个企业中，"虎哥回收"平台与社会群体的联系相对较弱
欣耕工坊		残疾人等弱势群体是欣耕工坊的生产者和受益者，欣耕工坊更多地与弱势群体进行有效交流，加强对弱势群体的管理，提高盈利能力显得尤为迫切
在水一方		在水一方是三个企业中与政府联盟最紧密的企业，所做的重大决策和重大项目的推出都由企业和政府共同发起，这样有利于提高社会群众对决策和项目的接受度和信任度

总之，通过理论研究和案例分析，可以得出以下 3 个基本结论。

（1）企业作为主导者介入社会问题的解决，为创新带来了生机和活力，实现了 3 个创新主体（政府—社会组织—企业）的特点互补，是未来社会创新的必然趋势。

（2）虽然社会创新网络治理模式有多种，但从形成网络治理的权力基础看（王琴，2012；李维安等，2014），企业领导式治理模式是以企业为主导的，由政府—社会组织—企业合作形成的社会创新网络的合适选择。

（3）不同企业作为主导者因解决社会问题结果的差异而呈现出不同的治理特征，如与政府和社会组织的合作关系、与利益相关者构成的网络关系和结构、面临的治理目标和手段等。

9.3 双中心式治理模式：多案例研究

遵循理论抽样和多案例复制原则，本节选择了上海新航社区安置帮教项目、杭州绿康阳光家园项目、万达丹寨扶贫项目进行案例内分析和跨案例比较。具体而言，我们遵循以下筛选案例标准：①所选的社会创新项目须具有典型性和代表性；②所选的社会创新项目具有一定的可推广性；③所选的社会创新项目位于社会创新活动丰富的省市或由社会创新活跃主体完成。

9.3.1 案例背景介绍

（1）上海新航社区安置帮教项目。刑满释放人员在重新融入社会的过程中，面临就业难、家庭破裂、亲友冷遇、自信心受挫等诸多困境，一旦社会管理在刑满前后衔接不好，容易导致这些人员再次犯罪，影响社会的和谐稳定，但现有的重监禁轻服务的管理体制及公务人员配置已经不能满足社会发展的需要。基于此，诞生了新航社区安置帮教项目，旨在为刑满释放人员及时和精准地提供教育、安置和帮扶服务，使其顺利融入社会。该项目每年为1万余人提供教育、安置和帮扶服务，主管行政部门和受众满意率均超90%，项目中涉及的刑满释放人员的再次犯罪率远低于全国平均水平，该项目中的"爱启新航"活动作为典型在中央电视台的《新闻调查》中播出，其他活动也被上海市相关政府部门多次表彰。

（2）杭州绿康阳光家园项目。杭州市滨江区是杭州市高新技术企业集聚区，2018年在国家高新区中排第3位，区内产值过千亿元。近几年滨江区每年引进的高层次人才平均有2.5万人，然而滨江区的养老资源不仅供给严重不足，而且服务形式单一，无法满足高层次人才家属和区内户籍居民的养老需求。在此背景下，滨江区民政局和绿康医养集团合作开展了杭州市养老领域最大的企政合作项目——绿康阳光家园项目。该项目包括绿康阳光家园和绿康康复医院两大实体，拥有养老床位 1800 张和住院床位 200 张，主要为滨江区高层次人才家属和滨江区内户籍居民提供养老、护理和医疗服务。

（3）万达丹寨扶贫项目。2015 年中央政府提出，要在 2020 年前实现全面脱贫。企业界积极响应政府号召，开展形式多样的扶贫项目，然而大多数脱贫项目严重依赖扶贫资金的短期注入，存在"钱进脱贫、钱断返贫"现象。为探索可持续和可复制的扶贫模式，万达集团出资 8 亿元在国家级贫困县贵州省丹寨县开展了万达丹寨扶贫项目。丹寨县地处贵州东南部山区，是以苗族为主的少数民族聚居区，2018 年全县总人口为 17.4 万，其中贫困人口高达 4.5 万[①]。万达丹寨扶贫项目的实体是建设拥有苗寨特色的丹寨万达小镇，该小镇可入驻 339 户商家，主要为游客提供苗医、苗药、苗服、苗族美食等民族特色商品或服务及古法蜡染、造纸、锦鸡舞、祭祀乐等体验项目。万达丹寨扶贫项目成效显著，作为扶贫典型多次受到中央和贵州省政府的表彰。

9.3.2 分析结果

（1）政社双中心式治理模式：在新航社区安置帮教项目中，政府和社会组织是政社双中心式治理的双元治理主体。该模式的治理逻辑是，政府和社会组织之间通过自愿合作或经济契约建立联系，以政府为中心的利益相关者群体主要通过权威性逻辑动员社会创新所需资源，以社会组织为中心的利益相关者群体以营利性方式筹集资源。在新航社区安置帮教项目中，上海市司法局与上海市新航社区服务总站是该项目的双元治理主体（见图 9-5）。上海市司法局每年初根据上海市监狱管理局提供的刑满释放人员和在押犯人实际情况及上年末上海市新航社区服务总站项目绩效评价结果，提出项目总目标和年度绩效目标，并依此与上海市新航社区服务总站签订政府购买服务

---

① 数据来源于丹寨县政府官网（www.qdndz.gov.cn/）。

合同。项目实施过程中，上海市司法局通过行政方式，动员上海市爱心帮教基金会、社区居委会、上海市社会帮教志愿者协会、上海市内高校等单位，为该项目提供慈善捐款、社工和志愿者及对相关人员进行知识培训，并携手上海市社团管理局、上海市综治办等相关单位进行监督检查。项目结束后，上海市司法局聘请第三方评价机构对项目年度绩效进行综合评价，根据评价结果对下一年的目标设定、合同内容和合同价格进行调整。上海市新航社区服务总站是民办非企业单位，负责该项目的具体实施，它的工作人员主要由社区居民中的社工和志愿者构成。以 2018 年为例，上海市新航社区服务总站延续和新开展了一系列活动，如：为帮助临释人员更好更快地适应社会开展了"爱启新航"活动；与华东政法大学、复旦大学等高校合作，开展了"心灵导航"活动，为刑满释放人员提供心理辅导和改善不良情绪；社工和志愿者广泛参与，为修复刑满释放人员夫妻亲子关系开展了"新航港湾"活动；与上海市爱心帮教基金会、上海市社会帮教志愿者协会等合作，为帮助刑满释放人员求职开展了"爱的黄丝带"活动；等等。

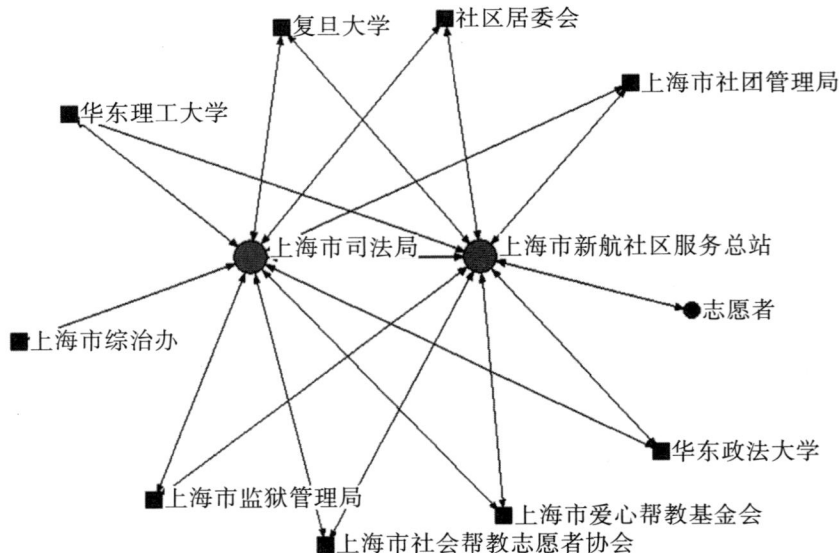

图 9-5　新航社区安置帮教项目的利益相关者网络图

在政社双中心式治理模式中，政府的参与提高了社会创新项目的权威性，使社会创新项目更易从慈善机构、社团组织、爱心人士等处获得资源。社会组织的积极参与，补齐了政府服务能力不足的短板，提高了公共服务的针对性、专业性和灵活性，受众的认可和赞许提升了项目的合法性。作为上海市安置帮扶工作的主管部门，上海市司法局的指导和参与，提高了新航社区安置帮教项目的权威性，使上海市爱心帮教基金会、上海市社会帮教志愿者协会、高校、社区等利益相关者更愿意投身该项目。上海市新航社区服务总站的工作人员，主要是社区居民和志愿者，他们的百姓身份及扎实细致的工作方式，有利于消弭刑满释放人员的抵触情绪，也更容易让他们理解和接受，从而提高了该项目的合法性。

（2）企政双中心式治理模式：在绿康阳光家园项目中，政府和企业是利益相关者网络的双元治理主体。该模式的治理逻辑是，以政府为中心的子网主要按照权威性运行，以企业为中心的子网主要按照营利性运行，政府和企业通过行政法规和经济契约建立双重联系。如在绿康阳光家园项目中，杭州市滨江区民政局和绿康医养集团是利益相关者网络的双元治理主体（见图 9-6）。杭州市滨江区民政局在建设阶段为该项目提供 100 亩土地，提供 5 亿元财政资金用于建设建构筑物。在运营阶段，杭州滨江区民政局携手滨江区人社局、卫生监督所，杭州市残联等单位对项目实施过程进行行政监管。此外，杭州市滨江区民政局依据社会化运营合同，对该项目的收费标准、服务质量、财务状况等履行委托方监督责任。在运营阶段，绿康医养集团投资 5000 万元主要用于医疗设备采购、人员招聘与培训、部分室内装修等，并与平安养老保险、浙江中医药大学等单位合作，负责该项目的日常运营管理。绿康医养集团以市场化方式运营该项目 20 年，前 5 年绿康医养集团免费使用政府提供的建构筑物，之后 15 年，绿康医养集团把床位费的 20% 上交杭州市滨江民政局。

在企政双中心式治理模式中，市场盈亏逻辑有利于提高社会创新项目的针对性和灵活性，有效降低行政成本；同时，行政控制也有利于抑制企业对短期经济利益的过度追求，增加社会创新项目的权威性。绿康阳光家园项目自 2017 年 6 月正式运营以来，营利性较好，权威性较高。该项目的主要收入来自对自费入住老人的收费及杭州市滨江区民政局为辖区内的残障、失能、失智等特殊人群提供的服务采购费。据项目负责人介绍，绿康阳光家园自运营以来，入住率不断提高，已达到预期盈利水平。由于该项目受杭州市滨江区民政局的双重监督，与纯民营养老机构相比，权威性要高很多。虽然具有上述优势，但是在现阶段，社会对企业介入社会创新项目普遍存有疑虑，合法性低是企政双中心式治理模式亟待补齐的短板。虽然当前绿康阳光家园项目运行良好，获得各方较多赞誉，但据项目负责人介绍，受众普遍对民营养老机构持怀疑和不信任的态度，这阻碍了该项目入住率的提升。该项目负责人表示，在今后一段时间内，项目管理人员将重点向社会介绍该项目的模式与纯民营养老机构的区别，并邀请志愿者、家属参与运营，逐步打消社会疑虑。

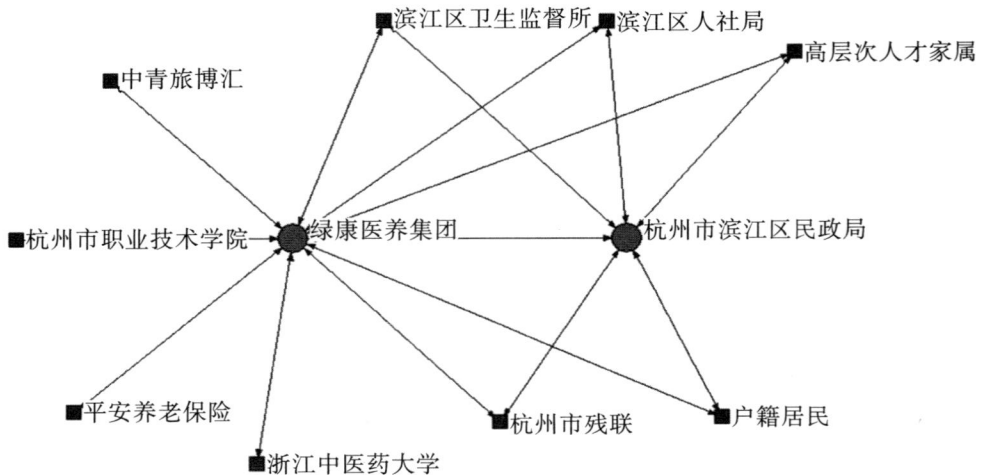

图 9-6　绿康阳光家园项目的利益相关者网络图

（3）企社双中心式治理模式：在万达丹寨扶贫项目中，治理主体是企业和社会组织。该模式的治理逻辑是营利性与合法性的耦合，如在万达丹寨扶贫项目中，万达集团和以商户为代表的社会组织共同构成了万达丹扶贫项目利益相关者网络的治理主体（见图 9-7）。在项目筛选阶段，万达集团与丹寨县政府联合考察了养猪、种茶、旅游小镇等多个项目，最终鉴于项目的营利性和可持续性及万达集团的核心竞争力，选定了丹寨万达小镇项目①。在项目设计阶段，治理主体考虑到当地居民消费能力严重不足，消费群体只能是贵州省内大中城市居民及省外游客，因此，万达集团提出，不仅小镇要充分体现和还原苗寨建筑特色，而且商家要以提供苗族特色的体验式旅游消费为主进行经营。在项目营销阶段，万达集团提出了"游丹寨就是扶贫"的营销口号，迅速提高了该项目的知名度。万达集团负责小镇的日常运营，并在全球招聘丹寨万达"轮值镇长"，负责宣传推广小镇和管理创新活动。以商户为代表的社会组织是另一个治理主体。商户主要由本地居民、特色商品和产业从业者、贫困户等构成，提供具有苗族特色的商品和体验式旅游项目，与万达集团共同打造了丹寨万达特色小镇。此外，这些商户提供的商品和服务主要采购于当地的贫困户、合作社、特色商品生产者、特色产业从业者，例如，2018 年 339 家商户中已有 210 家实现本地化采购，这已成为联结旅游消费和本地生产网络的重要一环。

企社双中心式治理模式的优势在于营利性和合法性较高。自 2017 年 7 月营业以来，万达丹寨扶贫项目取得了较好的营利性，截至 2018 年 8 月，接待游客 550 万人次，创收 24.3 亿元。该项目提供了 1870 个就业岗位，有 1.6 万人直接受益，项目模式和扶贫效果得到了当地群众的高度认可和评价，合法性较高②。企社双中心式治理模式是建立在营利性和合法性基础上的，然而政府这个权威性主体的缺位，会导致营利性和合法性一旦降低，利益相关者之间的行动秩序随之丧失。例如，丹寨县政府在项目设计、宣传和运营的过程中参与较少，甚至缺位，一旦万达丹寨扶贫项目将来出现经营困难或者偏离扶贫方向，万达集团作为企业的逐利本性和以商户为代表的丹寨县内部脆弱的协调能力，会导致两大治理主体不可避免地产生各种纠纷。

---

① 万达结合自身优势，形成了一个长期、中期、短期相结合的教育（捐建贵州万达职业技术学院）、旅游（丹寨万达旅游小镇）、扶贫基金（丹寨扶贫专项基金）三位一体扶贫模式。
② 数据来源于中国旅游研究院 2018 年发布的《万达丹寨旅游扶贫模式和效果评价报告》。

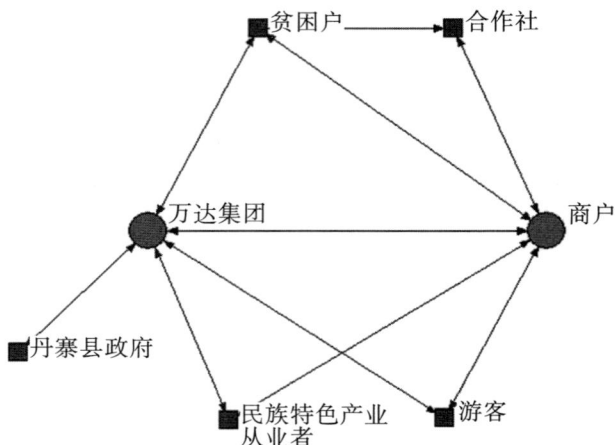

图 9-7　万达丹寨扶贫项目的利益相关者网络图

9.4 共享式治理模式：单案例研究

9.4.1 案例背景介绍

2010 年阿里巴巴集团推出了云客服系统，为淘宝买家和卖家提供远程客服在线服务，淘宝云客服主要来自时间灵活和有兼职意向的学生群体和自由职业者。随着淘宝业务量的急剧增长，对淘宝云客服的需求也迅猛增加，但是，招聘困难、流动性大、管控难等问题也困扰着阿里巴巴集团的管理者。残疾人就业难，其中的重度肢体和语言残疾人，更是难中之难，政府和社会组织对于这部分残疾人，往往采用低保制度和公益慈善的方式进行救济，负担大，且效果不尽如人意。一方面，淘宝云客服有巨大的岗位需求缺口，另一方面，我国蓬勃发展的互联网产业为残疾人居家工作提供了技术上的可能，加之广大残疾人就业意愿强、珍视工作机会、时间灵活，符合淘宝云客服的基本要求。在此背景下，"百城万人"残疾人淘宝云客服项目于2014 年应运而生。截止到 2018 年末，"百城万人"残疾人淘宝云客服项目已经在新疆、甘肃、青海、宁夏等 20 多个省近 100 个城市落地，累计培训超过 2 万人，其中 1 万人实现就业。

9.4.2 分析结果

政府、社会组织和企业是共享式治理模式的三元主体，三元主体带来了权威性、合法性和营利性 3 种治理逻辑，其中任何一种，都可以动员社会资源，协调行动，使众多利益相关者为达到社会创新目标而共同行动。在共享式治理模式中，3 种治理逻辑的耦合构成了运行基础，这种耦合不是简单的加法效应，而是乘法效应，使参与社会创新的利益相关者可以按照自己擅长的逻辑行动，最大程度地调动社会资源。例如，在"百城万人"残疾人淘宝云客服项目中，阿里巴巴集团、郑卫宁慈善基金会及其下属社会企业残友集团、各地政府及残联部门是利益相关者网络的三元治理主体。根据阿里巴巴集团与郑卫宁慈善基金会达成的协议，阿里巴巴集团为残疾人提供不设上限的岗位数量需求、宽松的入职和考核标准、更加灵活的工作时间安排。各地政府及残联部门安排专人对接该项目，并对本市残疾人进行就业意愿调查、资质初步筛查及组织符合基本条件的残疾人参加培训。郑卫宁慈善基金会负责筹集善款，购买电脑设备，在各城市建设就业培训基地，并由其下属社会企业残友集团组建专业的云客服培训师资队伍，赴全国各地对符合基本条件的残疾人进行岗前培训、入职考核和在岗服务。

共享式治理模式是一种理想的网络治理模式，使社会创新项目兼具权威性、合法性和营利性。以"百城万人"残疾人淘宝云客服项目为例，各地政府和残联部门的参与，赋予了该项目高权威性，使得各地残疾人踊跃参与。该项目的高营利性表现在两个方面：一是该项目的实施为阿里巴巴集团提供了充足和稳定的云客服工作人员，助力阿里巴巴集团健康发展；二是 1 万多名残疾人获得了就业机会，变他救为自救，分担了政府和社会的负担。高合法性主要体现在该项目得到了社会各界的广泛认可，先后荣获中国公益慈善大赛银奖、中国公益节最佳项目奖等多个奖项，并获得中央财政专项资金及摩根大通集团等多渠道的资金支持。当然，该模式需要创造性地开发出能够充分发挥各方特长的项目合作模式，这具有相当难度；此外，多元化治理主体会导致各方之间的协调困难，使管理难度加大。见图 9-8。

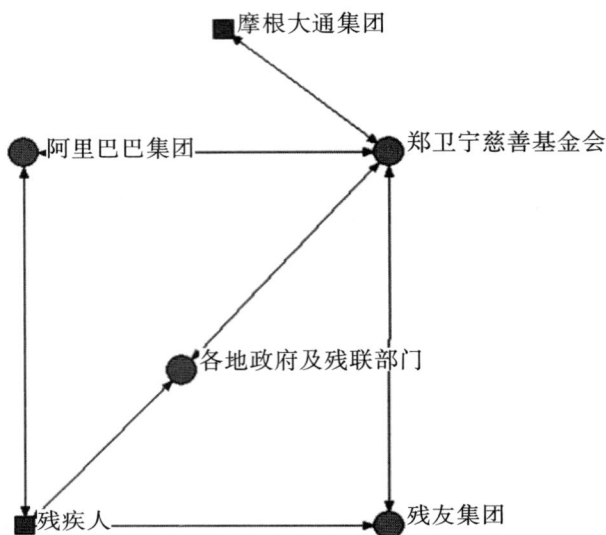

图 9-8 "百城万人"残疾人淘宝云客服项目的利益相关者网络图

9.5 结论与启示

上文从治理主体、模式特征出发对领导式治理模式、双中心式治理模式和共享式治理模式进行了分析，不同治理模式间的比较情况见表 9-3。

表 9-3 3 种治理模式的比较

网络治理模式		治理主体	模式特征	项目名称
领导式治理模式	政府领导式治理模式	政府	权威性高 行政成本高 / 合法性较低	/
	企业领导式治理模式	企业	营利性较好 权威性低 / 合法性低	"虎哥回收" 欣耕工坊 在水一方
	社会领导式治理模式	社会	合法性高 权威性低 / 营利性较差	/

网络治理模式		治理主体	模式特征	项目名称
双中心式治理模式	政社双中心式治理模式	政府社会	权威性高／合法性高不具备营利性	新航社区安置帮教项目
	企政双中心式治理模式	企业政府	营利性较好／权威性高合法性低	绿康阳光家园项目
	企社双中心式治理模式	企业社会	营利性较好／合法性高权威性低	万达丹寨扶贫项目
共享式治理模式	／	企业政府社会	营利性较好／权威性高／合法性高项目模式开发难／多重治理逻辑增大管理难度	"百城万人"残疾人淘宝云客服项目

资料来源：作者自制。

9.5.1 不同治理模式的比较

（1）领导式治理模式。在领导式治理模式中，利益相关者网络的治理由一元主体负责，治理主体把内化于自身的独特治理逻辑外化为利益相关者的普遍性行动规律。如在政府领导式治理模式中，政府用行政指挥和控制的权威性逻辑对网络进行治理，通过权力把利益相关者置于社会创新秩序中。在企业领导式治理模式中，企业遵循市场交易规律，在社会创新中追求盈亏和效率。在社会领导式治理模式中，社会强调自组织和奉献，追求公正、公平等社会目标。

领导式治理模式因治理主体不同而优劣势各异。政府领导式治理模式的优势在于权威性高，不足在于政府的服务能力往往不足，针对性和灵活性较差，较难让受众满意，且行政成本过高。企业领导式治理模式的优点在于，作为治理主体的企业，可以通过价值创造和利益分享集聚多方资源，然而在我国当前发展阶段，企业领导式治理模式的权威性和合法性普遍不高。社会领导式治理模式的优点是，社会组织的善意和善举普遍能够获得受众认可，具有较高合法性，然而由于我国长期处于"强政府＋弱社会"的状态，众多社会组织发育不良，运行机制不健全，权威性不高，自我造血能力差。

（2）双中心式治理模式包括政社、企政和企社双中心式治理模式。在政社双中心式治理模式中，政府和社会是该模式的双元治理主体，以政府为中心的利益相关者群体主要通过权威性逻辑动员社会创新所需资源，以社会为中心的利益相关者群体以自组织方式筹集资源，政府和社会之间通过自愿合作或经济契约建立联系。政府的参与提高了社会创新项目的权威性，使社会创新项目更易从慈善机构、社团组织和爱心人士等处获得资源。社会组织的积极参与，补齐了政府服务能力不足的短板，提高了公共服务的针对性、专业性和灵活性，受众的认可和赞许提升了项目的合法性。该模式的不足之处在于，无论是政府，还是社会组织都不擅长创造经济利益，缺乏内生造血能力，如在新航社区安置帮教项目中，严重依赖慈善捐款和政府拨款，一旦资金断裂，该项目也就宣告结束。

在企政双中心式治理模式中，企业和政府是利益相关者网络的双元治理主体，以企业为中心的子网主要按照市场盈亏运行，以政府为中心的子网主要按照行政控制运行，政府和企业通过行政法规和经济契约建立双重联系。市场盈亏逻辑有利于提高社会创新项目的针对性和灵活性，有效降低行政成本，同时，行政控制也有利于抑制企业对短期经济利益的过度追求，增加了社会创新项目的权威性。虽然具有上述优势，但是在现阶段，社会对企业介入社会创新项目普遍存有疑虑，合法性低是该模式亟待补齐的短板。如在绿康阳光家园项目中，绿康医养集团的介入，使绿康阳光家园可以提供专业化服务，降低了运营成本，使有限的财政投入产生更大的社会效益，而杭州市滨江区民政局的双重监督，使绿康阳光家园比纯民营养老机构更具权威性，然而要想获得受众的合法性认可，还尚需时日。

在企社双中心式治理模式中，治理主体是企业和社会组织。市场盈亏是企业生存和运行的基础，企业运作社会创新项目，具有获取营利性的天然优势，但追求经济利益的企业涉足具有多重目标的社会创新项目难免受到质疑，在社会创新项目中引入社会组织，可以打消受众群体的疑虑，获得较高的认知合法性。企社双中心式治理模式是建立在营利性和合法性基础上的，然而政府这个权威性主体的缺位，会导致营利性和合法性一旦降低，利益相关者之间的行动秩序随之丧失。例如，万达集团通过娴熟的商业运作使万达丹寨扶贫项目在短时间内实现盈利，其扶贫效果也得到丹寨县群众的高度肯定，然而该项目也存在隐忧，一旦该项目将来出现经营困难或者偏离扶贫方向，企业的逐利本性和社会组织内部脆弱的协调能力，将会严重动摇企业和社会组织的合作基础。

（3）共享式治理模式。该模式是一种理想的社会创新的利益相关者网络治理模式，使社会创新项目兼具权威性、合法性和营利性，然而该模式需要创造性地开发能够充分发挥各方特长的项目合作模式，以解决共同治理带来的难题。

9.5.2 启示与建议

依据研究结果，本研究提出如下建议。

（1）社会创新治理需要多元主体参与，多元治理逻辑的耦合可以在更大广度和深度上动员社会资源和力量投向社会领域。长期以来，我国政府的社会管理和社会服务职能的发挥远不如经济管理职能发挥得充分，历史欠账较多，加之当前及今后相当长的一段时间，又是我国社会矛盾和问题的爆发期。短时间内加大财政投入，提高社会服务供给是解决当前社会问题的一个思路，但这种政府领导式治理模式的行政成本过高，会恶化我国财政状况，而且群众对政府的粗放式服务也未必满意，因此，引入企业和社会组织参与是社会创新的必然趋势。多元治理主体为社会创新注入多元治理逻辑，优势互补的多元治理逻辑可赋予和提升项目的权威性、营利性和合法性，激发和调动更多的社会资源流向社会领域，增加社会服务供给。这既益于利用企业和社会组织的富裕和闲置资源，又可降低政府管理负担，同时可满足群众对优质社会服务的迫切需求。

（2）创造性地设计合适的利益相关者网络治理模式是社会创新项目成功的关键。合适的利益相关者网络治理模式要充分发挥治理主体自身的优势，要平衡好利益相关者之间的利益和权力，让企业有获取合理利益的途径，让社会组织有获得成就感的舞台（盛亚等，2016；Schwartz，2012）。如在"百城万人"残疾人淘宝云客服项目中，阿里巴巴集团的优势是可以提供量大、稳定和薪酬可观的云客服岗位，郑卫宁慈善基金会及其下属社会企业残友集团的优势是有着丰富的培养残疾人从事软件开发和运营的经验，各地政府与残联部门的优势是了解本地残疾人的就业意向和基本能力。该项目在帮助政府解决残疾人就业问题的同时，让阿里巴巴集团获得了稳定的云客服，有助于企业盈利，同时提升了郑卫宁慈善基金会的使命感和自豪感。

（3）政府应由事必躬亲的社会服务的提供者向社会创新的多元治理者转变[①]。治理模式由政府领导式治理向其他模式特别是多元治理模式演变，并不意味着政府撒手不管，而是要求政府从微观社会服务的提供者和管理者向宏观层面的多元治理者转变，这需要政府做好以下工作：一是打破传统的单一行政控制思维模式，做好多元主体参与社会创新项目的顶层设计，充分调动企业和社会组织投入社会事业的热情；二是切实发挥好政府的资源整合与协调能力，把政府打造成社会创新需求发布、利益相关者资源撮合、问题沟通与协商的平台；三是扎实做好对社会创新项目的持续监管，有效抑制企业对不合理盈利的追求，提高社会组织的自治能力。

---

① 戴维·奥斯本在《政府再造》一书中写道："让社会服务提供者响应客户需求的最佳方式是，把资源放在客户手中，让他们选择。"（斯蒂芬·戈德史密斯，2013）

第 10 章

企业社会创新的组织模式和商业模式

面对许多社会问题，一些有良知的公民通过建立各种社会组织或发起各种社会运动，在社会创新中发挥了重要的引领作用（何增科，2010），但却遭遇了政府失灵、市场失灵和社会失灵等诸多困境。企业社会创新面临的一种超越单个主体的多主体合作组织模式和一种超越纯经济组织的商业模式的挑战亟待提供现实解决方案和进一步的理论研究，本章聚焦于这两个问题进行探讨。

10.1 企业社会创新主体合作的组织模式：案例研究 [①]

处于社会转型期的中国，社会问题更加复杂，社会需求高度细分和多样化，因此，单靠政府、社会组织或企业任何一方的力量解决社会问题，都会力有不逮（林海等，2013）。合适的组织协调与合理的组织控制，会促进组织整体表现得更加优秀，组织的工作效率将会大大提高（胡连奇，2014）。因此，最大程度地避免各个部门之间各自为政、孤立施政、封闭冲突，打破部门之间的孤立，有利于社会创新的极大发展，有利于促进社会不断进步（詹国彬等，2006）。

在协同合作中由于各主体的资源、利益、权力具有异质性和动态性，

[①] 本节内容已公开发表，见盛亚、陈嘉雄：《企业社会创新主体合作的组织模式分析》，《浙江工业大学学报（社会科学版）》2017 年第 2 期，第 197—201 页。

可能出现政府定位失当、强权干涉的情况；由于社会组织权责失当，利益划分不清楚，可能出现扯皮、合作破裂等问题。企业运用具有高效率的组织模式参与社会创新，可以使"企业—政府—社会组织"三者在促进社会发展的过程中配合得更加默契，使各主体从原有的思维定式中摆脱出来（周直等，2009），整合不同主体之间分散的资源，集合各自的优势，扩大其影响力，让社会创新更具效率，达成既定目标与使命（孙艺卓，2010）。本章正是基于主体思想，从主体的资源及由资源决定的利益、权力和行为的角度出发（盛亚等，2009），研究社会创新中涉及的二元（企业—社会）或三元（企业—政府—社会）主体的组织模式问题。

10.1.1 理论基础与分析框架

企业社会创新是指企业以社会责任为驱动力，将社会问题作为企业新机会的来源，通过商业创新整合各方资源，达到一定的社会目标，满足特定群体的社会需求的创新范式（刘宝，2011），涉及企业、政府、社会组织三个主体，每个主体在资源、职能、特征等方面各有不同，但作为构成社会整体的重要组成部分，又有着共同利益。

企业是一个复杂的、结构化的能力与资源的联合体，其职能主要包括实现资源转化、创造财富、组织生产经营活动、优化资源配置等。企业拥有经济性、营利性、独立性和竞争性等多种特征，这也是其区别于政府和社会组织的主要特征；"政府是治理国家或社区的政治机构……政府行使职权总是有赖于与强制的结合"（英国《简明不列颠百科全书》）。政府的职能主要包括政治职能、经济职能和社会管理职能，与企业和社会组织的区别在于，政府主要有以下显著特征：合法性、公共性、权威性和普遍性。社会组织是介于政府和企业之间的社会相互作用的一个领域，由私人领域、团体领域、社会运动及大众沟通形式组成。社会组织的职能包括社会服务职能、公共管理职能、行业监督职能、组织协调职能，具有私立性、非利润分配性、自我治理性、志愿性和公共利益性等特点。企业、政府和社会组织虽各有特点，但都具有社会性。当今社会问题日益突出，三者在现实面前具有一致的共同利益，应更加注重合作。因此，研究各主体的特点对于实现更好的合作具有重要意义（黄群慧等，2014）。

组织模式由组织结构和组织行为构成。组织结构反映机构设置和权责分工关系，是企业组织模式的基础；组织行为反映领导、沟通、权限划分等的关系。结构是行为的基础，结构的调整必然导致行为的改变（王章豹等，2015）。跨组织的多主体合作，必然存在许多障碍，几乎对所有社会问题的解决比任何一个组织独立地运行都需要更多的资源，其组织模式也更为复杂（Austin，2006）。一般而言，组织结构的设置是由业务的需求、权利的大小、拥有的资源等因素决定的。本章将组织模式分为权力和行为两大方面。依照权力理论，资源拥有、利益导向决定在企业社会创新中谁是影响者，谁是被影响者，即决定着权力模式，同时也决定着权力模式的具体表现即行为模式。具体理论框架如图 10-1 所示。

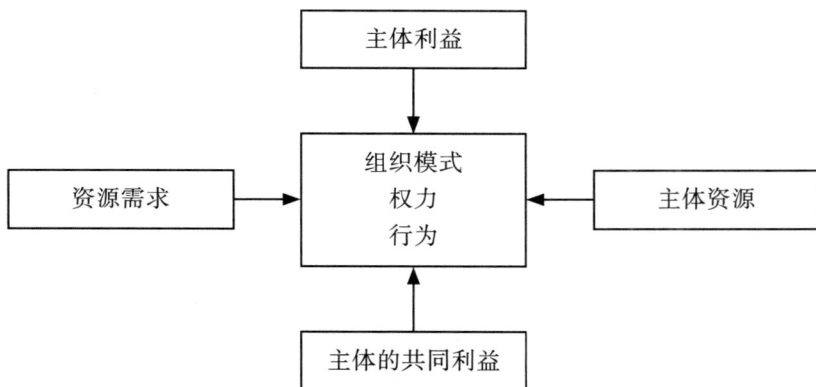

图 10-1　分析框架

决定组织权力的关键因素是资源的拥有及在项目运行的不同阶段对资源的需求。当主体拥有进行社会创新所需要的必要和稀缺资源，而且具有利益诉求时，就会产生对其他主体的影响力，处于影响者的地位。因此可以得到以下命题：一是共同利益是各个主体进行合作的基础，是组织模式存在的基础；二是在合作过程中资源与主体的各自利益决定了不同主体的

行为（财务、人事、营销、创新等）及其行为的实现程度；三是权力模式
影响利益分配，利益的满足程度对各主体的行为模式又具有深刻影响。由
于主体间各自利益及因权力导致利益分配不均的情况的存在，在具体的项
目运行过程中，会出现各主体间的推诿与消极怠工、人员离职，甚至出现
合作破裂等情况。合理的组织模式应该是权力与利益相对称，而利益分配
与其资源付出相对称，否则就会导致各主体间合作不顺畅。

10.1.2 案例研究

本章选择拥有"企业—社会组织"二元主体和"企业—政府—社会组织"
三元主体的两个典型案例进行说明。资料来源主要是现场调研和二手资料
收集。

（1）拥有"企业—社会组织"二元主体的组织模式：萝卜车项目。杭
州大帮网络科技有限公司基于多年高校市场的开发经验，努力构建了卓越
的"第三方高校服务平台"，致力于为高校大学生提供学习就业增值服务
和为高校及社会提供校企合作综合解决方案。2015 年 8 月，浙大萝卜科技
和大帮网一起投资组建了杭州萝帮智慧科技有限公司，以萝卜车为载体，
进行企业与高校社团的合作，在提升大学生实践能力的同时推动萝卜车在
高校的推广运营。

在萝卜车项目运行前期，需要进行车辆投放、物资购买等，在这一环
节上，企业掌握着关键资源，因此在项目正式运行之前，企业发挥着主导
作用，是行为的主要承担者。由于企业资源的不可替代性，以及自身具备
的优势，企业在团队建设方面担当着影响者的角色。在具体的项目运行中，
学生团队掌握着宣传与运营的关键资源，但由于学生与企业的利益不一致
性，以及学生不享受利益分配，学生团队只做提高附加值的宣传推广活动，
而且不受公司考核指标的约束。

由于社会组织的非营利性、自我治理性与企业的营利性、结果导向性
等特点不同，"企业—社会组织"的组织模式在利益分配、行为规范和数
据考核等行为上不能实现一致，从而无法实现有效发展。本研究认为，"企

业—社会组织"二元主体的组织模式存在的最大问题是缺乏权威性。在"企业—社会组织"的这种合作模式中，学生社团处于相对资源弱势地位，而且以自身的成长锻炼为参与动机，不享受利益分配且行为不受强制性约束，而企业拥有关键资源，需要以成果为导向，因此在合作中会出现一定的矛盾，例如学生不对数据负责、积极性较小，并且企业与学生社团在利益分配上也会出现矛盾。企业与学生社团在资源—利益—权力上不能实现对称，因此，一方面需要针对利益分配问题进行治理，对学生社团提供一定的经济补偿，使利益分配与资源付出达到平衡；另一方面需要更加强调社会创新的公益性，取得政府（学校）的政策支持，以产生一定的权威性。

（2）拥有"企业—政府—社会组织"三元主体的组织模式案例：养安享养老项目。养安享养老平台于 2014 年由浙报传媒与修正集团、浙江新联控股共同出资 1 亿元打造，合作方希望通过资本与媒体联手，搭建一个政府、社区、企业合作创新的更加专业的居家养老平台[①]。本研究选取杭州大木桥社区进行研究。该社区老年人众多，其中 60 周岁以上的老年人就有 3000 多人。养安享养老平台针对不同老年群体的服务需求，推出"助洁、助餐、助医、助浴、助行、助急、助办、助法、助乐""九助"服务，同时举办养安享惠老日等各类活动，让老年人享受居家养老服务。大木桥社区 55 周岁以上的老年人，只需花费 10 元工本费办理养安享养老平台的会员卡，就可以享受一系列的会员服务，如：在健康理疗室，免费使用足疗机、脊柱保养仪等仪器；在健康管理站免费测量血压；在多功能活动中心和棋牌室，老年人可以免费看电影和下棋；养安享养老平台设立的惠老超市的大米等生活用品的会员价低于其他超市，对 10 千克以上的商品提供送货上门服务；志愿者提供免费理发、免费推拿、免费修理小家电等服务。

在养安享养老项目运行前期，需要投入资金、占用场地、声誉支撑。此时企业拥有资金、管理技术等资源，政府的政策支持和权威性，为项目的前期运行提供了必不可少的支持。由于拥有关键性的资金及渠道等资源，

---

① 2016 年 8 月 3 日，"浙江养安享养老产业有限公司"正式更名为"浙江爱乐聚养老产业有限公司"。

企业处在影响者的地位，但政府提供了必不可少的进行宣传推广的场地。在实施具体活动时（如"九助"、公益活动等），企业牵头并设计具体的便老活动，再由社会组织具体实施。在资源整合、协调外围关系上，企业处于主导地位，社会组织则在人力、舆论等方面，处于主导地位。两者的利益和权力处于相对平衡状态。可以看出，养安享养老平台与政府、社区密切合作，政府为养安享养老平台提供免费场地，养安享养老平台具体负责养老事项，替政府和社区解决养老问题，同时进行商业运作，以合理的利润维持养老平台的正常运转。通过本案例可知，"企业—政府—社会组织"三元主体在资源、利益、权力和行为上比较契合，是较为合理的组织模式。

拥有"企业—政府—社会组织"三元主体的组织模式之所以是比较合理的组织模式，体现在发挥了各主体的特征和优势上，尤其是在当下中国，政府的权威性和解决社会问题的合法性是不可或缺的。当然，在该组织模式的实际运作中，如何实现主体资源、利益、权力和行为的对称是对治理能力的考验。

10.1.3 结论与建议

通过对企业社会创新主体合作组织模式的案例分析，可以发现：①企业、政府和社会组织有自身的组织性质和资源属性，社会创新的双重目标决定了企业社会创新在组织模式上要注意发挥不同主体的作用，即政府的权威性、合法性和公共性，社会组织的自治性、志愿性和社会性，以及企业的营利性、竞争性和效率性。②实现各主体的资源—利益—权力—行为对称的组织模式能很好地促进各主体的协同合作。但这需要企业具备很强的跨组织的网络治理能力，这也正是现有企业参与社会创新举步维艰的症结所在。③由于社会组织尚处于相对弱势地位，其定位不清、边界模糊必然造成其在社会创新中与企业、政府产生诸多不和谐现象。在解决社会问题的过程中出现"市场失灵"或"政府失灵"时，社会组织就是一个重要的依靠力量，因此政府放权也就成为必然选择，但当政府自身也成为被改革的对象时，这种权力和利益的再分配就必然会遇到巨大的阻力（王义，

2012）。

企业社会创新组织模式的构建和运作涉及多主体和多方面问题，各主体坚守职责权限、发挥各自优势是解决问题之道。①企业一般拥有资金、技术和管理等方面的资源优势，并具有一定的利益导向，能敏锐地把握住社会问题的痛点，并设计出一定的商业模式，保证社会创新的有效性与持续性。但企业必须认识到社会创新的双重目标，在利益实现方面，不能仅仅追求短期的利益，应考虑到各方利益与长远利益，正确对待政府和社会组织的监督。②政府拥有政策、法律、公信力和资金等方面的资源，并且以社会发展为导向，在监督、评估社会创新项目上具有很大的发言权，对于维持企业社会创新的运行具有重要作用。但政府要逐步实现治理核心从"政府治理"到"社会治理"，再到"共同治理"的转变，实现责任共担、利益分享、权力协同，直至将其纳入已有法律体系。③社会组织拥有社会舆论、人力资源和社会认同等资源，以社会问题为导向，可以凭借人力、舆论优势支持项目的具体运营，同时获取相应的利益和权力，以保证社会组织运营的积极性，协同促进企业社会创新。但社会组织需要加强自身建设，提高自治水平和解决社会问题的合法性。

10.2 企业社会创新的商业模式研究：以携职大学生求职旅社为个案 ①

社会创新如何实现由商业创新的商业模式 1.0（以经济效益为主要目标）向社会创新的商业模式 2.0（以社会效益和经济效益为双重目标）的转变，是社会创新必须解决的一个核心问题。一些企业在这方面进行了大胆的尝试，虽然道路艰辛，但已初见成效。本节以杭州携职大学生求职旅社（以下简称"携职"）为个案，运用亚历山大·奥特斯瓦德等（2011）提出的商业模式

---

① 本节内容已公开发表（稍作修改），见盛亚、王芳：《企业社会创新的商业模式研究——以携职为个案》，《浙江树人大学学报（人文社会科学）》2017 年第 3 期，第 46—53 页。

画布，分析和评价其商业模式[1]，提出该模式存在的问题和解决策略。

10.2.1 携职的商业模式画布分析

携职是 2008 年成立的一家以提供大学生就业服务为核心业务的社会企业。"求职住宿＋求职培训＋求职服务"的携职模式在社会上引起了很大反响。2010 年，携职与浙江省商务人力资源交流服务中心合作成立杭州麦可思人才开发有限公司（以下简称"麦可思"），2014 年投资成立校企就业信息大数据搜索云平台：快搜搜网站。目前，携职已经从小小的旅社发展成为集求职住宿、培训、人才派遣、人事外包和档案户口管理等于一体的人力资源产业园。低价住宿服务是携职模式的基础，"人才红娘"、职前培训和求职服务是其增值服务，其中"人才红娘"和职前培训的收入主要来源于企业投入和政府补助。在获得越来越多的资源后，携职开始提供人才档案与户口管理等服务，不断拓展业务。携职旗下有四大管理板块：麦可思、快搜搜人才网络科技有限公司（以下简称"快搜搜"）、携职就业大学（以下简称"携大"）和携职大学生求职旅社。前 3 个板块都是在携职的基础上创立并服务于携职的。换句话说，前三大板块是为了更好地服务于大学生就业。

（1）客户细分。客户构成了任何商业模式的核心。企业不可能满足所有客户的需求，所以客户细分是必要的。集中有限的资源服务于关键客户，才能让企业在竞争激烈的市场环境中生存下来。在携职成立之前，经营者就意识到大学生这个数量庞大的群体，也意识到大学生就业困难这个艰巨的社会问题，更意识到大学生从毕业到结婚的 3—5 年这一阶段的商机，于是就锁定大学生这一客户群，决定为大学生做求职住宿服务。实践证明，这个客户细分是正确的，从携职成立至 2016 年，已经接待了 56 000 余人

---

[1] 奥特斯瓦德等（2011）认为，商业模式画布在非营利性组织中也非常有用，如研究案例中的 Zipar 公司的商业模式提供了解决新兴市场用户的需求与日益增长的环境污染之间矛盾的方法；孟加拉乡村银行通过推广小额贷款的创新商业模式来帮助贫困者等。Maurya 修改了奥特斯瓦德等的商业模式画布，提出了精益画布（lean canvas），增加了"问题"和"解决方案"（斯晓夫等，2019）。

次的大学生求职者，已为 16 000 多名大学生推荐了工作。

（2）价值主张。企业的价值主张是客户选择一个企业而不是其他竞争对手的原因，它很好地满足了客户的需求。携职的价值主张是"帮每个大学生找到工作"，为来杭州求职的大学生提供高性价比的住宿（每人每晚28 元的住宿费非常符合大学生的需求）。通过打造低负担的求职服务平台，帮助大学生找工作，这一朴实的价值主张受到广大大学生求职者的欢迎。携职提倡和实践"低负担求职平台"，在为大学生提供求职服务的过程中只向企业和学校收取费用，基本不向大学生收费。

（3）渠道通路。携职向客户传递价值和与客户互动的方式主要有 3 个：文化产品、社会媒体和线上线下结合营销。第一，文化产品。携职打造专属于自己的文化产品，如励志小说、励志主题歌曲、携职宣传动画、舞台剧和 50 集青春求职励志微电影等，从各个层面向客户、企业和社会传递携职的社会创新理念及求职正能量。第二，社会媒体。携职利用社会媒体实现自我品牌的营销，凡是向携职提出采访需求的社会各大媒体，甚至学者、学生调研者，携职都会积极安排专人接待，因此网络新闻媒体上都有涉及携职的报道，这起到较好的社会舆论效果，提高了大学生、企业对携职的好感。第三，线上线下结合营销。携职拥有自己的门户网站，客户可以在网站上充分了解相关信息，同时也可以直接到携职实体店参观，切身感受携职为大学生求职者营造的氛围。

（4）客户关系。携职与客户建立了一种牢固、忠诚和相互信赖的关系。第一，携职在住宿费上采取低价策略，牢牢抓住了大学生经济能力薄弱的特点，做到有的放矢。携职提供低价求职的系列服务，满足了大学毕业生的首要需求。第二，携职关注客户的人性化需求，如考虑到大学生群体的特殊性，提供闺密住宿、兄弟连住宿和爱情公寓等。第三，携职打造的文化产品，实现了在精神层面上与客户的连接，抓住客户的心。

（5）收入来源。携职的收入来源主要有 3 个：服务费、培训费与住宿费。第一，向企业收取的人才服务费和招聘费。携职根据企业的岗位要求招聘到人才后，向企业收取每人 600—1000 元的一次性费用，这占总收入的 75%。第二，向企业和学校收取的培训费，占总收入的 5%。第三，向大学生收取的住宿费，占总收入的 20%。携职致力于打造低负担的求职服务平台，提供低价格、大学生可以承担的解决方案，因此利润率较低，每年处于微亏或微赚的状态。

（6）核心资源。核心资源是一个企业用来创造价值、传递价值和获取价值的基础资源，包括有形和无形的资源。携职拥有 3 个关键资源：第一，携职的企业文化。携职以减轻大学生求职负担为愿景，以帮助大学生找到好工作为使命，以人才事业、利国利民和功德无量为企业价值。从企业社会创新的角度，向社会传播企业创新解决社会问题的正能量，赢得了社会各界的赞誉，这是携职生存的土壤。第二，携职店面。携职实实在在地服务大学生求职者，为他们提供良好的驿站，营造温馨的氛围。第三，携职的人力资源。携职的员工 99% 都是大学毕业生，他们拥有跟携职经营者同样的人生理念，是携职坚实的力量。

（7）关键业务。携职的关键业务有 3 个：住宿业务、求职培训与求职服务（见图 10-2）。第一，住宿业务。这是所有服务存在的基础。携职旨在解决大学生就业这个社会问题，所以房价低廉，这使携职收入微薄，但也吸引了大量来杭求职的大学生入住及社会的关注。第二，求职培训。这

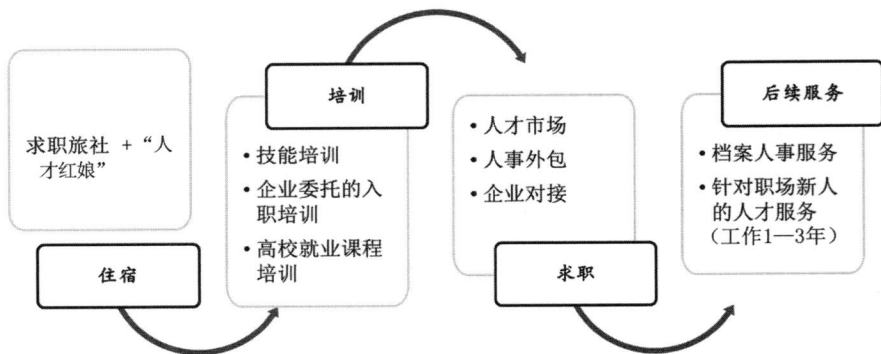

图 10-2　携职关键业务流程图

资料来源：根据调研整理绘制。

个业务很关键，因为它是携职的另一个收入来源。携职主要为企业的员工举办职前培训，为各高校的学生举办就业培训。第三，求职服务。大学生入住携职后，向"人才红娘"业务相关部门交一份简历，该部门会利用携职的企业资源，根据学生递交的简历、求职意向和性格，推荐他们到相应的企业面试，促成用人单位和人才的对接，对接成功后向企业收取一次性费用，这也是携职的重要收入来源。

（8）重要合作。携职与合作伙伴实现了4个亲密合作（见图10-3）。第一，与内部企业合作。内部企业合作指携职总经理统筹管理的旗下四大管理板块的合作，麦可思、快搜搜和携大是在携职基础上成立的，目的在于更好地开展大学生求职服务。每个板块都有自己的领域，四大板块通力合作，把携职打造成集大学生求职住宿、求职技巧培训、营销人员培训、招商引

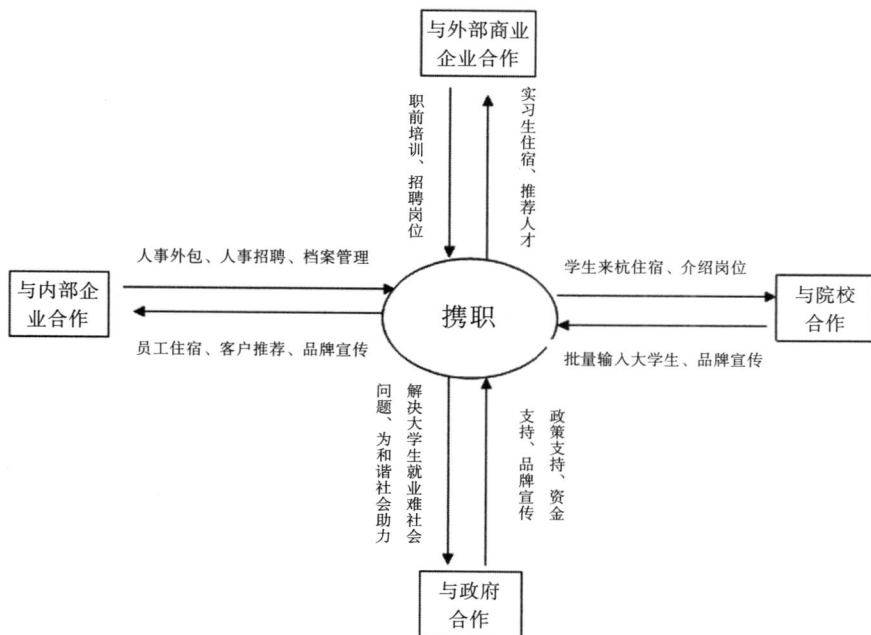

图 10-3　携职重要合作伙伴关系图

资料来源：根据调研结果整理绘制。

资培训、"人才红娘"、委托招聘、现场招聘会、网络招聘会、校企对接会、人才派遣、人事代理和户口档案管理等于一体的专业人才服务机构，而不是简单的旅社。第二，与外部商业企业合作。企业社会创新要切实、可持续地创造出社会和经济双重价值，在加强自身能力建设的同时，需要与其他商业企业结盟，拓展可利用资源，走出一条社会创新的共赢之路。第三，与院校合作。各个院校批量输入大学毕业生和实习生，携职为他们解决住宿问题和推荐岗位，成为各院校在杭州的"就业基地"。第四，与政府合作。携职与政府的关系不像公益、慈善机构与政府的关系，最明显的区别在于政府对携职几乎没有资金支持，全靠携职的商业化运作实现自身造血。但携职和政府间还是存在合作的，如政府在对外媒体和舆论上给予的支持。

（9）成本结构。携职的成本主要由房屋租赁、人力资源成本和日常运营成本构成。携职的办公场地和旅社都设在杭州交通较为便利的地段，房租较高；携职的员工基本上都是刚毕业的大学生，薪资要求不高，一定程度上降低了人力资源成本；日常运营成本主要包括招聘运营支出、培训运营支出、IT运营支出、人才服务支出和物资材料购买支出。

由以上分析得出携职的商业模式画布如图10-4所示。

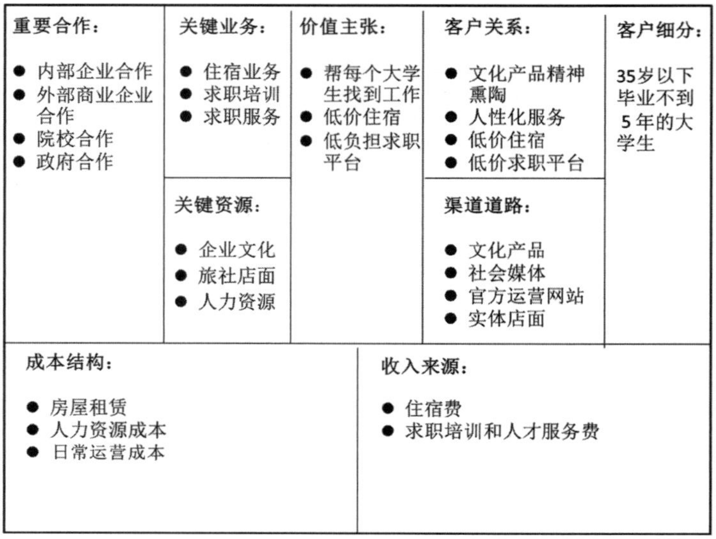

重要合作：	关键业务：	价值主张：	客户关系：	客户细分：
● 内部企业合作 ● 外部商业企业合作 ● 院校合作 ● 政府合作	● 住宿业务 ● 求职培训 ● 求职服务	● 帮每个大学生找到工作 ● 低价住宿 ● 低负担求职平台	● 文化产品精神熏陶 ● 人性化服务 ● 低价住宿 ● 低价求职平台	35岁以下毕业不到5年的大学生
	关键资源： ● 企业文化 ● 旅社店面 ● 人力资源		渠道道路： ● 文化产品 ● 社会媒体 ● 官方运营网站 ● 实体店面	
成本结构： ● 房屋租赁 ● 人力资源成本 ● 日常运营成本		收入来源： ● 住宿费 ● 求职培训和人才服务费		

图 10-4　携职商业模式画布

10.2.2 基于携职案例的商业模式分析

（1）商业化运作，自我造血。作为企业社会创新的典型代表，携职模式兼顾社会和经济双重效益，运用商业化运作方式，坚持提供低负担的求职住宿和人才服务平台，实现自我造血、供血。携职成立后，先后成立了麦可思、快搜搜和携大。携职充分合理地运用资源，即使没有政府、社会和企业的资助，也能靠自己的能力解决大学生就业难的问题。麦可思、快搜搜、携大和携职之间亲密合作，运用商业化创新运作模式，整合全国高等职业院校就业指导中心，吸引人才培训、人才中介与猎头服务等机构入驻，充分发挥"服务、整合、创新、协调"的平台优势，将携职打造成为多品牌经营、一条龙服务和多层次战略合作的新型服务型广场（见图10-5）。

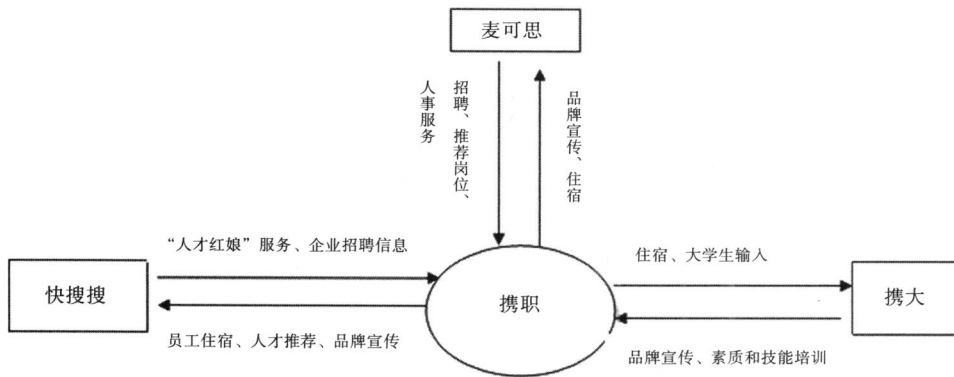

图 10-5　携职内部造血模式图

（2）外部引血，加强和巩固自我造血功能。携职除了加强内部合作外，还与商业企业合作，实现合作共赢。与成熟的商业企业合作，能有效解决企业社会创新业务选择面不广的问题，督促携职在社会创新中不能忽视服务的质量，最关键的是可以增加收入来源，加强和巩固自我造血功能。

（3）深度挖掘人才，创造多个价值增长点。携职整个商业模式的特点就是深入开发和经营人才，不依靠简单的一次性收费，而是让经营的人才连续每月产生收入。携职之所以既能实现自我生存，又能解决大学生就业难的社会问题，原因在于它没有拘泥于简单的住宿服务，而是从提供廉价住宿服务开始，逐渐成为一个人力资源平台，甚至最后形成一个可复制的、推向全国的服务产业，创造一个又一个的价值增长点。

（4）关键资源：人力资源差，专业人才缺乏。携职的员工基本上都是刚毕业不久的大学生，整体文化水平较高，但缺乏社会服务和教育的经验，只能从事基础的沟通工作。客户经常反映"人才红娘"服务不能解决一些较为专业的问题，只能提供一些客户在网上也能搜到的信息，导致用户满意度低，进而影响价值主张的传递和与客户关系的维系。同时，企业缺乏数据挖掘、网络运营和 APP 开发等方面的专业型人才，外包开发导致运营成本大大增加。随着企业的进一步发展，迫切需要专业经理人，目前携职过度依赖于总经理的领导。

（5）重要合作：政府支持力度低，企业投资难。一是政府支持力度低。目前没有针对社会企业的相关法律法规，导致携职在创立初期不管是政策上还是资金上都得不到政府的支持，从申请到正式成立，经历了曲折的过程。二是获得商业企业投资难。社会企业项目的社会效益比经济效应明显，而社会效益又无法在短时期内量化，大多数投资者和捐助者对企业社会创新项目的认识不够，考虑到投资存在的风险性，他们不愿投资。携职创立初期，运营资金主要是靠经营者的亲戚、朋友等筹集的，在资金上显得孤立无援。

（6）关键业务：重增值业务，轻基础业务。在携职的关键业务中，住宿服务和求职服务是基础业务，求职培训是增值业务。在发展过程中，携职逐渐呈现重增值业务、轻基础业务的迹象。虽然携职在解决大学生就业、挖掘人才及提供人才服务等方面越来越成熟，但是也存在一些不良现象：将主要资源投入求职培训和公益机构之外独立设立的商业企业，住宿环境没有因为企业的发展而改善。独立自主、自负盈亏的麦可思、快搜搜和携大能让携职更好地服务于客户，而且能用它们获得的利润支持携职继续进行社会创新，但是，会不会有一天携职只成为麦可思、快搜搜和携大的垫脚石呢？

（7）客户关系：持续维持难度大。企业的低价住宿、低价求职和充满正气的文化产品等，都起到了维护客户关系的作用，然而，随着服务水平低、产品质量差的问题出现，客户满意度逐渐下降。在求职和培训服务方面，企业内没有完整体系化的考核标准，不重视产品的质量和服务的态度，在与商业企业的服务和产品对比时差距明显，久而久之，即使是免费的、低价的，客户也不愿意接受。在住宿上，企业为了降低成本，单间房内床位较多，住宿环境较差，低价优势将不再显现。

（8）商业模式的动态变化和整体观问题。在基于奥特斯瓦德的商业模式画布分析携职商业模式时，除了关键资源、重要合作、关键业务和客户关系外，其他问题并不突出，但是商业模式是一个动态系统，一个因素的变化会引起其他一个或多个因素的变化，所以要从动态变化、整体观等角度分析携职的商业模式。关键资源中的人力资源问题，导致生产和提供的产品与服务无法向客户传递企业"帮每个大学生找到工作"的价值主张；产品和服务质量问题会导致客户满意度下降，继而影响企业客户关系的建立与维护；企业因为生存的需要不断扩展新的增值服务，新的客户被纳入进来，细分超出大学毕业生的范围，导致企业核心资源严重分散，基础业务质量下降，从而改变了企业的收入来源和成本结构，最终影响了企业的可持续发展。

10.2.3 企业社会创新商业模式问题的解决方案

解决企业社会创新商业模式问题，应综合考虑每一个商业模式因素，从自身和外部环境两个方面，重点解决突出因素的问题。

（1）加强人才培养，提高管理水平。对企业社会创新来说，人力资源是关键资源，但是目前普遍存在人力资源差、专业人才缺乏的问题。产生这个问题的原因有两个：一是目前公众对社会企业的知晓度和信任度不高，不了解这个行业的发展前景，大多数人不愿意进入这样的企业；二是社会企业处于微亏或微赚的状态，客观上无法承担较高的人力资源成本，无法高薪聘请专业的管理人才和技术人才。针对这一问题，本研究认为，应该从以下两个方面考虑。

一是积极培养企业社会创新人才。要积极培养具有创新意识的社会企业家，鼓励对企业社会创新有抱负的企业多向国外成功的企业学习，比如向繁荣发展的英国的社会企业学习，多参加专业的技能培训。携职总经理温少波先生在创办携职时不知道自己企业的类型，在参加英国大使馆举办的社会企业家技能培训后，他才认识到携职属于社会企业，随后他相继参加了英国和国内社会企业的培训、会议等，更加坚定了创办社会企业的信念。

二是员工的招聘、培训和管理。坚持内招和外招相结合，注重员工的培训。对内招聘管理人才，可以延续企业的文化精神，同时可以激励内部员工。在日常管理中，要向员工正确传递社会企业的价值取向，引导他们认同组织的价值主张并愿意为之付出；要重视对员工的管理技能开发和培训，提高工作效率；在不影响社会企业实现社会效益目的的前提下，确定企业员工的最低薪酬标准，将员工收入和工作绩效挂钩。总而言之，社会企业也要推进员工管理的正规化和员工发展的标准化建设。

（2）围绕社会创新初衷进行业务拓展。随着业务的不断发展，社会企业也会像商业企业一样拓展业务，不断创造价值增长点，但是企业存在的重增值业务、轻基础业务和盲目拓展业务的现象，可能会使企业的资源分散，无法将企业的资金、人力等有限资源投入核心业务，从而导致目标客户满意度下降，这有违企业社会创新的初衷。因此，业务拓展要始终围绕初衷而展开，新涉及的服务对象、领域等不能影响到组织的现有业务。本研究认为，携职应该始终围绕大学生低价求职住宿而展开业务，立足基础业务，企业的营利和获得的投资应该用于完善住宿环境和求职服务等，而不是盲目地开拓更多的管理板块。考虑到生存的现实性，社会企业可以采用复制的方式拓展业务，这样不仅能够帮助更多人，也能充分利用现有资源和经验，减小新业务拓展可能带来的风险。

（3）提高产品质量和客户满意度。提高产品质量进而提高客户满意度应从以下两个方面考虑：第一，立足目标客户需求。社会企业的目标客户基本上都是弱势群体，因此社会企业的商业运作一定要从弱势群体的需求

出发，提供人性化、高质量的产品和服务，改善他们的生活条件。比如欣
耕工坊，它是一个为弱势群体提供就业岗位，鼓励扶持弱势群体通过自己
的劳动改善生活水平并将产品销售所得用于教育和扶贫事业的社会企业。
它坚持从目标客户的需求出发，让受助者参与劳动，激发他们的潜能，拓
展他们的技能，让弱势群体认识到依靠自己的劳动可以改变生活。第二，
关注后期反馈。社会企业要注重与目标客户的对话交流。从调研中了解到，
一些大学生认为携职只是一家收费低廉的旅社，没有得到多少的求职服务，
比如"人才红娘"服务提供的求职信息大多是自己可以从网上搜索到的简
单信息。携职应根据客户的反馈意见，进一步改进现有服务的不足之处。

（4）加强资源整合能力。社会企业管理者要从整体观角度看待企业的
商业运作模式，全面整合每一个商业模式元素，加强资源整合的能力。第一，
整合政府资源，如资金资助、官方媒体宣传、运营政策和与企业项目有关
的大政方针等。第二，整合外部商业企业资源，如资金、技术和管理艺术等，
为企业内部注入新鲜血液，同时学习它们的商业化运作模式。第三，整合
内部资源，如精心培育的企业文化资源、人力资源和企业关系等，它们都
是企业内部形成独特商业模式的基础。

（5）创造良好的外部环境。社会企业处于市场经济环境中，不可避免
地要受到政府和商业企业的影响，政府的态度、相关政策和商业企业的发
展趋势、竞争程度等都与社会企业的发展休戚相关。因此，要解决重要合
作中政府支持力度低、企业投资少的问题，应从 3 个方面考虑：一是获得
政府支持。政府应完善与社会企业相关的法律法规[①]，为社会企业构建良好
的大环境。在社会企业初创期，政府应给予政策和资金方面的扶持；在发
展过程中，提供一定限额的补助或税收减免政策等。当然，政府补贴政策
的制定应综合考虑社会企业的社会目的、市场参与程度和利润分配限制等
因素进行分级（斯晓夫等，2019）。二是消除商业企业投资顾虑。商业企
业认为投资社会企业的风险大，因此要消除商业企业的顾虑，如合作开发

---

① 各国社会企业立法比较参见斯晓夫等（2019）。

项目而不是让它们单独投资等，也可以选择发展成熟、资本量大和有承担社会责任需求的企业进行合作，这类企业抗风险能力强。三是加强与政府的合作。社会企业应积极寻求合作而不是持消极的态度面对。在携职创立初期，创业者受到了政府的冷落，所以在发展过程中，经营者不喜欢与政府打交道，更倾向于与商业企业合作，但是政府资源在很大程度上影响着社会企业的生死，因此，社会企业有必要改变自己的态度，谋求和谐发展。

第 11 章
企业社会创新转型与实现路径：案例研究

本章探讨企业如何实现社会创新的转型及其路径选择，主要涉及高盈利型企业（盈利性高、社会性低）和高社会型企业（盈利性低、社会性高）如何实现向优质型企业（盈利性高、社会性高）的转型，分别选取南方中金环境股份有限公司和亿帆医药股份有限公司（以下分别简称"中金环境"和"亿帆医药"）作为案例研究对象。

11.1 案例选择与数据处理

基于利益相关者主体属性的差异性，本章将利益相关者分为经济性和社会性两类，由此探析企业如何通过与拥有不同权利属性的利益相关者关系来实现营利性与社会性的平衡。案例研究方法能够对多主体（利益相关者）之间的复杂关系进行翔实的描述性分析，以剖析隐藏在复杂现象背后的理论联系（Yin，2008）。企业与不同主体属性的利益相关者关系与企业社会创新转型的异同，可以通过对比式案例来进行分析。因此，本章采用双案例研究方法，通过比较来分析两家案例企业社会创新路径的共性和差异性。

11.1.1 案例企业特征

根据典型性原则和理论抽样原则（Eisenhardt et al.，2007），本章选取中金环境和亿帆医药作为案例研究对象。两家企业的典型特征与本章的研究问题十分契合，在实现路径上既存在共性，也存在差异性。共性主要体现在：2013—2016年期间两家企业都开展了企业社会创新路径的提升，提升前采用的都是单一目标（经济性或社会性）；提升后，都成功实现了向优质型企业的转型，在浙江省上市公司中属于成功的典范。

差异性主要体现在：①两家企业在具体实现路径的选择上存在差异，中金环境主要是从高盈利型走向优质型，亿帆医药主要是从高社会型走向优质型，因此能够形成较好的对比分析；②尽管都实现了向优质型企业的成功跨越，但是在成功后，中金环境转变为有"经济＋社会"双重目标的优质型企业，而亿帆医药转变为有"社会＋经济"双重目标的优质型企业（目标侧重有差异）。主要原因是两家企业的创立目标和价值使命不同，中金环境主要以盈利为目标，转型成功后把解决环境污染等社会问题作为企业利润的来源；亿帆医药的创立目的就是解决人类医疗健康这一社会问题，在经营过程中，其因盈利能力不足，难以维持企业可持续性地提供社会价值，因此在转型过程中，其注重通过提升盈利能力而实现向优质型企业的跨越。综上所述，两者的差异为深入分析这两家企业选择不同的实现路径提供了契合的情景。两家企业的代表性特征如表11-1所示。

表 11-1　案例企业的代表性描述特征

异同	维度	中金环境	亿帆医药
		案例企业	
共性	情景特征	装备制造业衰退 国家环保政策频出	经济不断下行 国家健康医疗政策频出
	转型前特征	单一目标	单一目标
	转型后特征	双重目标	双重目标
差异	行业	环保	医药
	转型前特征	经济目标	社会目标
	转型后特征	"经济＋社会"双重目标	"社会＋经济"双重目标

资料来源：作者根据企业公开资料整理。

11.1.2 数据处理

本章主要通过搜集二手资料来获取样本企业数据，并对二手资料进行详细的整理与分析。二手资料的来源主要包括：①企业官网公布的信息；②公司历年年报；③新闻报道；④相关的学术论文。从中获取的信息主要包括企业社会创新的主体、重大标志性事件、企业历程、利益相关者管理措施、发展历程和取得结果等。

根据现有案例研究对质性资料的分析建议（Eisenhardt，1989），数据分析包括数据缩减、数据陈列、结论及验证 3 个相互依赖和迭代阶段。例如，数据缩减减少了冗余的资料，为研究工作的开展提供方便。在数据陈列阶段仍存在冗余，则重新对数据进行缩减；而数据陈列过程又是结论及验证的基础，在陈列的过程中可能得出一些初步结论（吴瑶等，2017）。在结论及验证中，一旦发现存在逻辑混乱的地方，就回到初始阶段补充数据或对存疑数据进行修正。

本章重点关注企业转型过程（即实现路径），对比分析两家企业在"转型前—实现路径—转型后" 3 个阶段的相似性与差异性，持续进行"数据→关系→框架"之间的迭代，强化对重要现象解释的可重复性（Stake，2005；吴瑶等，2017）。同时，依据利益相关者理论，对归纳的关系和框架进行分析和解释，如发现目前很少有学者研究企业在社会创新过程中如何通过对利益相关者的"识别—主体属性—治理"以实现营利性与社会性之间的平衡问题。然而，在数据归纳中，我们发现，中金环境和亿帆医药通过与有不同主体属性的利益相关者的合作互动以平衡营利性与社会性的作用非常显著，这可能有助于推进对现有社会创新的研究。由此，我们通过数据与理论、新框架与理论的相互印证，确保了本章提出的企业社会创新转型与实现路径的理论框架具有合理性和创新性。

11.2 案例企业转型前的双重目标特征

11.2.1 案例概况

（1）中金环境概况。中金环境的前身是成立于1991年的杭州南方特种水泵厂，2010年在深圳证券交易所成功挂牌上市，简称为南方泵业。2016年公司发布公告，宣布正式更名为南方中金环境股份有限公司，股票简称变更为"中金环境"，股票代码为300145。自此，中金环境正式掀开环保产业新篇章。

中金环境目前的主要业务分为通用设备制造、污水及污泥处理、环保咨询设计与治理三大板块，详见表11-2。

表11-2　中金环境的主要业务

业务板块	具体业务
通用设备制造	CDL/CDM系列立式多级离心泵、CHL系列卧式多级离心泵、成套供水设备、污水泵、暖通泵、中开泵、消防泵、计量泵、油泵、深井泵等多系列产品
污水及污泥处理	环保设备制造、环保工程承包、污水处理、污泥处理和蓝藻资源化处理等业务
环保咨询设计与治理	环保咨询治理类业务包括环评项目、规划环境影响评价、水保监理监测、水土保持方案、区域环境影响跟踪评价、社会稳定性评估、环境影响后评价、环境污染治理及运营、排污许可等，行业覆盖交通运输、农林水利、采掘、化工石化医药等领域 环保设计类业务以园林景观设计、水环境（水生态）设计为主，覆盖建筑设计、市政设计、水利水电规划勘察设计等城市基础建设相关领域

资料来源：依据公开资料整理而来。

公司未来将以"一体四翼"的战略格局为纲，以"生态环境医院"品牌为发展核心，引领环保咨询设计、污水污泥处理、危废处理、设备制造四大业务板块协同发展。公司拥有专利200余个，其中发明专利33个，并在市政及工业污水污泥处理、蓝藻处理及资源化等方面拥有多项核心技术和研究成果。其中，"太阳能集成处理污泥、蓝藻无害化、资源化技术"
凝聚 13 项专利技术，为国内首创。公司在 2016 年期间顺利完成国家 863
计划重大科研项目"短流程废水处理工艺及成套装备研制与产业化"的课
题任务，公司技术中心被我国企业技术中心评定为最高等级的"国家级企
业技术中心"，这标志着公司的技术创新水平、核心竞争能力已经达到行
业先进水平。2017 年 2 月，公司服务能力被评为符合"国家标准《商品售
后服务评价体系》五星级"。

中金环境于 2014 年开始进行组织架构调整，形成了"制造业＋制造服
务业＋投资发展"的战略模式，于 2015 年逐渐实施向环保行业转型的战略
方针，并在 2016 年完成"制造＋环保"双核驱动的布局。成功转型后，中
金环境连续 3 年实现净利润高速增长，增幅保持在 40% 左右。在保持盈利
水平的同时，中金环境不断加强与社会性利益相关者的联系和深度合作，
充分考虑社会性利益相关者的权利，深入开展与社会性利益相关者的互动。
中金环境的增额盈利来源于环保问题的解决，充分体现了把"解决社会问
题和满足社会需求看作企业创造利润的机遇"。通过与社会性利益相关者
的深度合作，中金环境实现了从高盈利型到优质型企业的转型，逐渐实现
营利性和社会性的平衡。

（2）亿帆医药概况。亿帆医药是在杭州临安生物化学有限公司基础
上于 2000 年整体变更设立的股份有限公司，并于 2004 年在深圳证券交易
所挂牌上市，简称为"鑫富药业"。2016 年公司正式发布公告，宣布更
名为亿帆医药股份有限公司，股票简称变更为"亿帆医药"，股票代码为
002019。

公司目前主要从事医药产品、原料药和高分子材料的研发、生产和销
售及医疗健康领域等的业务。其中，医药产品三要有抗生素类、心脑血管类、
皮肤类、妇科类、儿科类、血液肿瘤类、治疗型大输液类等产品。原料药
主要为维生素 B5 及原 B5 等产品；高分子材料主要包括 PBS、PVB 产品。
医疗健康领域的业务主要包括个性化医疗设计的诊断、治疗，康复设施的
设计、建造和经营管理，医院受托管理和医疗信息技术服务等健康及相关

产业的投资管理等（见表 11-3）。公司承担了国家"十五"攻关项目、国家高技术产业化示范工程项目、国家火炬计划项目等，曾荣获国家发明二等奖、国家科技进步二等奖各一项。亿帆医药为医药创新型研发生产企业，设有亿帆研究院、国家级博士后科研工作站、省级企业技术中心（研发中心），旗下拥有多家高新技术企业，现有药学及相关专业硕士、博士逾百名，拥有涉及双分子技术、免疫抗体技术的两大先进生物药创新研发平台，公司已获国际及国内药品相关专利授权近百项，其中国际专利 35 项。公司已开设辽宁、安徽、北京、四川、浙江生产中心，形成以安徽为主的小分子高端化药、植物药生产中心，以四川为主的皮肤科、妇科生产中心，以辽宁为主的骨科、治疗型大输液生产中心，以北京、上海为主的大分子生物药研发与生产中心及以浙江为主的原料药生产中心。

表 11-3　亿帆医药的主要业务

业务板块	具体业务
医药产品	抗生素类、心脑血管类、皮肤类、妇科类、儿科类、血液肿瘤类、治疗型大输液类等产品
原料药和高分子材料	原料药主要为维生素 B5 及原 B5 等产品；高分子材料主要包括 PBS、PVB 产品
医疗健康领域	个性化医疗设计的诊断、治疗，康复设施的设计、建造和经营管理，医院受托管理，医疗信息技术服务等健康及相关产业的投资管理等

资料来源：依据公开资料整理而来。

亿帆医药于 2013 年实施战略转型，主要围绕医药产品、原料药和高分子材料的研发、生产和销售及医疗健康领域等的业务开展，在 2013 年内实现经营性利润同比扭亏为盈，并于 2014 年通过证监会重大资产重组审核，至此，公司步入了一个新的发展阶段。转型成功后，在实现利润高速增长的同时，亿帆医药始终专注于医药、医疗健康事业，坚持"整合、创新、国际化"的发展战略，恪守"务实、创新、诚信、勤奋"的核心价值观，致力于为客户创造效益，为员工创造平台，为股东创造财富，为社会创造价值，逐步成长为全球医药健康事业的专家。

11.2.2 中金环境转型前的目标（强经济性 + 弱社会性）

通过对案例数据的搜集和比较分析发现，中金环境转型前以盈利为核心，主要关注经济性利益相关者（如股东、供应商、客户等）的权力，而较少关注社会性利益相关者（如政府、社会组织等）的权力，因此具有营利性驱动模式的特征。在该阶段，企业的优势主要是国家振兴装备制造业的鼓励和支持政策，泵业市场出现供需两旺的局面。作为国内最大的不锈钢冲压离心泵生产厂家，中金环境凭借多年积累的行业优势、创新能力和销售网络等，不断开拓新市场和新产品，实现经营业绩的持续增长。企业转型前的模式特征主要体现在以下几个方面。

（1）企业主要以通用设备制造为主营业务。企业立足于不锈钢冲压焊接泵这一细分行业，以 CDL/CHL/WQ/NISO/MS/TD 等系列为主导产品，持续提升生产效率和产品品质，加大研发投入力度，进军中高端水利泵、污水泵等领域，不断向行业的上下游拓展。在收入稳步增长的同时，企业调整和优化了产品结构，且企业原材料采购价格处于相对低位，毛利率也得到了有效提升。与此同时，不断加强对营销网络的建设，在全国横向拓宽营销范围，并在现有营销网络的基础上纵向加深市场深度，增强品牌影响力，提高市场占有率。

（2）企业关注点聚焦于经济性利益相关者。①股东：向全体股东派送现金红利，并且把资本公积金转增股份。②员工：通过员工持股计划、限制性股票及股权激励等手段，增强企业核心人员与企业的联系，将企业利益与员工利益相结合，充分发挥员工的主观能动性和创造性。③客户和供应商：更加重视采购合同和销售合同，积极主动地与供应商和客户进行洽谈，实现与供需双方的合作共赢，同时有效地利用现有资金加强收购、兼并、重组和合作的力度；在上下游相关领域积极寻求合作伙伴，加强与上游供应商和下游客户的联系，使中金环境的产业布局更加合理。企业充分尊重和维护利益相关者的合法权益，实现社会、股东、公司、员工等利益相关者利益的协调平衡，以共同推动公司持续、稳健的发展。

（3）利益驱动为企业早期主导逻辑。中金环境由杭州南祥投资管理有限公司和沈金浩等 9 位自然人共同发起，是在原杭州南方特种泵业有限公司的基础上整体变更设立的股份有限公司，于 2009 年 9 月 28 日在杭州市工商行政管理局登记注册。在企业整体变更后，企业利用自身积累的优势，加大资金、产品研发和技术装备投入，满足更多应用领域的需求，实现了营业收入和净利润的快速增长。在企业转型之前，持续保持高速增长，具体见表 11-4。其变更之初，并未深刻认识到企业应当承担的社会责任，只聚焦在企业的营利性上；但在转型之后，企业积极主动地承担社会责任并付诸实践，将社会问题的解决作为公司盈利的来源。由此可以看出，企业转型之前以利益驱动为主导逻辑。

表 11-4　中金环境转型前盈利状况

（单位：%）

指标 ＼ 年份	2007	2008	2009	2010	2011	2012	2013	2014
总资产报酬率	9.15	11.96	18.10	12.28	9.42	10.06	11.27	11.69
净资产收益率	19.54	21.26	31.26	12.76	10.28	11.55	13.40	14.48
投入资本回报率	10.19	12.16	20.57	11.56	10.04	11.55	13.32	14.26

资料来源：依据公开资料整理而来。

11.2.3 亿帆医药转型前的目标（强社会性 + 弱经济性）

通过对案例数据的搜集和比较分析发现，亿帆医药在转型前重点关注社会性利益相关者（政府、社会组织等）的权利，因此具有较强的社会性特征。在该阶段，企业的优势随着中国人口老龄化和人民生活水平的不断提高，人们对健康越来越重视而且更加凸显。企业竭诚坚守着"健康人生，幸福天下"的理念。企业转型前的模式特征主要体现在以下几个方面。

（1）企业主要以医药产品和节能环保新材料的研发、生产和销售为主营业务。立足于医药产品，企业主要将消费者视为被动的需求者，较少与消费者开展深入的沟通，因此具有向消费者单向提供医药产品的特征。在该阶段，企业的经营模式主要是依托产品、技术、渠道等资源，从供给面向需求面单向传递社会价值。节能环保新材料是亿帆医药的另一主营业务，主要包括 PSB/PVB/EVA 3 个高分子材料项目的建设和市场拓展。亿帆医药加大技术研发，积极开拓市场，优化资源配置，充分发挥企业的品牌、技术、质量和成本等竞争优势，在社会性的前提下，保持稳健的盈利能力。

（2）企业的关注点聚焦于社会性利益相关者。①政府：国家出台有关安全、环境保护方面的法律法规，为此，企业进一步完善组织结构，加大投入，落实责任制，及时开展培训教育，通过严格的管理和技术改进，不断降低公司的环保、安全风险。公司非常重视社会公共关系，主动接受并积极配合政府部门和监管机关的监督和检查，配备专门机构和人员加强与政府机关和社区的联系，建立及时响应的沟通机制。②员工：企业充分尊重和保护员工的"劳动保护权、咨询权、建议权、申诉权与保留意见权"，建立和完善工会与职工代表大会，让职工间接参与企业的管理监督事务。企业进一步加强人力资源体系建设，完善相应的配套制度，加强激励、考核和约束机制建设，建立充满生机和活力的人才工作机制，实现人力资源的优化配置。企业通过定期和不定期培训、内部培训和外部培训等多种方式提高员工的专业技能，还组织安全知识、法律法规等专题讲座，有效提高员工的整体素质和企业的经营管理水平，维护员工合法权益。企业牢记安全事故教训，进一步提高员工的安全意识，强化员工对安全制度的执行力度，提升安全管理水平，落实安全责任，规范作业流程，加强现场管理，向细节要效益。③社会组织：企业严格按照国家要求，对废水、废气、废渣进行分类处理，达标排放，并积极与环保组织沟通协调。④基金会：亿帆医药与肥西县红十字会达成协议，携手成立"博爱肥西—亿帆白血病救助基金"，亿帆医药每年向该基金定向捐赠 20 万元，用于救助肥西县境内罹患白血病的困难患者，2004 年还出资 1000 万元建立"鑫富基金"，用实际行动回报社会，履行社会责任。

（3）社会驱动为前期主导逻辑。企业创办伊始，相关负责人就已经意识到自身的社会责任，因此，多年来始终坚持以"健康人生，幸福天下"为己任，诚信对待和保护社会性利益相关者，尤其是积极参与社会公益及慈善事业，设立基金会为患者提供治疗经费，为患者带来生的希望。同时，企业以持续发展影响和带动地方经济，促进企业与全社会的协调和谐发展，但在一定程度上忽略了经济性利益相关者的权利诉求。

11.3 企业社会创新的实现路径选择

对比分析后发现，中金环境和亿帆医药虽然都进行了企业转型，但两者所选择的实现路径有明显差异：中金环境主要由经济型转向"经济＋社会"型，以营利性带动社会性提升，又以社会问题解决实现赢利；亿帆医药主要由社会型转向"社会＋经济"型，以社会性带动营利性的提升，实现了企业的持续发展。

11.3.1 中金环境（路径一）：高盈利型→优质型

针对中金环境搜集到的数据进行归纳分析后发现，在中金环境转型的过程中，社会性利益相关者逐步成为企业关注的焦点。中金环境通过与社会性利益相关者的双向资源交互，加强对其社会性利益相关者权利的治理，最终成功实现转型。此过程主要分为 3 个阶段。

（1）利益相关者识别阶段。利益相关者理论认为，能够影响组织目标实现或者在组织目标实现的过程中被影响的人或团体就是企业的利益相关者，如果没有利益相关者的支持，企业组织将不复存在，这突出了利益相关者的重要性，但 Phillips et al.（2003）等部分学者认为，这是十分容易被泛化的一个概念，从而使得企业在日常的管理活动中无所适从，因此需要缩小和明确界定利益相关者的范围，使企业管理者把有限的资源和精力放在优先次序等级高的利益相关者身上，这是增强利益相关者理论实践意义的重要途径（Mitchell et al., 1997）。因此，需要先对企业的重要利益相关者进行识别，将有限的资源和精力聚焦在重要的利益相关者身上。

部分利益相关者会因为对企业的生存和发展产生重大影响而被企业重点关注，此时这部分利益相关者就逐渐成为企业的重要利益相关者。根据搜集的资料得出，政府、供应商、客户、投资者、员工、合作机构、基金会、捐赠者、社会组织和行业协会是中金环境的重要利益相关者。

基于对政府等利益群体信息的获取与分析，中金环境意识到政府在政策等宏观调控上的权利，因此企业必须紧跟国家出台的行业政策，调整和实施企业的战略方针。供应商和客户是企业的上下两端，加强与上游供应商和下游客户的联系，可以使公司的产业布局更加合理，为公司持续发展打下扎实基础。投资者是企业的股东，企业应为投资者谋取经济上的回报，实现企业营利性的提高。员工是企业发展的有生力量，应尊重和保护员工的权利，改善工作环境，注重员工个人职业生涯规划和发展，实现员工与公司共同发展。总的来讲，生存发展的需求刺激了企业对利益相关者的识别，并通过建立合作关系使利益相关者成为企业的合作伙伴。

（2）利益相关者主体属性划分阶段。通过对利益相关者主体属性的划分，社会性利益相关者成为企业关注的焦点。在转型之前，企业重点关注的是经济性利益相关者；转型后，企业重点关注社会性利益相关者，认为企业的生存和发展依赖于社会性利益相关者。

2013 年伊始，国内外经济形势复杂，装备制造业处于结构调整和转型升级的过程中，经济增速放缓。2015 年，随着国家《环境保护法》《水污染防治行动计划》及《关于加快推进生态文明建设的意见》等文件的发布，环保工作逐渐上升为国家"十三五"期间的重要任务。随着国家政策对环保产业的倾斜，中金环境逐渐意识到环保行业将会进入一个全新的可预期的快速增长周期，因此开始部署向环保产业转型的战略方针。中金环境意识到，环境问题成为困扰我国乃至人类生存的社会问题，与以往企业本身的主营业务有很大的不同，进军环保行业可能会出现新的利益相关者，以前公司更加关注诸如投资者、供应商、客户等经济性利益相关者，而进入环保行业需要关注与环保息息相关的社会性利益相关者（如政府、社会组织、环保协会等），需要与新的利益相关者建立关系。

（3）利益相关者管理阶段。认识到企业的重要利益相关者由经济性利益相关者向社会性利益相关者的转变，并不意味着企业经济性利益相关者不重要，只是说明在企业转型的过程中，社会性利益相关者的重要性凸显出来。企业应将重心倾向于社会性利益相关者，并针对具体的利益相关者开展对应的治理活动。

政府是中金环境首要的社会性利益相关者。政府通过出台相应的政策行使社会权力，如政府于 2015 年出台了《中华人民共和国环境保护法》等文件，通过政策的实施推行，行使相应的社会权力。政府的社会利益主要体现在希望通过与环保相关法律的推行，提升企业环保意识并将其付诸实践，还社会一个蓝天白云。中金环境在环保政策出台后，第一时间设立中金环境研究院（环保）及南方研究院（制造），致力于对新政策的研究、环保新技术及新工艺的研发和产业化等工作。中金环境以中金环境研究院为平台，加强对环保政策的研究，确定精准的发展方向，为集团快速发展导航。环境问题是众多社会问题中的一种，中金环境将环保作为自己的主营业务，充分满足了政府的社会利益。

员工具有经济性权利和社会性权利（包括决策权、监督权和投票权），中金环境充分尊重和保护员工的权利，推进实施员工持股计划，以南方管理学院为平台为员工组织定期的内部培训，不断提升员工的专业素质，同时完善员工的晋升机制，鼓励员工参与到中金环境的决策制订中，并改善员工的工作环境，定期发放节日补助，安排年度免费体检等，实现员工与公司的共同发展。

行业协会是社会性利益相关者。中金环境作为协会的重要参与者，建立了严格的安全生产管理体系、操作规范和应急预案，强化了安全生产责任追究制度，切实做到安全生产。中金环境根据行业标准规范生产流程，建立严格的产品质量控制和检验制度。实际执行中，质量管理部、采购部与生产部等部门配合良好，根据相关制度规定严把质量关，禁止缺乏质量保障的产品流向社会。

社会组织具有社会权力。公司在关注自身发展的同时，勇于承担社会责任，积极支持慈善事业，扶助社会弱势群体，不断增强自身促进社会慈善事业发展的积极性和可持续性。

中金环境重视社会责任，反哺社会，秉承"感恩负责，协力进取"的南方精神，建立了"南方泵业股份有限公司爱心基金会"，资助困难家庭和贫困学生，以实际行动履行企业公民的责任和义务。成立基金会后，有大量的爱心人士捐款和捐赠物品，他们成为企业新的重要的利益相关者。

11.3.2 亿帆医药（路径二）：高社会型→优质型

针对亿帆医药搜集到的数据进行归纳分析后发现，在亿帆医药转型的过程中，经济性利益相关者逐步成为企业关注的焦点。其中，亿帆医药通过与经济性利益相关者的双向资源交互，加强对其经济性权利的治理，逐步实现转型。

（1）利益相关者识别阶段。根据搜集的资料得出，政府、供应商、客户、投资者、员工、合作机构、基金会、捐赠者、社会组织和行业协会是亿帆医药的重要利益相关者。①医药行业是受宏观政策形势变化影响较大的行业。我国对医药行业的监管较为严格，监管架构、规定及执行惯例措施会随宏观政策的变化而改变。同时，国家医改方案的推行进一步加剧国内医药行业的竞争。近年来，世界各国尤其是发达国家对环境保护的重视程度逐步加大，特别是欧美各国纷纷出台政策对不可降解塑料袋进行限用或者禁用，使生物降解塑料的替代进一步加速，下游需求将出现高速增长。基于对政府等利益群体信息的获取与分析，亿帆医药意识到政府在政策等宏观调控上的力度，因此必须紧跟国家出台的行业政策，调整和实施企业的战略方针。②客户：公司根据市场需求，准确把握市场变动趋势，制定灵活有效的价格政策，确保产品市场的稳定和有效的拓展，同时快速推进新产品的市场开发，完善营销网络，强化售后服务，力争在新产品市场取得新的突破。③供应商控制着公司原材料的来源，企业将会面临生产成本上涨的风险，需要与供应商加强合作及对供应商加强管理。④员工：随着公司规模的不断扩大，公司对管理、技术等专业人才的需求越来越大。员工的素质和能力成为制约企业发展的一大障碍，迫使公司越来越重视对人才的培养，提升员工素质，以实现员工与企业的共同成长。

（2）利益相关者主体属性划分阶段。转型之前，企业重点关注社会性利益相关者，而转型后，企业重点关注经济性利益相关者，认为目前企业的生存和发展依赖于经济性利益相关者。

2008年起，亿帆医药受到全球经济危机的影响，连续两年经济增速下降，2010—2011两年利润为负，并于2012年被证券交易所披露和警示存在终止上市的风险（*ST）。企业在2012年至2015年期间进行战略部署，并于2014年通过证监会重大资产重组的审核，重新上市。在企业生死存亡之际，亿帆医药将关注的焦点转向经济性利益相关者。企业认识到，在企业经营过程中应注重社会性和营利性并举，而在亿帆医药之前的经营中，并没有真正重视经济性利益相关者。企业若想长久为人类健康事业做贡献，就必须实现企业的高盈利，从而维持企业可持续性地创造社会价值。因此，需要在识别影响企业生存发展的重要利益相关者的基础上，牢牢抓住经济性利益相关者（投资者、供应商、客户、员工、合作机构、基金会和捐赠者等），加强对经济性利益相关者权利的治理，才能够实现企业的顺利转型。

（3）利益相关者管理阶段。认识到企业重要利益相关者由社会性利益相关者向经济性利益相关者转变，并不是意味着企业社会性利益相关者不重要，只是说明在企业转型过程中，经济性利益相关者的重要性凸显出来，企业应将重心倾向于经济性利益相关者，并针对具体的利益相关者开展对应的治理活动。

投资者、供应商和客户是经济性利益相关者，同时具有经济利益和经济权利。投资者将资金投入亿帆医药，成为公司的股东，享有公司的决策权、投票权等。投资者投入资金，其主要目的是想获得经济上的回报，即经济利益。亿帆医药在转型期间严格按照法律法规及《信息披露事务管理制度》等文件的规定，加强对信息披露事务的管理，及时履行信息披露义务。同时，公司积极开展投资者关系日常管理工作，注重与投资者的交流和沟通，认真对待投资者的来电、来函和来访；定期召开股东大会，制订企业发展战略，给予股东决策权和表决权等权力。2014 年企业通过证监会重大资产重组审核后，实现盈利并及时向投资者发派现金红利，还向全体股东每 10 股转增至 15 股。公司以生产经营为根本，以不断提升的业绩，持续、稳定地回报股东，保护股东和债权人权益，实现与利益相关者的和谐共赢。

由于供应商控制原材料来源，企业遭受由原材料价格波动而带来的损失，为此公司借助规模采购优势、较强的市场预测能力和议价能力，并通过与主要供应商建立长期的合作关系，积极规避原材料价格波动带来的风险。

作为医药企业，亿帆医药严格按照 GMP（Good Manufacturing Practices）[①]等相关法规进行生产经营活动。严把产品质量关，在为客户和医患提供安全、可靠药品的同时，注重创新产品的研发，以产品的质量与疗效为第一要素，把客户和医患满意度作为衡量各项工作的准绳。企业多年发展积累的学术化推广模式和专业化服务取得了广大医生和患者的高度认可。同时，多次参与原料药国家标准的制定，为广大客户提供高品质的产品做出了重要贡献。企业还对已有客户进行信用评级，按照客户的信用级别对其分组，被评为"高风险"级别的客户会被放在受限制客户名单里。

员工是企业持续发展最宝贵的资源和财富，企业要积极为员工搭建职业发展平台，促进员工的全面发展；依据国家规定和标准从社会保障、健康医疗、住房公积金等多方面保障员工权益。同时，充分发挥工会组织作为企业和员工之间纽带的桥梁作用。亿帆医药重视人才培养，通过为员工提供职业生涯规划，鼓励在职教育，加强内部职业素质提升培训等员工发展与深造计划，提升员工素质，实现员工与企业的共同成长。

---

① 在药品生产行业是指《药品生产质量管理规范》。

亿帆医药积极投身社会公益慈善事业，努力创造和谐公共关系。在力所能及的范围内，企业对地方教育、文化、科学、卫生、扶贫济困等方面给予了必要的支持，促进了当地的经济建设和社会发展。

亿帆医药利用自身整合能力强的优势，选择合适的品种，通过购买或委托研发的方式取得相关技术。之后，亿帆医药与合适的生产企业合作，授权其使用上述技术，协助其提升药品的工艺及质量标准。药品质量提升后，生产企业在亿帆医药的协助下完成药品的生产报批、价格报批，并负责药品的生产及质量控制工作，对药品的技术资料负有保密责任。亿帆医药授权生产企业使用亿帆医药的商标，并可指定原料供应商，同时，生产企业取得该药品的长期全国独家总经销权，负责市场营销和推广工作。这种合作关系形成了特定代理模式。该模式的优势在于亿帆医药与生产企业形成了稳定的合作关系，生产企业取得优势品种的长期全国独家总经销权。通过这种合作方式，亿帆医药作为技术支持方和代理方，不需要在生产设备方面投入大量资金并投入时间精力完成生产方面的认证过程，可专注于技术和产品的选择、培养，建设销售网络和加强市场推广。作为拥有药品生产资质的生产企业，在提升产品质量的同时，发挥其生产方面的优势，充分合理利用产能。这种合作方式使合作双方能更好地专注在各自领域，并在实现扩大市场的基础上，更好地实现共赢。

亿帆医药于 2014 年实现重新上市的目标，净利润、总资产报酬率和投资收入回报率等各项盈利指标呈暴增趋势，如净利润连续三年实现增长 30% 以上。企业通过与经济性利益相关者的双向交互实现了共同发展。

11.3.3 企业社会创新的实现路径选择

国家经济结构调整及社会问题的加剧使得企业与利益相关者之间的关系发生了很大改变，对企业社会创新的转型提出了挑战。尽管现有研究从不同角度讨论了社会创新的概念、分类、背景、意义、动力、过程、评估、条件、培育和趋势等基础性理论问题（何增科，2010），但对于企业如何实现社会创新的转型，尚未给出明确的解答。

上述内容表明，企业从对利益相关者的单向治理模式转变为双向治理模式，主要是通过对不同主体属性利益相关者采取"因材施教"的举措实现的。现实中不存在不同时期对所有利益相关者无差别对待的企业，本研究通过案例研究发现，企业主要采取针对不同属性利益相关者的治理模式以实现企业社会创新的顺利转型。本部分归纳出的企业社会创新转型及其实现路径的 3 个步骤如图 11-1 所示。首先，企业在实现路径前是企业对利益相关者的单向治理模式，单一目标（经济或社会）、主体属性划分不明确、经济不断下行和国家行业政策频出构成企业社会创新转型的推动力。其次，企业通过识别利益相关者的不同属性并采取不同的治理举措，实现营利性和社会性的互补，形成提升社会创新效果的两种路径。最后，转型成功后是企业与利益相关者间的双向治理模式，双重目标（经济和社会）、主体属性划分明确、实现营利性与社会性的平衡和成为优质型企业是转型后的特征。图 11-1 表明，在企业选择社会创新实现路径方面，中金环境采取路径一：高盈利型→优质型。而亿帆医药采取路径二：高社会型→优质型。由此构成两种社会创新转型及其实现路径。

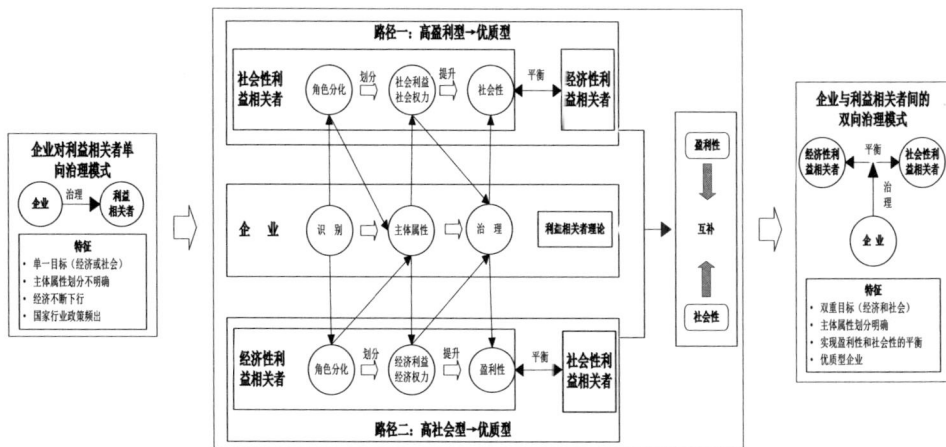

图 11-1　企业社会创新转型及其实现路径

11.4 案例企业转型后的实施效果

11.4.1 中金环境

中金环境转型后的模式是企业以"社会性＋盈利性"为双重导向。企业在社会性和营利性两者之间进行动态平衡，把社会问题的解决作为企业盈利的来源。在转型后，中金环境的模式特征主要体现在以下几个方面。

（1）企业维持营利性与社会性的动态平衡。企业转型前以盈利性为驱动力，转型后以"社会性＋盈利性"为驱动力，需要对两者进行平衡，否则会导致企业经营混乱。在转型中，企业并不只是关注社会性利益相关者，而忽视企业的经济性利益相关者。在此期间，中金环境首先优化销售体制，强化销售队伍，做好售前、售中、售后的各项服务和支持，增设销售网点，提高市场覆盖率；加大市场的开拓力度，细化分工，维护好国内外现有客户，并积极开发挖掘新客户。新成立的大客户部积极寻求与国内外知名企业的合作，为其提供差异化、精细化服务，争取以客户口碑扩散公司品牌与服务知名度，从而吸引更多的客户。公司收购了江苏金山环保科技有限公司100%的股权及北京中咨华宇环保技术有限公司30%的股权。针对不同属性的利益相关者，中金环境采取不同的治理策略，实现营利性和社会性的平衡。

（2）实现从高盈利型向优质型的成功转型。企业在转型之前以制造业为主，从2008年之后，利润总额的每年增幅保持在30%以上，营利性作为主要驱动力，而社会性并未受到企业的重视。在整个行业经济增长乏力及国家出台环保政策的背景下，企业及时做出战略部署，进军环保行业，实现战略转型。转型后，企业充分开展调研活动，打造环保产业的"生态环境医院"。依托贯穿项目建设周期的咨询—设计—治理业务布局，"生态环境医院"可提供"前端咨询为诊断、设计为门诊处方、治理工程为手术，以及运营管理为长期保健"的全过程一站式服务。同时，"生态环境医院"配备了生活污水处理、工业废水处理、河道治理等特色专科业务，实现了盈利的爆发式增长，并没有因为企业转型而遇到瓶颈期。企业转型后由原来的以制造业为主转向"环保＋制造"，将环保行业作为自己的主营业务，整治各类环境污染，解决日益突出的环境问题、重视社会性利益相关者，提高公司的社会性，实现了企业从高盈利型企业向优质型企业的转型。

11.4.2 亿帆医药

亿帆医药转型后的特征是企业以"盈利性＋社会性"为双重导向。企业在社会性和盈利性两者之间进行动态平衡，保证企业的可持续发展。亿帆医药转型后的特征主要体现在以下几个方面。

（1）企业维持社会性与盈利性的动态平衡。企业转型以前以社会性为主要驱动力，盈利能力较为薄弱，而转型成功后以"盈利性＋社会性"为驱动力，为此企业考虑如何对两者进行平衡。转型后，并不是说企业只关注经济性利益相关者，而忽视社会性利益相关者。在此期间，企业在重点关注经济性利益相关者的同时，采取有效而稳定的举措应对社会性利益相关者，保持企业的高社会性。企业设有亿帆研究院、国家级博士后科研工作站，充分剖析国内外医药宏观政策对行业发展的影响，准确把握行业的未来发展方向，并结合自身在原料药、药品制剂领域长期耕耘积累下来的经验与资源优势，在坚持企业未来整体发展战略的基础上，继续以"整合、创新、国际化"为企业中长期发展规划。环境保护是构建可持续发展的绿色环保型企业的重要举措，企业一贯注重安全生产和环境保护管理，防止污染产生，对项目建设严格执行"三同时"等的规定，从源头把关，通过加强环保教育工作，完善环保管理体系建设、低碳化的经营管理等诸多方面，为企业可持续发展打下了良好的基础。

（2）实现从高社会型向优质型的成功转型。企业在转型之前以医药制造和高分子材料制造为主，从创办之初就致力于为人类健康事业而奋斗，保持高度的社会性。但是因盈利性并未受到足够的重视导致亏损，遭到证监会的退市风险通告。在社会经济增长乏力及国家对医药行业政策的调整的背景下，企业及时做出战略部署，投资设立医疗健康产业投资公司，推动企业实现较高的资本增值，增强企业的盈利能力。同时，在一定程度上延伸了企业产业链，丰富了医疗服务资源，与医药生产、销售业务产生协同效应。企业转型成功后，实现了以"医疗健康＋医药产品＋高分子材料"为主营业务，但不忘初衷，仍致力于解决人类的健康问题，在保持社会性的基础上，保持盈利的高速增长，实现了企业的可持续发展。

第 12 章

社会创新园在中国的一种实践模式

　　社会创新园（Social Innovation Parks，SIPs）起源于公益组织（Non-Profit Organization，NPO）孵化器（Non-Profit Incubator，NPI），其成立旨在提高公民的福利水平（Trinh，2013）。公益组织孵化器在美国、日本和欧洲国家等开始兴起，尽管发展程度有所差别，但毋庸置疑的是，公益组织孵化器为各国公益组织的发展起了极大的推动作用（田雪莹，2010）。如美国最大的公益组织孵化器之一——NCNA（the National Council of Nonprofit Associations）已经为全世界 40 多个国家和地区的 2 万多家公益组织提供服务；日本在发生阪神大地震后，公益组织孵化器应运而生，现已形成了国家、地方和社区三个层次体系（Takahiro，2000）；而我国公益组织孵化器起步较晚，最早可以追溯到 2006 年，恩派公益组织发展中心在我国的第一家公益组织孵化器——上海浦东非营利组织发展中心（以下简称"上海恩派"）诞生。经过十多年的发展，目前上海恩派已经初步形成了具有本土特色的孵化培育模式。

　　社会创新园在支持型组织理论的基础上，结合社会组织发展的现状，通过借鉴企业孵化器的发展模式，有针对性地为社会组织的建设提供支持和帮助（吴津等，2011），其在战略、所有者、赞助商（投资商）及功能和机理等方面与传统科技园区有所不同，传统科技园区起源于大学、政府机构、非营利性组织、慈善企业家及专属控股公司。有别于科技园区，社会创新园的主体参与者可能为社会学家、教育工作者、心理学家，甚至是一些哲学家和宗教社会学家，迥异于传统科技园区。社会创新园的主体参与者已经成为制度性创业者，以及社会创业领域的共同建构者（安德斯·伦德斯特罗姆等，2016）。

在借鉴哈佛大学教授 Brown et al.（2002）提出的支持型组织定义的基础上，本研究认为，在我国情景下，社会创新园的定义是：一个具有公益价值观的支持型社会组织，其主要目标是提供培育孵化、公益资源交易和能力建设等服务，从而帮助入驻的社会组织实现自己的社会价值。社会创新园内存在很多的不同领域的活动，重点在试图创造一些观念——需要庞大的、越来越多的资源用于投资，但尚不明确增加投资是否会产生更好的结果（安德斯·伦德斯特罗姆等，2016）。

改革开放以来，我国各种类型的社会组织大量涌现（Tang et al.，2011），如何培育优质的社会组织，引导社会组织健康有序运行，逐渐引起学界和实践界的高度重视（崔月琴等，2015）。而社会问题的紧迫性与社会组织自身能力不足之间存在巨大的差距，现实情况不断驱使我们思考如何建立完善的社会组织培育机制，提升社会组织的能力以解决日益突出的社会问题。因此，本章从我国实践现状出发，在吸收借鉴国外公益组织孵化器成功经验的基础上，按照"市场＋公益"的精神探讨新型社会组织培育模式，提炼出充分契合我国创新社会治理建设大局的社会创新园模式，即社会创新园"54321 模式"，并初步构建了社会创新园的体系。

12.1 "54321 模式"的社会创新园整体布局

社会创新园"54321 模式"立足于我国基本国情和借鉴国外公益组织孵化器的成功经验，建立社会创新园孵化培育中心、公益资源交易中心和能力建设中心协同发展的培育社会组织的模式。其中，"5"是指整合政府、第三方运营机构、园区内社会组织、社会工作领域专家和企业/基金会等五方面的力量，充分利用各方资源；"4"是指选择公益慈善类、社区服务类、促进参与类和权益维护类等初创型社会组织为培育对象；"3"是指在社会

创新园区内将孵化培育、公益资源交易和能力建设三大中心平台统筹运营，
使三大中心协调发展，共同合作，推进社会创新园的建设工作；"2"是指
运用"市场"和"公益"两种机制，将我国社会组织的服务能力逐渐提高
到国际领先水平；"1"是指将社会创新园作为一个统一的平台交由专业的
第三方机构运营，建造出高标准、具有国际领先水平和良好经营效益的社
会组织培育模式体系，使社会创新园"54321 模式"成为我国创新社会治
理方式的一大特色（见图 12-1）。

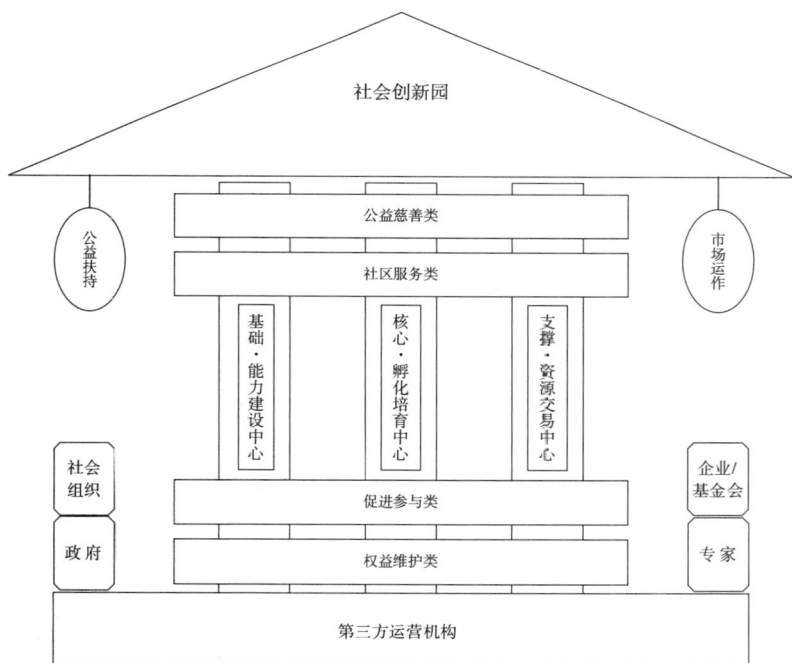

图 12-1 社会创新园建设的"54321 模式"

资料来源：参考卢布、黄赢、李建国（2014）。

社会创新园"54321 模式"的体系分为 3 个层面：①底层为支撑层（C），
主要为社会创新园提供软硬件支持，其中软件支持主要是指中央和地方政
府出台相应的政策文件，以保障社会组织的合法性；硬件支持主要是指提

供资金和物理空间等。②中间为实体层（B），主要由直辖市、省会城市和其他适合建立社会创新园的城市组成，为当地的社会组织提供孵化培育、公益资源交易和能力建设的功能。③顶层为运营层（A），社会创新园主要由政府和第三方运营机构联合建设，并交由第三方机构负责运营，承担创新园内政策落实、子平台开发、品牌管理、运营人才培训、资金运作等日常管理任务，政府主要负责监督，双方共同规范和引导支撑层（C）和实体层（B）的健康运转。如上海恩派[①]已经在全国形成了3个层面相互支持的体系结构（见表12-1）。

表 12-1　上海恩派全国体系结构表

层级	运营重点	分工	位置选择
运营层（A）	品牌	政策落实、子平台开发、品牌管理、运营人才培训、资金运作	上海市（总部）
实体层（B）	社会创新园	社会组织孵化培育中心 社会公益资源交易中心 社会组织能力建设中心	直辖市、省会城市及具有优势的主要城市
支撑层（C）	软硬件	政策支持、物理空间、资金支持	落地城市

社会创新园"54321模式"主要是由社会创新园的孵化培育中心、公益资源交易中心和能力建设中心三大子模块和其他模块构成的，下面分析其相应的机理、运作方式。

[①] 上海恩派秉承"助力社会创新，培育公益人才"的使命，首创的"公益孵化器"模式成为社会建设领域的重要制度创新，迄今已孵化超过600家社会组织及社会企业，其他各项业务资助支持了超过3000家公益机构，培育公益人才数万人，涵盖养老、教育、环保、青少年发展、扶贫、助残、社区服务和社会工作等诸多领域（斯晓夫等，2019）。

12.2 社会创新园 "54321 模式" 的子模块分析

12.2.1 社会组织孵化培育中心

社会创新园的孵化培育中心是 "54321 模式" 的核心。在政府和社会力量合作模式下的社会创新园，目前主要通过政府购买服务和公益创投等方式，借助第三方专业孵化机构，为入驻社会创新园的社会组织提供政策咨询、业务指导、资源链接、交流培训、社会实践、项目支持及注册协助等一系列配套的社会组织成长服务（朱仁显等，2016）。社会创新园在运作过程中涉及的政府机构主要包括社区和街道办公室，而社会力量方面涉及的机构和人员主要包括第三方运营机构、园区内社会组织、企业 / 基金会和社会工作领域方面的专家学者等。其中，社区政府机构为社会创新园的引导和监督部门；第三方运营机构负责社会创新园内社会组织培育的运营工作，主要包括政策落实、子平台开发、品牌管理、运营人才培训、资金运作等日常管理任务；企业 / 基金会参与公益创投活动，为社会创新园和园区内社会组织提供种子资金支持；来自高校和公益实践领域的社会工作方面的专家学者为园区内的社会组织提供专业的指导服务。在社会创新园的建设和运营过程中，积极鼓励多方主体参与，各司其职，相辅相成（见图 12-2）。

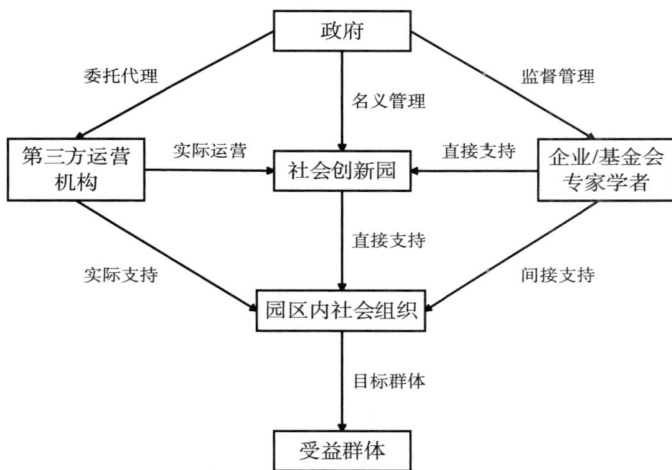

图 12-2　社会创新园孵化培育中心三体结构图

孵化培育中心经过不断地探索发展，目前已经建立了完善的孵化培育模式机制，其主要功能是协调组织内外部关系、整合各类资源及提供培育优质初创型社会组织的服务（解文，2014）。具体流程主要包括申请受理—社创大赛—筛选评估—入壳—孵化培育—出壳—后续服务。

12.2.2 社会公益资源交易中心

社会公益资源交易中心是社会创新园的公益资源链接平台和资源运转中心，是社会创新园"54321模式"的重要支撑。社会公益资源交易中心是在社会创新园主导功能的引导下，将社会创新园的多方参与者所拥有的资源整合成一个开放式交易平台。

资源依赖理论认为，为了获取生存与发展所需要的资源，组织将会对外部组织产生依赖，依赖的强弱程度主要取决于资源的重要程度，因而导致组织之间的"非对称性依赖"，为避免依赖程度的过度偏差而导致的组织自主性缺失，社会创新园必须要拓宽资源的获取渠道。社会创新园本身就是支持型社会组织，其为园区内入驻的社会组织所提供的资源均来自外部支持，为了坚持其独立性和自主性，就不能仅仅依靠政府的单方面资源支持，需要拓宽资源的获取渠道。以合肥市包河区社会创新园为例，该创新园孵化培育模式中的资金主要来源于3个渠道：首先是政府通过向社会组织购买公共服务等方式对社会创新园和社会组织提供资金支持；其次是依靠企业/基金会等资助型组织的支持，提供公益基金；最后是学习西方筹集资金的成功经验，开展公益创投活动，获得种子资金。上海恩派通过寻求多元化资源而逐步减少对浦东新区政府的依赖：将业务拓展到浦东新区之外的整个上海—立足上海辐射全国—寻求政府之外的资源（斯晓夫等，2019）。

我国社会组织在发展过程中的资源依赖特性更为突出。这是由于我国社会组织正处在初级阶段，许多重要的资源无法自给自足，大多初创的社会组织无论是在社会影响力、政策影响力、公信力、品牌和技术等无形资源方面，还是在专业运营人才和资金等有形资源方面都存在严重不足，其中较为突出的是资金问题。这都要求社会组织必须与其所处的外部环境（包括政府、企业／基金会和其他社会组织）进行互动以获取自身发展的必要资源。同时，社会组织需要及时调整自身的发展策略以防止过度的非对称依赖导致地位不平等。社会公益资源交易中心在这个过程中起到了连接各方资源和资源整合的作用，能够促使社会组织更快、更高效地获取并利用外部资源，实现了组织的发展和解决社会问题的双重目标。在此理念下，依据不同类型的社会组织的特点，社会公益资源交易中心能组合成不同的资源需求。图 12-3 为结合社会组织的特点，以社会公益资源交易为中心，设计出的各参与主体深度互动的经营模式。

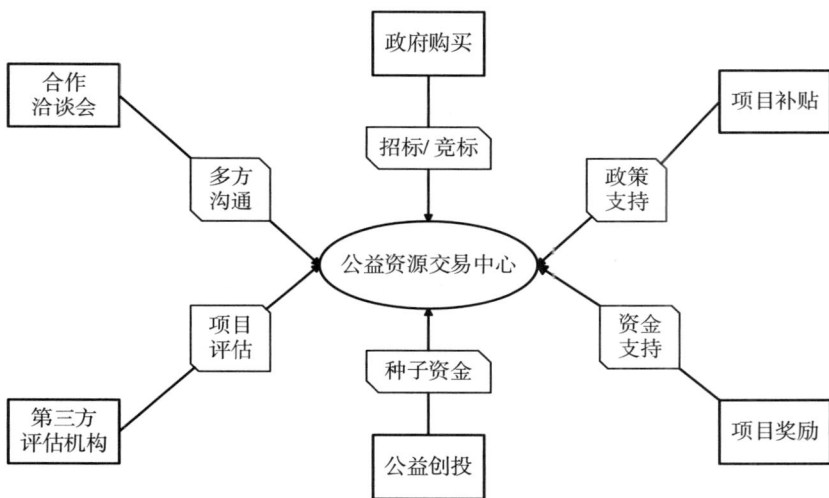

图 12-3　社会公益资源交易中心模式示意图

12.2.3 社会组织能力建设中心

社会组织发展水平的高低关系到服务型政府转型和国家治理能力建设等目标任务的实现程度。目前我国社会组织发展和运作的基本模式就是承接政府购买社会公共服务的项目，具体做法是政府将部分公共服务转移给社会组织，并提供资金支持和政策优惠。因此，社会组织是否具备相应的能力来承接政府职能转移，成为创新社会治理体制的重要考验（杨宝等，

2014）。社会组织能力是"社会组织利用资源，形成、制订并有效实施组织愿景、战略、使命和目标，为社会提供公共产品和公共服务，形成组织与环境的良性互动，获得竞争优势，确保组织可持续发展过程中体现出来的潜能和素质"（马庆钰，2011），可分为以下几个方面：社会组织内部治理能力、社会组织战略管理能力、社会组织筹募资源能力、社会组织财务管理能力、社会组织人力资源管理能力、社会组织公益营销与公关能力、社会组织的项目管理能力和社会组织公信力管理能力。上游各参与主体（政府、企业、基金会等致力于促进社会组织发展的组织或个人）提供资源支持（政策、税收、资金等），中游支持型组织（社会创新园）提供能力建设的空间和设备支持（办公场地、软件和硬件等支持），下游操作型组织（第三方专业机构等）提供能力建设的技术支持（课程培训、专业咨询、业务指导等）（沈瑞英等，2015）。

社会组织能在中国茁壮成长，这首先归功于政府的支持。社会组织是否具有合法性和能否获取资源的正当性很大程度上取决于其与政府之间的互动关系（沈瑞英等，2015）。近年来，随着我国治理逻辑的改变，社会组织在国家治理中的作用凸显，得到政府的高度重视。各级政府不断出台利好政策，给予社会组织政策和资金上的支持；其次是基金会和企业在社会责任方面的支持，越来越多的企业主动承担社会责任，积极投身于社会公益事业之中；最后是专业进行孵化培育的第三方机构的出现，如上海恩派，为社会提供专业咨询等服务，致力于培育社会组织，提升了社会组织能力建设的程度。

12.2.4 社会创新园"54321 模式"的整体运行

除上述三大运营中心之外，社会创新园中还有社会公益慈善传播中心、社会组织公益智库中心和社会组织党建指导中心等辅助中心。主导中心与辅助中心，运营、实体和支撑三个层面共同构成了一个合理有序的社会创新园培育体系（卢布等，2014）。整个体系可以概括为运营平台统一规划，宏观管控；社会创新园实体彰显特色，推动社会组织的发展；基地提供软硬件支撑；整个体系架构合理，引领我国社会组织培育模式（见表 12-2）。

目前"54321 模式"的雏形符合我国基本国情，并取得了一定的实践效果。这一模式充分考虑了园区内社会组织的利益，激发了它们参与社会创新园建设和运营的动力；民政系统和地方政府非常期待形成区域治理特色；企业表示对这一模式非常感兴趣，在政策法规许可范围内，愿意提供资金支持建设这类社会创新园项目，支持公益活动的方式从传统的"游击战"改为"阵地战"。

表 12-2　社会创新园"54321 模式"的概念关系及运行分析

	培育角度	资源角度	能力角度	相关角度	效果要求
中心分析	社会组织孵化培育中心	社会公益资源交易中心	社会组织能力建设中心	中心聚集	中心叠加，有机联系
功能	核心：孵化培育	支撑：资源交易	基础：能力提升	配套功能	三足鼎立，互为依托
形态流程	入驻筛选机制 孵化培育机制 出壳评估机制	政府购买 公益创投 项目补贴 项目奖励 合作洽谈会 第三方评估机构	内部治理、战略管理、筹募资源、财务管理、人力资源管理、公益营销与公关、项目管理、公信力管理	慈善传播中心 公益智库中心 党建指导中心	多中心交融
表现形式	孵化培育区	资源交易区	能力提升区	配套功能区	多功能聚集
目标方向	合格社会组织	公益资源对接	承接政府职能转移	公益文化宣传	国际领先水平
制约问题	行政主导，缺乏自主性	自我造血能力低	重视硬件、数量，忽视软件、质量	工具主义误区	要求项目管理手段先进，具有持续性和可复制性
解决途径	行政培育到社会培育的转变	拓宽资金来源渠道和项目运作能力	强化自组织性和提升组织执行力	构建基于信任的良性合作伙伴关系	用信息化手段连接各个中心，打通运营、实体和支撑三层面

（1）特点。一是起步晚，发展快。从 2006 年 1 月在上海成立的首家公益组织孵化器，到现在各地兴起的社会创新园，历经十多年的创新发展，已经走过了基本上依靠政府的"经典发展期"，进入了"多元发展时期"（胡海燕等，2002），造就了一批严格意义上的、符合我国基本国情的、独具风格的中国特色社会创新园。二是政府投资与公益创投相结合、制度创新与社会创新相结合是我国社会创新园持续发展的不竭动力。三是可复制性和可持续性。社会创新园"54321 模式"一定程度上可将国家宏观层面上创新社会治理的意图与民间社会力量投身公益事业的愿望衔接起来，将社会创新园建设与周边社区、居民和社会组织建设统一起来，借此引导社会治理方式发生转变，动员多方力量参与社会治理，保障了体系的可持续性发展。

（2）功能。社会创新园"54321 模式"是社会组织孵化培育中心、社会公益资源交易中心和社会组织能力建设中心融合共建、集成创新的尝试，有效地拓展了社会创新园的功能，挖掘出公益资源交易、能力建设、公益慈善传播、公益智库和党建指导等潜在的价值功能，形成了社会创新园服务体系，较好地解决了社会创新园内社会组织发展的动力问题，比较彻底地实现了市场机制下的公益建设。根据对社会创新园实践活动的高度凝练，社会创新园的功能主要包括以下 4 点：①公益理念的塑造与传播。孵化器首先应该注重对被孵化组织就长期以来达成共识、基于公益组织良性发展的核心价值观和理念的塑造和廓清，并通过理念的塑造来唤醒社会公益组织强烈的自我觉醒和自我探索意识，增强其不断进步的动力和精神支撑，提高组织的社会公信力（吴津等，2011）。社会创新园在理念塑造的同时，也促进了公益理念的塑造与传播，这不仅有利于组织公益文化的建设，更推动了组织乃至全社会的良性发展。②能力建设。促进社会组织能力建设是社会创新园的重要功能之一。社会创新园主要从 8 个方面加强社会组织的能力建设，从而使社会组织在孵化培育的过程中逐步建立起规范的管理制度，形成清晰的业务发展模式和较强的社会服务能力（吴津等，2011）。③吸纳、整合和资源匹配。支持型社会组织通过正式桥梁和支持性社会网络，采取公益创投、基金支持等形式，按照市场化、社会化运营机制，把分散的政府、企业和社会资金集中起来，提高资源配置和使用效率（张丙宣，2012）。社会创新园通过建立社会公益资源交易中心，搭建一个开放性的资源交易平台，充分吸纳和整合各种社会资源，按照"市场＋公益"两种运行机制进行资源整合，提升资源配置和使用效率。④引导协调。通过社会创新园这个平台，可以加强社会组织和政府部门之间有效的沟通协调，建立起双方信任的桥梁。随着政府在非政府组织管理体制和资源分配上发生导向性变化（吴津等，2011），来自企业的公益资源大量流入公益领域，为我国公益事业的发展提供了大量的人财物，提升了社会组织的发展程度；同时，出于自身利益的考虑，通过社会创新园平台，企业可以定位和挖掘符合企业自身形象和文化的公益项目，充分利用社会创新园的优势，用最少的资源投入取得最大的公益效果。

12.3 问题及对策

12.3.1 要从行政培育向社会培育转变

根据目前现状，政府是社会创新园发起的倡导者，一般是直接出资建造社会创新园区，通过购买服务资助入驻社会创新园的社会组织发展。我国在十八届三中全会上首次提出推进国家治理体系和治理能力现代化的方针后，地方政府主导推动社会创新园的建设也就变成顺理成章的事情，短期成效显著。政府主导的价值体现在社会创新园培育社会组织的过程之中，如政府的计划性、组织性和意志。因此，可以提高社会组织的合法性，并能够依赖政府提供的资源。在解决日益凸出的社会问题上，政府可以充分发挥培育的社会组织在社会治理当中的工具性作用（栾晓峰，2017）。

政府主导也反映出政府治理中的惯性思维，即地方政府将以前办企业的经验直接用来办社会创新园，对学者所呼吁的"自我造血论"不加以具体分析。有些地方政府只是为了解决社会矛盾和社会问题，抱着功利的心态推动社会创新园的建设，其存在的形式意义远远大于其实质功能，成为地方政府转变社会治理方式的宣传噱头和政绩体现。

事实证明，行政主导的社会创新园具有先天性不足的问题，即投资建设主体是政府而不是社会力量，采取政府行政化运作模式。所以，要想培育优秀的社会组织，地方政府必须重新理性思考政府与社会创新园之间的关系，从根本上解决政府"办社会"的问题，确保社会创新园可持续性发展。

社会创新园如果继续采取行政主导的模式来孵化培育社会组织，其将具有典型的"二政府"特征（栾晓峰，2017），自然而然变成政府部门的附属机构。而孵化培育的社会组织将会在面临来自政府的权力和资金的双重压迫下，逐渐演变成完全依靠政府的支持。但也需要谨慎对待"打包式"的交予商业企业完全采取商业化运营模式，在坚持"市场＋公益"的原则下，避免从社会公益事业中压榨商业利润。所以，社会创新园的培育工作既要跳出行政主导模式，又要确保社会公益事业不被商业化侵蚀，因此必须从社会组织生长发展的本源去思考如何有效利用社会资源培育优秀的社会组织。政府应该清楚认识到其主要责任是提供政策和制度的支持，引导和促进社会组织自我发展的积极性和能动性，从行政培育向社会培育转变，借助社会力量培育社会组织。

12.3.2 在强化自身组织的基础上提升组织执行力

社会创新园在培育社会组织的过程中，各级政府部门应该着重考虑如何突破现有的体制机制限制，出台合理的社会组织管理细则，尽早形成能够激发社会组织发展活力的配套制度措施，建构良性的"内在制度空间"（栾晓峰，2017），而不是一味地认为孵化培育社会组织就必须进行大量投资。首先就是建园区，各地方政府争抢"园区面积最大，硬件设备最先进"，将大量的资金投资在园区的硬件上面，着重建设"外在环境空间"，而对为社会创新园内的社会组织提供良好的制度与规范却视而不见。其次是引进大量社会组织，只重"量"，不重"质"。这主要是由于内在制度空间建设的短期效果不佳，而园区内社会组织的数量可以快速增加，能够充分体现出政府短期社会治理创新的政绩。但长期来看，政府所拥有的大量资源并没有充分地用在真正需要培育的社会组织上，致使那些有公益想法和创意的人才没有得到相应的支持，造成资源的浪费。

目前，社会组织的需求主要集中在项目创新、项目运作、筹款及社会动员等一些现实的需求和短期能力提升上（栾晓峰，2017），而对组织战略、内部治理、财务、人力资源和公信力等长远性的能力提升重视程度不足。所以，社会创新园能力建设的主要工作一定要扎根于社会组织自组织能力的提升，通过园区搭建的三大中心平台，推动社会组织成员之间及与外部组织的融合交流，增强组织的自组织性和内部认同感，以便有效挖掘组织潜藏的社会资本，使组织的内部活力得到充分释放。

12.3.3 提高社会组织自我"造血"能力

目前来看，地方政府逐渐出台了政府购买公共服务的目录，但关键问题是许多社会组织并没有能力承接政府的职能转移。首先，对于目前许多名存实亡的社会组织，其组织架构混乱及内部治理不规范，若只是依靠政府"输血"，不仅会导致创新园区内的社会组织对政府有限的资源进行争夺，形成恶性竞争，甚至会因为利益争夺加速组织衰败，使得社会创新园内部的生态关系恶化，呈现对一方或者双方均有害的"消极型生态关系"（赵小平等，2013）。其次，社会创新园目前主要还是依靠政府购买服务获取资金，严重缺乏独立生存的意识、发展的动力和能力。若过度依赖政府，社会创新园在运作的过程中往往就会以政府需求为准，而不能做到以社会需求为依据开展社会服务，并会将重心放在如何与政府保持良好的关系上。

许多社会组织筹资能力较弱，特别是缺乏向商业企业筹资的经验。主要的资金来源于政府购买服务和财政补贴，致使资金来源比较单一和抗风险能力较弱；筹集来的资金主要用在项目推广上，而对提升组织能力和促进组织发展过程的资金投入较少。近些年来，企业社会责任理论兴起，企业积极主动承担社会责任，投入大量资金支持社会公益，多主体参与形成"公益创投"，与社会组织建立长期的合作伙伴关系，其中包括政府、企业、基金会等社会力量，为优质的公益项目提供资金支持。所以，在政府有限的财政支持下，社会组织应尽快借助社会资源创新资金来源方式。在资金用途上，社会组织需要以项目运作为基础向社会提供可持续性的社会服务，而不是"一次性"服务，需要不断提升"自我造血"功能。

12.3.4 避免陷入"工具主义"误区

发展和壮大社会组织的根本目的是实现自我管理和自我服务能力。但在行政过多干预的情况下，政府往往重视社会组织的工具价值，更多地将社会组织当成政府治理社会的工具。社会创新园孵化什么类型的社会组织和如何孵化在很大程度上取决于政府治理社会的需要。政府并没有把社会组织看作是和其并行存在的社会治理主体，从而陷入"工具主义"的误区，这不利于社会组织的发展，不能达到弥补政府职能缺失和监督政府的预期效果，也不可能建立政府、市场和社会三元治理体系结构。

政府和社会组织作为社会治理的两大重要主体，在功能、权力和资源上具有互补性，如果政府依然从"工具主义"的角度出发培育社会组织，社会组织和政府之间的认同感会不断降低，必将会使得双方"离心离德"。所以，首先亟须处理好政府与社会创新园的体制关系。社会创新园的建设发展必然需要得到政府的大力支持。但是这种支持应该是建立在双方平等的合作关系基础上的，而不是简单地建立在行政命令关系的基础上，双方应该是相互独立的，而不是从属关系。在社会创新园的日常运作中，政府应该充分尊重社会组织自身的发展规律，扮演好引导者、合作者、监督者的角色。其次，在互动的过程中强化双方信任程度。在社会创新园内，政府应该从制度规范角度出发，加强对社会组织的塑造，增强社会组织的合法性和对政府的认同感。同时，要关注社会组织的需求，创新管理方式，以专业性的服务获得社会组织的信任和认同。

第 13 章

结论与建议

　　社会创新已经成为全球社会经济发展中的一个热门话题，不仅社会部门把社会创业家的发现、社会创新家精神的传播及社会企业的建立作为重点推动的领域，商业部门也在企业社会责任的基础上开展了影响力投资、公益风投等业务，越来越多地成为社会问题解决的方案提供者。德鲁克（2009）曾经预言，未来"社会创新的需要将更加强烈，并将大部分出现在现有的公共服务机构中。建立公共服务机构的企业家管理，将是这个时代最主要的政治任务"。马云在谈到成立探索人类科技未来的实验室（达摩院）的初衷时也说，"21 世纪的公司，只有解决社会问题才能活下来，一个企业做得多大，在于企业解决多大的社会问题。我们要孕育的是一个社会，而不是一个公司。解决的社会问题越大，责任就越大，利益也就来得更多"。社会创新三大主体（政府、社会组织、企业）根据各自属性特征发挥自身优势，通力合作，协同创新，尊重利益相关者的权利，处理好各方关系，则社会问题的解决方案会越来越多，越来越有效。本研究围绕"社会创新三元主体的利益相关者网络治理"主题，得出以下主要研究结论。

　　（1）企业已经成为除政府和社会组织之外，另一支社会创新的主力军，并随着对社会、经济、文化之间关系的准确理解和政府放权带来的合法性日益提高，企业将成为解决社会问题主要依靠的力量。长期以来，由于受政府强势地位的影响，以及被经济与社会关系的线性的、一分为二的思维定式桎梏，我们认为政府的权威性、合法性和企业的营利性、效率性决定了它们各自天然地为社会性和经济性两端的主体，但当将两端连接起来形成一个以经济性、社会性两个维度划分的企业类型四分图时，原来的思维定式被打破，企业不再是单一属性的组织而成为混合组织，企业的社会属性引起了关注，其效率性和营利性在解决社会问题中的作用日益凸显。本研究对我国具有社会创新导向的上市公司研发的双重绩效和浙江省上市公司的双重目标定位的实证研究进一步验证了上述观点。我们甚至还可以按照这个构念形成一个"经济、社会、文化"三维度理论模型，以实现三重底线[①]（Trinh，2013），进而研究一个更复杂的混合组织，这是可期待的。

（2）社会创新的双重目标决定了在社会创新组织模式的选择上要注意发挥不同主体的作用，即政府的权威性、合法性和公共性，社会组织的自治性、志愿性和社会性，以及企业的营利性、竞争性和效率性。虽然各主体的"资源—权利—行为"的组织模式能很好地促进各主体的协同合作，但也需要企业具备很强的跨组织的网络治理能力，这也正是现有企业参与社会创新举步维艰的症结所在。由于社会组织尚处于相对弱势地位，其定位不清、边界模糊必然造成在社会创新中与企业、政府产生诸多不和谐现象，解决社会问题时出现"市场失灵"或"政府失灵"。社会组织和企业是重要的依靠力量，政府放权成为必然选择，但政府自身也成为被改革的对象时，这种利益和权力的再分配就必然遇到巨大的阻力。因此，坚持衡量政府的成绩底线是人民生活水平的改善——他们的医疗、教育、就业前景、居住区，以及他们的安全（史蒂芬·戈德史密斯，2013），无论有多少和多大的利益集团绑架、阻扰和锁定，这种改革的决心是不能改变的。

（3）资源是社会创新主体及其他利益相关者权利的决定因素，创新过程中资源的获得是社会创新的保障，基于资源的权利对称则是社会创新得以顺利进行的根本手段。社会创新利益相关者网络中可以获取的资源分为

[①] 也有企业社会责任的经济、社会、环境"三重底线（Triple BottomLine）理论"（约翰·埃尔金顿：《茧经济：通向"企业公民"模式的企业转型》，上海人民教育出版社 2005 年版）和经济、社会、环境与文化"四重底线"（安德斯·伦德斯特罗姆等，2016）。

四类：制度资源、社会支持资源、业务资源和物质资源。在社会创新过程中，创意生成阶段主要有社会支持资源和制度资源，创意评估阶段主要有制度资源、社会支持资源和业务资源，设计与开发阶段的业务资源与物质资源是关键资源，实施阶段的社会支持资源、制度资源、业务资源和物质资源均有重要影响。因不同主体主导（分为领导式、双中心式和共享式 3 种模式）的社会创新对网络中资源的偏好与依赖程度各有不同，引起利益相关者网络随过程而演化。以领导式为例，企业主导的社会创新更注重从网络中获取制度资源与社会支持资源，社会组织主导的社会创新更注重从网络中获取物质资源与业务资源，政府主导的社会创新则更注重业务资源。研究表明，当主体掌握了阶段所需的关键资源时，会在网络中占据中心地位，主导并控制项目的发展；当主体对某种资源的依赖程度较高而必须从外部网络获取时，外部利益相关者的中心性会提高，甚至会形成新的网络子群；当主体需要从外部多个利益相关者处获取资源时，网络密度会由此增加，通过满足不同利益相关者的诉求以实现合作。在社会创新活动日益综合化和协同化的今天，成功的设计和应用需要协调好各利益相关者之间的关系，从实践中认识清楚利益相关者网络视角下的社会创新过程机理。

（4）在社会创新过程中，利益相关者的权利属性会影响利益相关者网络的结构和关系特征，进而决定治理模式的选择，但这种选择又会因为社会创新主体属性特征的不同而不同。社会创新利益相关者网络治理问题涉及社会创新主体属性的特征和社会创新利益相关者网络属性的特征，其中社会创新三元主体在合作过程中会产生主体职能交叉问题，因此，需要明确三方主体在项目中的权责分配，加强彼此之间的政治关联性，并保持各主体的自主性，发挥制度支持的调节作用（蔡宁等，2018），最大程度地发挥各自的属性优势，齐心协力，推进社会创新。如政府可以实现减轻工作压力、提高自身声誉、促进社会和谐稳定发展等社会目标；社会各类非盈利群体可以实现其公益、慈善目标；企业则可以通过平衡研发投入的经济目标和社会目标，选择合适的路径以实现双重和三重底线（整合经济、生态和 / 或商业）（安德斯·伦德斯特罗姆等，2016）。

综上所述，本研究理论上着眼于社会创新中利益相关者的合作现实，深化社会创新的利益相关者网络治理研究，即从利益相关者个体、关系拓展到网络研究社会创新的共同治理。本研究将社会创新三元主体的利益相关者网络与利益相关者主体属性相结合，打破以往静态的利益相关者网络分析，动态扩展到"创意生成—创意评估—设计与开发—实施"社会创新过程，但社会创新"网络的经验分享，基于中介的资源整合，借助合作而互通有无"的特征表明，社会创新是对职能边界的突破，需要形成一种富有效率的合作性创新网络，其利益相关者网络治理将由单一主体治理转向多主体治理，形成在处理社会和经济问题上互联、互补、互动的互助合作关系，由此对三大主体提出以下建议。

一是企业方面。企业一般拥有资金、技术、管理等方面的资源优势，并具有经济利益导向，能敏锐把握住社会问题的痛点和需求点，并能设计有效的商业模式，保证社会创新的有效性与持续性。

（1）积极参与社会创新，为企业可持续和长期目标的实现提供机会。市场经济对"看不见的手"的依赖意味着把维护公众和满足社会需求的责任留给政府，而与政府有关的官僚机构的灵活性缺失通常会导致无效的社会政策（安德斯·伦德斯特罗姆等，2016）。因此，总是有一些社会问题是政府不能解决的，这就为企业进入社会创新领域留下了无限想象的空间。事实上，几乎所有的社会问题和议题都可以被重新定位为市场问题（夏露萍，2014）。

（2）在社会创新各阶段都应对其利益相关者群体承担责任。在利益实现方面，企业不能仅仅追求短期利益，还应考虑多利益相关者权力与长远利益，以保证政府和社会组织的参与积极性。同时需要注意的是，企业一旦过于依赖政府的钱袋，就承受不起脱离政府的后果，也就有可能失去自己的创造优势。资源依赖理论假设人们会为了吸引资源而去塑造他们的机构。企业越是依赖政府，它们最后看上去和在行动上就会越像政府（史蒂芬·戈德史密斯，2013）。

（3）企业要通过合适的组织模式和商业模式为社会创新的顺利开展提

供组织保障。合理的组织模式应该是基于利益相关者资源的利益和权力对称的权力模式与行为模式。尽管企业社会创新不以盈利为唯一目标甚至不是主要目标，但人们开始思考利润在解决社会问题中的角色。事实上，营利性和效率性是企业的属性优势，也是企业社会创新的可持续性保证。所以商业模式2.0（夏露萍，2014）（以社会性和营利性为双重目标）是对商业模式1.0（以营利性为唯一目标）的创新。企业是一种影响经济、社会与文化的新力量——社会企业家诞生的第一土壤，政府、社会组织乃至全社会都应该动员起来，为社会企业家的培育和成长创造良好的条件，并力图成为其中一员。

二是政府方面。近年来，我国政府正加大从计划经济体制下"全能型政府"向市场经济体制下"有限型政府"和"服务型政府"转变，但政府部门的政策依旧对社会创新具有重要的影响。研究表明，社会创新的活跃程度与地区的政策资源高度相关，创新重点领域的变化也与社会建设体制的完善进程息息相关（丁元竹，2016）。正如丹尼尔·伯恩斯坦在其关于阿育王和社会企业运动的开创性著作中指出："无论何处，曾将世界分割为社会领域和经济领域的理念藩篱正在分崩离析，人们开始用整个大脑参与世界交往。"（夏露萍，2014）

（1）政府是治理国家或社区的政治机构，其职能主要包括政治职能、经济职能、社会管理职能，与企业和非营利组织的区别在于，其具有强制性、合法性、公共性、普遍性等特征，但也经常出现越位（政府还是社会问题解决的唯一主体），缺位（政府权力不下放、法律法规不健全、制度规定不明确）和错位（社会资源配置的价值取向错位）问题（王春福，2012）。美国的林肯市已经将大多数的公共事业向民营企业开放，如垃圾收集、学生运输等，由市政府提供经费，再由民营公司参与竞争，结果不仅节省了成本，服务质量也大为提高。这种将公共事业中的"供给者（政府）"与"供应商"分开的做法不仅提高了服务标准，也因为具有竞争性，所带来的效率、可靠性及低成本均很可观（德鲁克，2006）。这种被德鲁克称为公私合作的"第四产业"启示我们，只要公共服务活动有可能转变为营利性活动，就应毫不犹豫地做这种转变。应该树立一种新的公共管理（NPM）理念——通过转移国家资助的公共服务的供给和责任给私人供应商，以便缩减公共部门的同时增加私营企业数量（安德斯·伦德斯特罗姆等，2016）。

（2）政府拥有政策、法律、公信力、资金等方面的资源，并且以社会发展为导向，在监督、评估社会创新项目上具有合法性和强制性。因此，有组织、有系统地废弃已过时的社会政策，淘汰公共服务机构不仅更彻底、更困难，而且史无前例（德鲁克，2006）。美国出台的"日落法律"①（Sunset Law）——规定政府机构或公共政策在某一段时间后作废，除非另外重新修订——值得借鉴。

（3）政府在发挥自身的权威性、合法性和公共性的权力属性优势时，特别要根据政府职能转变的发展趋势要求，尽可能培育和发展企业与社会组织通过社会创新解决社会问题的能力。目前，我国政府培育社会组织主要采取以政府为主导、以行政机制为主要资源配置机制的直接培育模式，今后应逐步过渡到政府赋权支持型社会组织、以社会机制和市场机制配置资源的间接培育模式，这样更有利于社会组织的健康发展（郁建兴等，2018）。"政府不能再通过传统的逐级下达命令的方式提供援助，而应当通过在密集的社会和社区网络中运作的高效的公益企业家去完成这些工作"。（史蒂芬·戈德史密斯，2013）

解除进入壁垒，放权企业介入，以发挥企业的营利性、竞争性和效率性优势。政府可以通过其购买力鼓励社会创新，提升创新实践的层次，通过提供监管和财政激励措施，消除官僚壁垒，以避免更多的"政府失灵"——不仅体现在政府无法对公共物品得不到很好满足的情形进行有效回应，还在于政府的不适当介入和垄断力量（斯晓夫等，2019）。这也是间接培育模式的一种形式。

（4）社会创新从以"政府治理"为核心到以"社会治理"为核心再到以"公

---

① "日落法律"规定在某条文终止其效力前有缓冲期可先行准备及实施相关的配套措施。

共治理"或"协同治理"为核心的转变，需要建立集体决策和公共参与制度，达到责任共担，利益分享，权力协同，并逐步将其纳入已有的法律体系，使参与社会创新的利益相关者的利益和权力真正合法化。可以通过对政府工作报告、非政府组织体系章程、企业制度等的深入探寻和实践，建立系统完善的权责体系，完善三方主体的权责分配工作、社会创新相关法律与保障制度的推进工作。

三是社会组织方面。社会组织拥有社会舆论、人力资源、社会认同等资源，并以社会问题为导向，可以凭借其人力、舆论优势负责项目的具体运营，同时获取相应的利益，以保证社会组织运营的积极性。目前兴起的社会企业就是社会组织与企业结合的一种混合组织，链接了商业与公益，在直面和解决社会问题方面，发挥着越来越重要的作用（苗青，2014）。尽管在我国法律体系的框架内还没有对"社会企业"的明确界定[①]，但现实存在着大量的"类社会企业"或"准社会企业"组织。目前承担社会功能的典型组织包括民办非企业单位、社会福利企业、农民专业合作社等，这些组织在我国公共服务体系中发挥了重要的作用（斯晓夫等，2019）。

（1）加强与政府和企业的合作，争取更多的商业企业和政府的资源支持。社会组织合法性的提高为这种支持奠定了基础。因此，社会组织要致力于提高社会创新活动本身的合法性及这种社会创新得到社会认可的合法性（安德斯·伦德斯特罗姆等，2016）。应该意识到，没有政府和企业的参与，社会组织不可能使自己的创新达到一定的规模或成为真正有效的系统变革。政府控制着社会响应，它为社会项目提供经费，管理服务机构，设置资质门槛，并决定哪些机构有资格提供服务（史蒂芬·戈德史密斯，2013）。

（2）尽快强大自身，发挥主体的自主性。一旦社会组织失去自主性，变成"第二政府"或政府的附属机构，就会失去自治优势，名存实亡。政

[①] 这里暂时将作为一种典型混合组织的"社会企业"归类为社会组织，而不是企业。另外，目前我国有民间出台的社会企业认证办法，如中国公益慈善项目交流展示会社会企业认证（斯晓夫等，2019），更详细的社会企业类别可参见 Dees(1998) 结合关键利益相关者提出的社会企业光谱（Dees J G. "Enterprising Nonprofits"，Harvard Business Review, 1998）。

治关联是必要的，但它在成为目前我国社会组织自身优势的同时，也附带着沉重的枷锁，让社会组织的自主性中介作用（蔡宁等，2018）消失了。有些非政府组织最后成了政府项目的承包商，失去了对机构最初目标的掌控（夏露萍，2014）。

（3）动员社会力量，壮大社会组织。社会组织的自愿性和非营利性使得该组织的壮大面临着两大资源（人力和资金）短缺的困境，因此，一方面需要加大公益宣传，提高公民的公共意识；另一方面要加强与政府和企业的合作，逐步提高社会组织的自我造血功能。现代社会革新运动之父比尔·德雷顿指出："制度化的财政服务主要还是受垂直式政府和基金会的控制。（我们）需要一些尊重新思想，并允许这些思想跨越领域、类别和规则的投资者……公共机构最宝贵的资源是先进的企业家，但这些企业家把70%的时间和精力用在了追逐他们的一小部分需求上。"德雷顿认为，激发由公民推动的社会变革的潜力，离不开这样的改革（史蒂芬·戈德史密斯，2013）。

参考文献

安德斯·伦德斯特罗姆，周春彦，伊冯·范·弗里德里希，等，2016. 社会企业家：影响经济、社会与文化的新力量 [M]. 北京：清华大学出版社.

彼得·德鲁克，2006. 管理前沿［M］. 北京：机械工业出版社.

彼得·德鲁克，2006. 下一个社会的管理 [M]. 北京：机械工业出版社，2006.

彼得·德鲁克，2009. 创新与企业家精神 [M]. 北京：机械工业出版社.

蔡莉，柳青，2007. 新创企业资源整合过程模型 [J]. 科学学与科学技术管理 (2):95–102.

蔡宁，张玉婷，沈奇泰松，2018. 政治关联如何影响社会组织有效性？——组织自主性的中介作用和制度支持的调节作用 [J]. 浙江大学学报 (人文社会科学版)，48(1):61–72.

陈宏辉，2003. 企业的利益相关者理论与实证研究 [D]. 杭州：浙江大学.

陈天祥，李夏玲，王国颖，2018. 合作中的交易成本之困——基于顺德社会创新中心的个案研究 [J]. 中共中央党校学报 (3):58–66.

陈悦， 2014. 引文空间分析原理与应用 [M]. 北京：科学出版社.

陈悦，陈超美，刘则渊，等，2015. CiteSpace 知识图谱的方法论功能 [J]. 科学学研究，33(2):242–253.

陈振明，2003. 政治与经济的整合研究——公共选择理论的方法论及其启示 [J]. 厦门大学学报：哲学社会科学版 (2)：30–39.

崔月琴，沙艳，2015. 社会组织的发育路径及其治理结构转型 [J]. 福建论坛 (人文社会科学版)(10):126-133.

邓新明，2009. 转型环境下中国企业资源的分类问题研究 [J]. 商业经济与管理 (9):36-43.

丁荣贵，刘芳，孙涛，等，2010. 基于社会网络分析的项目治理研究——以大型建设监理项目为例 [J]. 中国软科学 (6)：132-140.

丁元竹 .2013. 全球视野下的社会创新"工程学"——兼论产业革命与公共精神的兴起 [J]. 人民论坛·学术前沿 (13):14-23.

丁元竹，2016. 推进社会治理现代化的基本思路 [J]. 北京师范大学学报 (社会科学版)(2):108-117.

董静，汪江平，翟海燕，2017. 服务还是监控 : 风险投资机构对创业企业的管理——行业专长与不确定性的视角 [J]. 管理世界 (6):82-103.

范柏乃，沈荣芳，陈德棉，2001. 中国风险企业成长性评价指标体系研究 [J]. 科研管理 (1):112-117.

冯鹏志，2001. 迈向知识经济的路径与力量——社会创新的含义、特征与范式 [J]. 自然辩证法研究 (4):46-52.

付强，刘益，2013. 基于技术创新的企业社会责任对绩效影响研究 [J]. 科学学研究，31(3):463-468.

郭永辉，2016. 生态产业链利益相关者关系网络治理案例分析 [J]. 科技进步与对策，33(6):58-64.

何增科，2010. 社会创新的十大理论问题 [J]. 马克思主义与现实 (5):99-112.

胡海燕，段韶芬，裴新涌，2002. 我国孵化器发展的现状、特点与趋势 [J]. 科技进步与对策，19(10):191-193.

胡建锋，2012. 基于利益相关者理论的我国非营利组织治理机制的构建 [J]. 湖北社会科学 (4):39-42.

胡连奇，2014. 组织行为学视角下的企业内部控制研究 [D]. 太原 : 山西财经大学 .

黄群慧，张蒽，2014. 企业、政府与非盈利组织的管理比较研究 [M]. 北京：中国社会科学出版社 .

纪光欣，卞涛，2010. 论社会创新 [J]. 中国石油大学学报 (社会科学版)，26(3):43–47.

纪光欣，岳琳琳，2012. 德鲁克社会创新思想及其价值探析 [J]. 外国经济与管理，34(9):1–6.

纪光欣，刘小靖，2014. 社会创新国内研究述评 [J]. 中国石油大学学报 (社会科学版)(6)：41–46.

纪光欣，2017. 国外社会创新理论研究述评 [J]. 理论月刊 (5)：132–137.

吉迎东，党兴华，弓志刚，2014. 技术创新网络中知识共享行为机理研究——基于知识权力非对称视角 [J]. 预测，33(3):8–14.

江若尘，2006. 企业利益相关者问题的实证研究 [J]. 中国工业经济 (10)：67–74.

鞠阿莲，陈洁，2017. 日本"零废弃"城市的垃圾分类回收及处理模式——以德岛县上胜町为例 [J]. 环境卫生工程，25(3):7–9.

雷定安，金平，2006. 智力资源对物质资源的部分替代与我国集约经济的发展 [J]. 东方论坛（青岛大学学报）(1):70–73.

李春友，盛亚，2018. 利益相关者网络演化视角下 CoPS 创新风险研究 [J] 科学学研究 (4):754–768.

李华晶，王祖祺，陈建成，2018. 精准扶贫的社会创新 : 现状、问题与对策研究 [J]. 宏观经济管理 (5):57–63.

李健，向勋宇，2018. 工作整合型社会企业参与"大陆单亲妈妈"服务的探索性研究——基于台湾人安基金会的个案分析 [J]. 台湾研究集刊 (1):55–63.

李维安，林润辉，范建红，2014. 网络治理研究前沿与述评 [J]. 南开管理评论，17(5):42–53.

李维安，周建，2005. 网络治理：内涵、结构、机制与价值创造 [J]. 天津社会科学 (5)：59–63.

林海，严中华，黎友焕，2013.社会企业商业模式创新路径研究——以格莱珉银行为例 [J].改革与战略，29(8):73-77.

林曦，2010.企业利益相关者管理：从个体、关系到网络 [M].大连：东北财经大学出版社.

林曦，2013.利益相关者管理：关系维度的研究及管理策略——基于政治经济分析框架的视角 [J].辽宁师范大学学报 (社会科学版)，36(5):657-661.

刘宝，2011.企业社会创新：企业创新的一个新范式 [J].科技进步与对策 (15):87-92.

刘波，王力立，姚引良，2011.整体性治理与网络治理的比较研究 [J].经济社会体制比较，(5):134-140.

刘卫平，2013.社会协同治理：现实困境与路径选择——基于社会资本理论视角 [J].湘潭大学学报 (哲学社会科学版)，37(4):20-24.

刘洋，2014.转型经济背景下后发企业启发式规则、研发网络边界拓展与创新追赶 [D].杭州：浙江大学.

卢布，黄赢，李建国，等，2014.54321 养老产业模式研究——兼论农区养老主题小城镇建设 [J].中国软科学 (1):87-95.

栾晓峰，2017."社会内生型"社会组织孵化器及其建构 [J].中国行政管理 (3):39-40.

马庆钰，2011.社会组织能力建设 [M].北京：中国社会出版社.

苗青，2014.社会企业——链接商业与公益 [M].杭州：浙江大学出版社.

苗青，张晓燕，2018."义利并举"何以实现？——以社会企业"老爸评测科技有限公司为例" [J].吉林大学社会科学学报 (2):104-112，206。

缪荣，茅宁，2005.公司声誉概念的三个维度——基于企业利益相关者价值网络的分析 [J].经济管理 (11):6-11.

彭正银.2002.网络治理：理论与模式研究 [M].北京：经济科学出版社.

彭正银，杨静，汪爽，2013.网络治理研究：基于三层面的评述——第八届（2013）中国管理学年会公司治理分会场论文集 [J]. 第八届（2013）中国管理学年会 .

钱晓波，钟芳，2016. 设计与社会创新策略：米兰南部农业公园项目介绍 [J]. 装饰 (11):115–117.

沙勇，2013. 中国社会企业研究 [M]. 北京：中国编辑出版社 .

沈瑞英，赵志远，2015. 特大城市社会组织能力建设机制研究 [J]. 华东理工大学学报 (社会科学版)，30(2):15–24.

盛亚，陈嘉雄，2017. 企业社会创新主体合作的组织模式分析 [J]. 浙江工业大学学报（社会科学版），16(2):197–200.

盛亚，李春友，2016. 利益相关者显著性的整合研究框架——主观感知与主体属性 [J]. 商业经济与管理 (1):36–42，52.

盛亚，王节祥，吴俊杰，2012. 复杂产品系统创新风险生成机理研究——利益相关者权利对称性视角 [J]. 研究与发展管理，24(3):110–116，134.

盛亚，于卓灵，2018. 论社会创新的利益相关者治理模式——从个体属性到网络属性 [J]. 经济社会体制比较 (4):184–191.

盛亚等，2009. 企业技术创新管理：利益相关者方法 [M]. 北京：光明日报出版社 .

盛亚等，2011. 复杂产品系统创新的利益相关者管理 [M]. 杭州：浙江大学出版社 .

盛亚等 .2017. 复杂产品系统创新的风险生成机理 [M]. 杭州：浙江工商大学出版社 .

施建军,张文红,杨静,等,2012. 绿色创新战略中的利益相关者管理——基于江苏紫荆花公司的案例研究 [J]. 中国工业经济 (11):123–134.

石秀印，1998. 中国企业家成功的社会网络基础 [J]. 管理世界 (6):187–196，208.

史蒂芬·戈德史密斯，2013. 社会创新的力量 [M]. 北京：新华出版社 .

斯晓夫，刘志阳，林嵩，等，2019. 社会创业理论与实践 [M]. 北京：机械工业出版社 .

司徒，康格，2000.社会创新 [J]. 赖海榕编译 . 马克思理论与现实 (4):35-37.

孙启贵，徐飞，2008.社会创新的内涵、意义与过程 [J]. 国外社会科学 (3):90-97.

宋迎法，吴晓兰，2012.企业、政府与社会关系的研究：文献述评 [J]. 理论月刊 (6)：139-143.

孙国强，吉迎东，张宝建，等，2016.网络结构、网络权力与合作行为——基于世界旅游小姐大赛支持网络的微观证据 [J]. 南开管理评论 (1)：43-53.

孙艺文，张肃，2018.基于扎根理论的高新技术企业社会创新驱动机理研究 [J]. 商业研究 (9):129-134.

孙艺卓，2010.社会企业影响因素及运行机制研究 [D]. 杭州：浙江大学 .

谭力文，丁靖坤，2014.21 世纪以来战略管理理论的前沿与演进——基于 SMJ（2001—2012）文献的科学计量分析 [J]. 南开管理评论，17(2):84-94.

唐秋伟，2012.网络治理的模式：结构、因素与有效性 [J]. 河南社会科学 (5)：29-32.

陶锐，2007.企业技术创新利益相关者分析与分类管理策略 : 案例研究 [D]. 杭州：浙江工商大学 .

田雪莹，2010.慈善捐赠行为与企业竞争优势：基于企业社会资本的视角 [J]. 科学决策 (1)：79-85.

王春福，2012.自利性和公共性：浙商公共行为与政府公共政策 [M]. 北京：中国发展出版社 .

王节祥，蔡宁， 2018.平台研究的流派、趋势与理论框架——基于文献计量和内容分析方法的诠释 [J]. 商业经济与管理 (3)：20-35.

王名，朱晓红，2009.社会组织发展与社会创新 [J]. 经济社会体制比较 (4)：121-127.

王平，2017.社会价值投资："一带一路"上中国企业投资的新战略 [J]. 中国社会组织 (11):20-21.

王琴，2012. 网络治理的权力基础：一个跨案例研究 [J]. 南开管理评论，15(3):91–100.

王馨，艾庆庆，2013. 基于网络视角的企业社会责任战略选择研究 [J]. 科技进步与对策，30(7):97–100.

王庆喜，宝贡敏，2007. 社会网络、资源获取与小企业成长 [J]. 管理工程学报 (4):57–61.

王义，2012. 社会创新视阈下政社关系调整的方向与路径选择 [J]. 山东行政学院学报 (1): 10–14.

王章豹，韩依洲，洪天求，2015. 产学研协同创新组织模式及其优劣势分析 [J]. 科技进步与对策，32(2):24–29.

温素彬，周鎏鎏，2017. 企业碳信息披露对财务绩效的影响机理——媒体治理的"倒 U 型"调节作用 [J]. 管理评论，29(11):183–195.

吴津，毛力熊，2011. 公益组织培育新机制——公益组织孵化器研究 [J]. 兰州学刊 (6):46–53.

吴瑶，肖静华，谢康，等，2017. 从价值提供到价值共创的营销转型——企业与消费者协同演化视角的双案例研究 [J]. 管理世界 (4):138–157.

夏露萍，2014. 真正的问题解决者——社会企业如何用创新改变世界 [M]. 北京：中国人民大学出版社.

解文，2014. 社会组织孵化模式研究 [D]. 上海：华东师范大学.

徐永光，2014. 计划经济难容社会组织生长（摘要）[J]. 学会 (5)：25–26.

亚历山大·奥斯特瓦德，伊夫·皮尼厄，2011. 商业模式新生代 [M]. 北京：机械工业出版社.

杨宝，胡晓芳，2014. 社会组织能力建设的行为分析：资源导向或制度遵从 [J]. 云南社会科学 (3):151–156.

杨继龙，2016. 资源输入视角下社区社会组织培育机制研究——以 N 市 H 区为例 [J]. 社会科学家 (7):156–160.

杨琪帆，2012. 网络组织的契约特诊与治理结构研究 [J]. 中国商贸 (30)：

232-233.

杨晓民，施永川，2019.改变世界的社会创业 [J].清华管理评论 (Z1):65-72.

姚引良，刘波，汪应洛，2009.地方政府网络治理与和谐社会构建的理论探讨 [J].中国行政管理 (11):91-94.

尹开国，刘小芹，陈华东，2014.基于内生性的企业社会责任与财务绩效关系研究——来自中国上市公司的经验证据 [J].中国软科学 (6):98-108.

尹蔚民，2018.全面建成多层次社会保障体系 [N].人民日报，1-9.

余晓敏，李娜，2017.社会企业型在线慈善商店的创新模式分析——基于"善淘网"的案例研究 [J].经济社会体制比较 (5):136-145.

余晓敏，张强，赖佐夫，2011.国际比较视野下的中国社会企业 [J].经济社会体制比较 (1):157-165.

俞可平，2006.创新型国家需要创新型政府——在第三届（2005—2006年度）"中国地方政府创新奖"颁奖大会上的致辞 [J].经济社会体制比较 (2):1-2.

俞可平，2012.我国社会创新呈七大趋势 [J].当代社科视野 (1):48-49.

约翰．斯坦纳，乔治．斯坦纳，2015.企业、政府与社会 [M].北京：人民邮电出版社．

郁建兴，滕红燕，2018.政府培育社会组织的模式选择：一个分析框架 [J].政治学研究 (6):42-52，127.

臧雷振，2008.社会创新的国际比较 [J].中共中央党校学报 (6)：87-89.

臧雷振，2011.社会创新概念：世界语境与本土话语 [J].经济社会体制比较 (1):166-171.

詹国彬，陈露泉，2006.第三部门的发展与政府改革的互动 [J].上海城市管理职业技术学院学报 (6):50-52.

詹新寰，2015.中国体育产业上市公司营运资金结构对企业绩效的影响 [J].武汉体育学院学报 (9)：28-34.

张丙宣，2012.支持型社会组织：社会协同与地方治理 [J].浙江社会科

学 (10):45-50.

张闯，张涛，庄贵军，2015.渠道权力应用、冲突与合作：营销渠道网络结构嵌入的影响 [J]. 商业经济与管理 (2)：57-67.

张强，胡雅萌，陆奇斌，2013.中国社会创新的阶段性特征——基于"政府—市场—社会"三元框架的实证分析 [J]. 经济社会体制比较 (4):125-136.

张旭，2015.基于 SNA 我国气候智慧型农业项目网络治理结构探讨 [J]. 河南社会科学 (9)：95-98.

张兆国，靳小翠，李庚秦，2013.企业社会责任与财务绩效之间交互跨期影响实证研究 [J]. 会计研究 (8):32-49.

赵小平，王乐实，2013.NGO 的生态关系研究——以自我提升型价值观为视角 [J]. 社会学研究 (1):1-20.

郑琦 .2011. 国外社会创新的理论与实践 [J]. 中国行政管理 (8)：71-75.

周林刚，2009.城市化后失地农民生活质量的制约因素分析——基于深圳的问卷调查 [J]. 广东社会科学 (2):167-172.

周直，臧雷振，2009.社会创新 : 价值与其实现路径 [J]. 南京社会科学 (9):59-64.

朱仁显，彭丰民，2016.公益型社会组织孵化的厦门模式——基于对"新厦门人社会组织孵化基地"的研究 [J]. 国家行政学院学报 (4):41-46.

ABU-SAIFAN，2012.Social entrepreneurship: definition and boundaries[J].Technology innovation management review,2(2): 22-27.

ALBERT S，WHETTEN D A，1985. Organizational identity. Research in Organizational Behavior[J]. Greenwich，CT(7):263-295.

ALVORD S H，BROWN L D, LETTS C W. 2004. Social entrepreneurship and societal transformation: an exploratory study[J]. The journal of applied behavior science，40(3) : 260-282.

ANDERSON R J，GODDARD L，JANE H P，2011. Social problem-solving and depressive symptom vulnerability: the importance of real-life problem-solving performance[J]. Cognitive therapy & research，35(1):48-56.

AUSTIN J, 2006. Social and commercial entrepreneurship: Same, different, or both[J]. Entrepreneur–ship theory and practice(1):1–22.

BARNETT M L, 2007. Stakeholder influence capacity and the variability of financial returns to corporate social responsibility[J].Academy of management review, 32(3):794–816.

BATTILANA J, ENGUL M, PACHE A C, et al., 2015. Harnessing productive tensions in hybrid organizations: the case of work integration social enterprises[J]. Academy of management journal, 58(6):1658–1685.

BEBBINGTON J, UNERMAN J, O'DWYER B, 2014. Sustainability accounting and accountability. routledge[M].

BERESKIN F I, 2013.Bringing in changes: the effect of new CEOs on innovation[D]. Working Paper,University of Delaware.

BIRKNER Z, MÁHR T, 2016. Interpreting innovation—in another way[J]. Studies and articles (10):39–50.

BORNSTEIN D, 2007.How to change the world: social entrepreneurs and the power of new ideas(updated edition)[M].New York: Oxford University Press.

BORNSTEIN D, DAVIS S, 2010. Social entrepreneurship: that everyone needs to know[M]. New York: Oxford University Press.

BRAMMER S, HE H W, MELLAHI K, 2015. Corporate social responsibility, employee organizational identification, and creative effort: the moderating impact of corporate ability[J]. Group & organization management, 40(3):323–352.

BRASS D J, BURKHARDT M E, 1993. Potential power and power use: an investigation of structure and behavior[J]. Academy of management journal, 36(3):441–470.

BRICKSON S L, 2005. Organizational identity orientation: forging a link between organizational identity and organizations' relations with stakeholders[J]. Administrative science quarterly(50):576–609.

BRIDOUX F, STOELHORST J W, 2016. Stakeholder relationships and social welfare: a behavioral theory of contributions to joint value creation[J]. Academy of management review, 41(2):229-251.

BROWN L, DAVID, KALEGAONKAR A, 2002.Support organizations and the evolution of the NGO sector[J].Nonprofit and voluntary sector quarterly, 31(2):231-258.

BRYSON J M, 2004.What to do when stakeholders matter:a guide to stakeholder identification and analysis techniques[J]. Public management review (1):1-47.

BURT R, 1992. Structure holes: the social structure competition[M]. Cambridge: Harvard University Press.

CABLE D M, GRAHAM M E, 2000. The determinants of job Seekers' reputation perceptions[J]. Journal of organizational behavior, 21(8): 929-947.

CAJAIBA-SANTANAG, 2014.Social innovation: moving the field forward a conceptual framework[J].Technological forecasting & social change, 82:42-51.

CARNOCHAN S, SAMPLES M, MYERS M. et al., 2013. Performance measurement challenge sin nonprofit human service organizations[J]. Nonprofit & voluntary sector quarterly, 3 (46): 1014-1032.

CARROLL A B, 2015. Corporate social responsibility: the centerpiece of competing and complementary frameworks[J].Organizational dynamics, 44(2): 87-96.

CHARLOTTE R D, YOLANDE B, SÉBASTIEN C, et al., 2016. The invasive lionfish, Pterois volitans, used as a sentinel species to assess the organochlorine pollution by chlordecone in guadeloupe (lesser antilles)[J]. Marine pollution bulletin, elsevier, 107(1): 102-106.

CLARKSON M B E, 1995. A stakeholder framework of analyzing and evaluating corporate social performance[J].Academy of management review, 20(1): 92-117.

CONGERS D S, 1974. Social inventions: saskatchewan new start[M]. ERIC.

CORLEY K G ,GIOIA D A ,2004. Identity ambiguity and change in the wake of a corporate spin-off[J].Administrative science quarterly, 49(2): 173-208.

COX P, BRAMMER S, MILLINGTON A, 2008. Pension funds and corporate social performance: an empirical analysis[J] .Business & society, 47(2): 213-241.

DANIEL K, BHATTACHARYA C B, SCOTT D, 2014. SWAIN. Corporate social responsibility, customer orientation, and the job performance of frontline employees[J]. Journal of marketing, (78): 20-37.

DEFOUNY J, NYSSENS M, 2010.Conceptions of social enterprise and social entrepreneurship in Europe and the United States: convergences and divergences[J]. Journal of Social entrepreneurship, 1(1): 32-53.

DONALDSON, THOMAS, LEE E P, 1995. The stakeholder theory of the corporation: concepts, evidence and implication[J]. Academy of management review, (20): 65-91.

DRUCKER P, 1984. Converting social problems into business opportunines: the new meaning of corporate social responsibility]J].California management review, 26(2):53-63.

DYER J H, SINGH H, 1998.The relational view: cooperative strategy and sources of inter-organizational competitive advantage[J]. Academy of management journal, 23(4):660-679.

EBRAHIM A, RANGAN V K, 2014. What impact? a framework for measuring the scale and scope of social performance[J]. California of management review, 56(3):118 - 141.

EDUARDO P, SIMON V, 2009. Social innovation: buzz word or enduring term?[J]. The journal of socio-economics, 38(6):878-885.

EISENHARDT K M, 1989. Building theories from case study research[J]. Academy of management review, 14(4):532-550.

EISENHARDT K M, GRAEBNER M E, 2007. Theory building from cases: opportunities and challenges[J]. Academy of management journal, 50(1):25-32.

EMERSON R M, 1964. Power-dependence relations: two experiments[J]. Sociometry,1964, 27(3): 282-298.

EMERSON J, 2003. The biended value proposition: integrating social and financial returns[J].Califoenia management review, 45(4):35-51.

FAGERBERG J, FOSAAS M, SAPPRASERT K, 2012.Innovation: exploring the knowledge base[J].Research policy,41(7):1132-1153.

FREEMAN R E, 1984. Strategic managemen: a stakeholder approach[M]. Cambridge University Press.

GAVETTI G, GREVE H R, LEVINTHAL D A, OCASIO W, 2012. The behavioral theory of the firm: assessment and prospects[J]. Academy of management annals, 6(1):1 - 40.

GEROMETTAJ, 2005. Social innovation and civil society in urban governance: strategies for an inclusive city[J]. Urban studies, 42(11):2007-2021.

GRANOVETTER M, 1973. The strength of weak ties[J]. American journal of sociology, 78(6):1360-1380.

GRANT T S, TIMOTHY W N, CARLTON J, et al., 1991. Strategies for assessing and managing organizational stakeholders [J]. Academy of management executive, 5 (2): 61-75.

GRAVES S B, WADDOCK S A, 1994. Institutional owners and corporate social performance[J]. The academy of management journal, 37(4):1034-1046

GREENWOOD R，RAYNARD M，KODEIH F，et al.，2011.Institutional complexity and organizational responses[J].Academy of management annals ,5(1):253-272.

GREVE H R，2002. Sticky aspirations: organizational time perspective and competitiveness [J]. Organ-ization science， 13(1):1-17.

HAHH T，PINKSE J，PREUSS L，et al.，2016. Ambidexterity for corporate social performance[J].Organization studies，37(2)：213-235.

HOSKISSON R E，WEIGHT M，FILATOTCHEV I，2013. Emerging multinationals from mid-range economies: the influence of institutions and factor markets[J]. Journal of management studies，50(7):1295-1321.

HOWALDT J，SCHWARZ M，2010. Social Innovation: concepts, research fields and international trends[R]. IMO international monitoring.

IMMELMANN K，1975. Ecological significance of imprinting and early learning[J]. Annual review of ecology & systematics (6):15-37.

JAWAHAR I M, MCLAUGHLIN G L，2001.Toward a descriptive theory of stakeholder theory: an organizational life-cycle approach[J]. Academy of management journal, 26(3): 397-414.

JOHANSON J，MATTSSON L G，1987.Interorganizational relations in industrial systems：a network approach compared with the transaction-cost approach[J].Int. Studies of Mgt.& Org.

JOHNSON R A，GREENING D W，1999. The effects of corporate governance and institutional ownership types on corporate social performance[J]. Academy of management journal，42(5):564-576.

JONES T M，HARRISON J S，FELPS W，2018. How applying instrumental stakeholder theory can provide sustainable competitive advantage[J].Academy of management review, 43(3):371-391.

JONES T M，FELPS W，BIGLEY G A，2007.Ethical theory and

stakeholder-related decisions: the role of stakeholder culture[J]. Academy of management review,32(1):137-155.

JONES T M ,HARRION J S,FELPS W, 2018. How applying instrumental stakeholder theory can provide sustainable competitive advantage[J].Academy of management review, 43(3):371-391.

JOSEPH J, GABA V, 2015. The fog of feedback: ambiguity and firm responses to multiple aspiration levels[J]. Strategic of management journal, 36(13):1960-1978.

JUPP R, 2002.Getting down to business: an agenda for corporate social innovation[J].London: demos(7):10-24.

KANTER RM, 1999.From spare change to real change: the social sector as beta site for business innovation[J].Harvard business review, 77(3):122.

KAPLAN S, ORLIKOWSKI W, 2013. Temporal work in strategy making[J].Organization science, 24(4):965-995.

KORSCHUN D, BHATTACHARYA C B, SWAIN S D, 2014. Corporate social responsibility, customer orientation, and the job performance of frontline employees[J]. Journal of marketing(78):20-37.

KRAUS K, KENNERGREN C, VAN UNGE M, 2017. The interplay between ideological control and formal management control systems: a case study of a non-governmental organization[J]. Accounting organizations & society(63):42-59.

KRAATZ M S, BLOCK E S, 2008.Organizational implications of institutional pluralis[M] .The SAGE Handbook of Organizational Institutionalism.

KUUSELA P, KEIL T, MAULA M, 2017. Driven by aspirations, but in what direction? Performance shortfalls, slack resources, and resource-consuming vs. resourcefreeing organizational change[J]. Strategic of management journal, 38(5):1101-1120.

LAU C, LU Y, LIANG Q, 2016. Corporate social responsibility in China: a corporate governance approach[J]. Journal of business ethics, 136(1):73-87.

LIKET K A, SIMAENS, 2013. Battling the devolution in the research on corporate philanthropy[J]. Journal of business ethics(126):285-308.

LI P, YAO Y, 2006. New Experience of "Social Enterprise" of british[J].21st century business review.

LUO X, WANG H, RAITHEL S, ZHENG Q, 2015. Corporate social performance, analyst stock recommendations, and firm future returns[J]. Strategic of management journal, 36 (1): 123 - 136.

LUO X, BHATTACHARYA C B, 2006. Corporate social responsibility, customer satisfaction, and market value[J].Journal of marketing, 70 (4):1-18.

LYON F, SEPULVEDA L, 2009.Mapping social enterpries:past approaches, challenges and future directions[J].Social enterprise journal,5(1):83-94.

MAIR J, MARTI I, 2006. Social entrepreneuship research:a source of explanation, prediction and delight[J].Journal of world business, 41(1):36-44.

MALGORZATA C, ZILIA I, 2017. Sustainability: insights from a business model perspective[J]. Journal for critical organization Inquiry, 15(3-4):249-256.

MARIA M, 2015.Creating competitive advantage by institutionalizing corporate social innovation[J].Journal of business research, 68(7):1468-1474.

MARQUIS C, TILCSIK A, 2013. Imprinting: toward a multilevel theory[J]. Academy of management annals(7):193-243.

MITCHELL R K, AGLE B R, WOOD D J, 1997. Toward a theory of stakeholder identification and salience:defining the principle of who and what really counts[J].Academy of management review, 22(4):853-885.

MOLECKE G, PINKSE J, 2017. Accountability for social impact: a bricolage perspective on impact measurement in social enterprises[J]. Journal of business venture, 32 (5):550–568.

MOULAERT F A, RODRIGUEZ E S, 2003.The globalized city: economic restructuring and social polarization in European cities[M].Oxford University Press.

MULGAN G.2006.The process of social innovation[J].Innovations: technology, governance, globalization (6):145–162.

MULGAN G, TUCKER S, ALI R, et al., 2007.Social innovation: what it is, why it matters and how it can be accelerated[J]. Skoll centre for social entrepreneurship:2.

MURRAY R, MULGAN G, 2013.The open book of social innovation, the young foundation[EB/OL]. http: //youngfoundation. org/.

PACHE A C, SANTOS F, 2013. Inside the hybrid organization: selective coupling as a response to competing institutional logics[J]. Academy of management journal, 56 (4):972–1001.

PAJUNEN K, 2006. Living in agreement with a contract: the management of moral and viable firm stakeholder relationships[J]. Journal of business ethics, 68(3):243–258.

PETKOVA A P, WADHWA A, YAO X, JAIN S, 2014. Reputation and decision making under ambiguity: a study of US venture capital firms' investments in the emerging clean energy sector[J]. Academy of management journal, 57 (2):422–448.

PHILLIPS R, FREEMAN R E, WICKS A C, 2003. What Stakeholder Theory is Not[J]. Business Ethics Quarterly, 13(4):479–502.

PHILLS J A, 2008. Rediscovering Social Innovation[J].Stanford innovation review, (4):34–43.

POLITES G L, KARAHANNA E, 2013. The embeddedness of

information systems habits in organizational and individual level routines: development and disruption[J]. MIS quarterly, 37(1):221-246.

PORTER, MICHAEL E, 2006. Strategy & society: the link between competitive advantage and corporate social responsibility[J]. Harvard business review, 84(12):78-92.

PRATT M G, FOREMAN P O, 2000. Classifying managerial responses to multiple organizational identities[J]. Academy of management journal, 25(1):18-42.

PROVAN K G, 2007.Interorganizational networks at the network level: a review of the empirical literature on whole networks[J].Journal of management (6):479-516.

RACHEL C, GRANGER, 2014. Spatial-relational mapping in socio-institutional perspectives of innovation[J]. European planning studies, 22(12):2477-2489.

REYPENS C, LIEVENS A, BLAZEVIC V, 2016. Leveraging value in multi-stakeholder innovation networks: a process framework for value co-creation and capture[J]. Industrial marketing management, (56):40-50.

RONDA G A, GUERRAS L A, 2012.Dynamics of the evolution of the strategy concept 1962 - 2008: a coword analysis[J]. Strategic management journal strat (33): 162 - 188.

ROWLEY T J, 1997. Moving beyond dyadic ties: a network theory of stakeholder influences[J].The academy of management review, 24(2): 887-910.

SANKAR S, SHUILI D, BHATTACHARYA C B, 2016. Corporate social responsibility: a consumer psychology perspective[J].Current opinion in psychology(10):70-75.

SCHWARTZ B, 2012. Rippling: how social entrepreneurs spread innovation through out the world[M]. New York: John Wiley & Sons Inc.

SCOTT W R, 2008. Institutions and organizations: Ideas and interests (3rd ed.)[M]. Los Angeles: Sage Publications.

SEELOS C, MAIR J, 2004. Social entrepreneurship: the contribution of individual entrepreneurs to sustainable development[D]. Working Paper 553. IESE Business School.

SHAFIQUE M, 2013.Thinking inside the box? intellectual structure of the knowledge base of innovation research (1988 - 2008)[J]. Strategic management journal(34): 62-93.

SHINKLE G A, 2012. Organizational aspirations, reference points, and goals: building on the past and aiming for the future[J]. Journal of management, 38 (1):415-455.

SPARROWE R T, 2001. Social networks and the performance of individual and groups[J]. Academy of management journal, 44(2): 316-325.

STAKE R E, 2005. The sage handbook of qualitative research[J]. Qualitative case studies, 10(4):443-466.

STINCHCOMBE A L, 1965. Social structure and organizations[R]. Handbook of Organizations. Chicago: Rand McNally & Co, 142-193.

SUSAN B, ABID M, 2015. Social Innovation and the governance of sustainable places[J]. Local environment: the international journal of justice and sustainability, 20(3):321-334.

TAKAHIRO G, 2000. Organization creation in npo sector-a case study about the establishment sector[J].Nonprofit and voluntary sector quarterly(31):231-258.

TANG W, MA X, 2011. Depoliticized autonomy and survival strategy of civilian-run social organization:a case study of non-profit incubator[J]. Zhejiang social sciences(10):21-35.

TIAN X, WANG T Y, 2014.Tolerance for failure and corporate innovation[J].Review of financial studies, 27(1):211-255.

TIWARI R, BUSE S, 2007. Barriers to Innovation in SMEs: can the Internationalization of R&D mitigate their effects?[D]. Social science electronic publishing.

TRINH N, 2013. The Non-profit incubator's role in welfare provision services in China[D].Social impact research experience.

TSAI W, 1999. Socail capital, strategic relatedness, and the formation of intra-organizational strategic linkages[J]. Strategic management journal, 21(9): 925-939.

WANG H, TONG L, TAKEUCHI R, et al., 2016. Corporate social responsibility: an overview and new research directions the matic issue on corporate social responsibility[J]. Academy of management journal, 59(2):534-544.

WOLLIN A, 1999. Punctuated equilibrium: reconciling theory of revolutionary and incremental change[J].Systems research and behavioral science(16):359-367.

XU S, WU F, CAVUSGIL E, 2013. Complements or substitutes? internal technological strength, competitor alliance participation, and innovation development[J]. Journal of product innovation management, 30(4):750-762.

YIN R K, 2004. The case study anthology[M].CA: Sage Publications Inc.

YIN R K, 2008.Case study research: design and methods[M].CA: Sage Publications Inc.

后 记

从设计课题到正式出版研究成果，历时将近 6 年。初次涉水"社会创新"研究，诚惶诚恐，将研究成果正式出版更是犹豫不决，一方面是因为成果不成熟，体系不完整，结论缺乏创新，另一方面是因为研究内容偏离了设计的初衷——科技驱动的社会创新，担心引起概念上的混淆。无论如何，最终决定出版本书，是觉得不能辜负浙江省自然科学基金重点项目"社会创新三元主体的利益相关者网络治理：以浙江省为例"（LZ15G020001）（2015 年 1 月—2018 年 12 月）的鼎力支持，也不能辜负为完成本课题研究所付出的人和组织的期望。当然，更重要的目的是，呼唤社会各界对社会问题和社会创新的关注——人们对美好生活的向往有赖于社会质量的提高，期待更多的商业企业家和社会公民成为社会企业家（有时看起来是个矛盾的修辞）。这里涉及使命、意义、信仰、价值观、同理心、精神资本、耐心资本、影响力投资等话题，不再赘述。

感谢为设计和完成本课题贡献聪明智慧、知识思想和为调研提供支持的你们：浙江工商大学李靖华教授、黎常副教授、韦影副教授、曹玉香副教授、岑杰副教授和王节祥副研究员，以及技术经济及管理学科团队和众多的博士生、硕士生和本科生（不一一列举）；浙江树人大学吴俊杰教授；携职旅社、九仓再生垃圾回收——"虎哥回收"、建德目科生态、啄木鸟食品安全中心、天一琴茶、欣耕工坊、在水一方、中金环境等组织。

　　感谢为本书出版提供成果的你们：第 1 章（盛亚、鲁晓玮、于卓灵）；
第 2 章（刘文波、李素雅、刘如霞、于卓灵、盛亚、鲁晓玮）；第 3 章（3.1
盛亚、鲁晓玮、李春友，3.2 刘文波，盛亚）；第 4 章（岑杰、陈雪津、盛
亚、翁桑妮）；第 5 章（盛亚、于卓灵）；第 6 章（6.1 和 6.2 盛亚、许林沂；
6.3 盛亚、蒋旭弘）；第 7 章（李素雅、盛亚）；第 8 章（刘如霞、盛亚）；
第 9 章（9.1、9.3 和 9.4 李春友、盛亚，9.2 申屠瑜瑾、盛亚）；第 10 章（10.1
盛亚、陈嘉雄；10.2 盛亚、王芳）；第 11 章（刘文波、盛亚）；第 12 章（刘
文波、盛亚）；第 13 章（盛亚、鲁晓玮）。其中，鲁晓玮提供了本书的原
始版本——课题研究报告，盛亚统领书稿架构搭建、修改、补充、完善及
最终定稿工作。

　　感谢为本书出版提供支持的浙江省自然科学基金委和浙江工商大学出
版社，感谢鲍观明社长和责任编辑谭娟娟女士，是他们的全力支持和辛勤
工作，保证了本书的顺利和高质量出版。